Der österreichische Handel 2006

Peter Voithofer/Ernst Gittenberger

Der österreichische Handel 2006

Daten – Fakten – Analysen

Wissenschaftliche Mitarbeit:
Karin Gavac, Kerstin Hölzl, Sigrid Kremser, Andrea Widhalm

Gastbeitrag:
Thomas Foscht, Thomas Angerer

zu zitieren:
Voithofer, Peter/Gittenberger, Ernst (2007):
Der österreichische Handel 2006 – Daten-Fakten-Analysen.
Wien, Frankfurt: Peter Lang Verlag

PETER LANG
Frankfurt am Main · Berlin · Bern · Bruxelles · New York · Oxford · Wien

Bibliografische Information der Deutschen Nationalbibliothek
Die Deutsche Nationalbibliothek verzeichnet diese Publikation in der Deutschen Nationalbibliografie; detaillierte bibliografische Daten sind im Internet über <http://www.d-nb.de> abrufbar.

ISBN 978-3-631-56360-1

www.peterlang.de

Vorwort

Die Publikationsreihe der **KMU FORSCHUNG AUSTRIA** „Der österreichische Handel – *Daten, Fakten, Analysen*" erscheint 2007 bereits zum dritten Mal.

Ziel der Studie **„Der österreichische Handel 2006 – *Daten, Fakten, Analysen*"** ist wiederum die umfassende Analyse der österreichischen Handelslandschaft in den Bereichen Einzelhandel, Großhandel und Kfz-Wirtschaft. Neben der Aktualisierung der wichtigsten wirtschaftlichen Daten insbesondere zur Struktur, zur Beschäftigungssituation, zur betriebswirtschaftlichen Position und zu aktuellen Entwicklungen der Nachfrageseite des österreichischen Handels stellen die Vergleiche mit dem EU-Raum einen wesentlichen Beitrag dar.

Da bis dato nur wenige wissenschaftliche Erkenntnisse für den österreichischen Großhandel vorlagen, bildet dieser den Schwerpunkt der diesjährigen Publikation. So werden u. a. aktuelle Daten differenziert nach Großhandelsbranchen dargestellt und die Ergebnisse einer umfangreichen Unternehmensbefragung im österreichischen Großhandel der KMU FORSCHUNG AUSTRIA präsentiert.

Die Konzeption der Publikation soll einerseits einen raschen Überblick der wichtigsten Facts liefern und andererseits bei intensiverer Beschäftigung auch detaillierte Einblicke in die aktuelle Handelsforschung gewähren.

Unser besonderer Dank gilt an dieser Stelle den wissenschaftlichen Mitarbeiterinnen der KMU FORSCHUNG AUSTRIA Karin Gavac, Kerstin Hölzl, Sigrid Kremser und Andrea Widhalm für Ihre Unterstützung bei der Studienerstellung, sowie Susanne Fröhlich und Martina Gugerell für Ihre Layoutarbeit.

Für den Gastbeitrag zum Thema „Kaufbarrieren als Wachstumsbarrieren für Handelsunternehmen" bedanken wir uns herzlich bei Thomas Foscht (California State University, USA und Karl-Franzens-Universität Graz, A) und Thomas Angerer (IRM – Institut für Relationship Marketing, Forschungs- und Beratungs GmbH).

Peter Voithofer, Ernst Gittenberger

Inhaltsverzeichnis

Tabellenverzeichnis

Grafikverzeichnis

Vorbemerkung

Die Studie „**Der österreichische Handel 2006 – *Daten, Fakten, Analysen***“ basiert auf aktuellem statistischen Datenmaterial anerkannter Forschungsinstitutionen, auf der relevanten Forschungsliteratur und insbesondere auf Sonderauswertungen der KMU FORSCHUNG AUSTRIA – Bilanz-, Konjunktur- und Regionaldatenbank sowie auf Primärerhebungen der KMU FORSCHUNG AUSTRIA, die zum Teil in diesem Rahmen erstmals veröffentlicht werden.

Die umfassende Darstellung der österreichischen Handelslandschaft erfolgt - wo möglich und zweckmäßig - differenziert nach den großen Handelsbereichen Einzelhandel, Großhandel und Kfz-Wirtschaft, sowie teilweise zusätzlich untergliedert in Branchen.

Die Branchensystematik folgt, sofern nicht anders angegeben, der auf europäischer Ebene gültigen NACE-Gliederung bzw. der darauf basierenden nationalen Fassung ÖNACE 2003. Der Einzelhandel (ÖNACE 52) wird definiert als Einzelhandel (ohne Handel mit Kraftfahrzeugen) und Reparatur von Gebrauchsgütern. Der Großhandel (ÖNACE 51) setzt sich zusammen aus Handelsvermittlung und Großhandel (ohne Handel mit Kraftfahrzeugen) und die Kfz-Wirtschaft (ÖNACE 50) umfasst die Bereiche Kraftfahrzeughandel, Instandhaltung und Reparatur von Kraftfahrzeugen und Tankstellen.

Zusammenfassung[1]

Die österreichische Handelslandschaft

Im österreichischen Handel waren im Jahr 2006 rd. 76.800 Unternehmen tätig, das entsprach rd. 28 % aller österreichischen Unternehmen der marktorientierten Wirtschaft. Mehr als die Hälfte der Handelsunternehmen ist dem Einzelhandel zuzuordnen. Der Handel insgesamt stellt, gemessen an der Anzahl der Unternehmen, knapp hinter den Wirtschaftsdiensten den zweitgrößten Sektor der heimischen marktorientierten Wirtschaft dar.

Zwischen 1995 und 2006 kam es zu einem Anstieg der Unternehmenszahl im Handel um rd. 19 % bzw. rd. 12.300 Unternehmen. Das höchste Wachstum war dabei sowohl relativ (rd. +34 %) als auch absolut (rd. +6.580) im Großhandel zu beobachten. Im Einzelhandel stieg die Zahl der Unternehmen im selben Zeitraum um knapp 10 %, in der Kfz-Wirtschaft um rd. 25 %.

Die letzten Dekaden zeigen im Einzelhandel einen Strukturwandel, der durch die Polarisierung in Kleinst- und Kleinunternehmen auf der einen und Großunternehmen auf der anderen Seite geprägt ist. Der Strukturwandel verläuft jedoch keineswegs geradlinig, wie die Anzahl der Geschäfte im österreichischen Einzelhandel im Vergleich der Jahre 2001-2005 zeigt. Die Zahl der Geschäfte verzeichnete 2002 (gegenüber 2001) einen Rückgang, um im darauf folgenden Jahr wiederum anzusteigen und 2004 in etwa wieder auf das Niveau von 2002 zu sinken. 2005 konnte wiederum ein Anstieg festgestellt werden. In Summe standen den Konsument/innen 2005 zwar gleich viele Geschäfte wie 2001 zum Einkauf zur Verfügung (rd. 53.500), die Struktur der Einzelhandelslandschaft hat sich jedoch deutlich verändert.

Die unterschiedliche Entwicklung zwischen nicht-filialisierten und filialisierten Handelsunternehmen führt im Einzelhandel zu einem Konzentrationsprozess, der durch das Konzentrationsmaß „Filialisierungsgrad" messbar ist. Dieses Konzentrationsmaß zeigt, dass fast jedes dritte Geschäft in Österreich von einem Einzelhandelsunternehmen mit Filialsystem betrieben wird. Im Analysezeitraum 2001 bis 2005 zeigt sich ein kontinuierlicher Anstieg des Filialisierungsgrades als Ausdruck der steigenden Konzentration. Den höchsten Filialisierungsgrad und somit die höchste Konzentration wies im Jahr 2005 - wie auch in den

[1] Auf Quellenabgaben wurde in der Zusammenfassung auf Grund einfacherer Lesbarkeit verzichtet. Die Literatur- bzw. Datenquellen sind in den entsprechenden Kapiteln angeführt.

Vorjahren – die Einzelhandelsbranche Drogerien und Parfümerien (rd. 82 %) auf, gefolgt vom Lebensmitteleinzelhandel (rd. 55 %) und vom Foto- und Optikeinzelhandel (rd. 49 %).

Das kontinuierliche Verkaufsflächenwachstum im österreichischen Einzelhandel führte 2005 zu einer Gesamtverkaufsfläche von rd. 15,8 Mio m². Im Vergleich zu 2004 ist die Gesamtverkaufsfläche um rd. 1,8 % gestiegen. Den höchsten Anteil an der gesamten Einzelhandelsverkaufsfläche wies 2005 der Einzelhandel mit Bau- und Heimwerkerbedarf (rd. 29 %) auf. Weitere rd. 18 % bzw. rd. 15 % entfielen auf den Lebensmittel- bzw. den Möbeleinzelhandel.

Rd. 11 % aller Einzelhandelsgeschäfte befanden sich 2005 in Einkaufszentren. Während im 5-Jahresvergleich (2001 - 2005) die Gesamtzahl der Einzelhandelsgeschäfte nahezu konstant blieb, stieg die Zahl der Geschäfte in Einkaufszentren um rd. 29 % und sank jene in Einkaufstraßen, Zentral- und Streulagen um rd. 3 %.

Betrachtet man den Sektor Großhandel, so war gemessen an der Zahl der Unternehmen im Jahr 2005 der Bereich Handelsvermittlung die größte Großhandelsbranche in Österreich. Rd. ein Drittel der Großhandelsunternehmen konnte diesem Bereich zugeordnet werden. Weitere rd. 19 % entfielen auf Großhandelsunternehmen mit Gebrauchs- und Verbrauchsgütern und rd. 17 % auf den Großhandel mit Maschinen, Ausrüstungen und Zubehör.

Im Langzeitvergleich 1995 bis 2005 kam es in allen Großhandelsbranchen mit Ausnahme des Großhandels mit landwirtschaftlichen Grundstoffen und lebenden Tieren, dessen Anzahl an Unternehmen sank, zu einer Steigerung der Unternehmenszahl. Die deutlichste Erhöhung war in der Handelsvermittlung zu beobachten. In dieser Branche waren 2005 rd. 4.000 Unternehmen mehr tätig als im Jahr 1995.

Im Vergleich mit ausgewählten europäischen Ländern lag 2003 die Bedeutung des Großhandels für die Gesamtwirtschaft in Österreich im oberen Mittelfeld. Der Anteil der Großhandelsunternehmen gemessen an der Anzahl der Unternehmen der marktorientierten Wirtschaft belief sich 2003 in Österreich auf rd. 10 %.

Der Handel als Arbeitgeber

Der Handel ist mit rd. 548.000 Beschäftigten der zweitgrößte Arbeitgeber innerhalb der marktorientierten Wirtschaft in Österreich. Im Jahr 2006 war knapp ein Viertel aller unselbstständig Beschäftigten im Handel tätig. Im Vergleich zum EU-Durchschnitt war in Österreich 2003 der Anteil der Handelsunternehmen an der Gesamtwirtschaft zwar geringer, der Anteil der unselbstständig Beschäftigten jedoch höher. Dies zeigt, dass die heimischen Handelsunternehmen gemessen an der durchschnittlichen Beschäftigtenzahl größer sind als im Durchschnitt der EU-25-Länder.

Rd. 1,5 % der österreichischen Handelsunternehmen beschäftigten im Jahr 2005 50 und mehr Mitarbeiter/innen. In diesen Mittel- und Großunternehmen war jedoch mehr als die Hälfte der Handelsangestellten tätig. Im Vergleich dazu boten Kleinstunternehmen (1 - 9 Beschäftigte), die rd. 88 % der österreichischen Handelsunternehmen ausmachten, rd. 21 % der unselbstständig Beschäftigten einen Arbeitsplatz.

Teilzeitbeschäftigung spielt im Handel, insbesondere im Einzelhandel, eine immer bedeutendere Rolle. Im Jahr 2004 waren im Einzelhandel rd. 44 % der unselbstständig Beschäftigten weniger als 38,5 Stunden pro Woche tätig, was eine kontinuierliche Steigerung in der letzten Dekade bedeutet. Im Großhandel und der Kfz-Wirtschaft ist der Anteil der Teilzeitbeschäftigten erheblich geringer.

Die Anzahl der vorgemerkten Arbeitslosen, die zuletzt im Handel tätig waren, ist kontinuierlich gestiegen. Im Jahr 2005 waren rd. 42.400 vormalige Handelsangestellte auf Arbeitssuche.

Der Output des Handels

Im Jahr 2005 war der Handel gemessen am Umsatz (rd. € 168 Mrd) der bedeutendste Sektor der österreichischen Wirtschaft: Ein Drittel der Erlöse der marktorientierten Wirtschaft wurden in Handelsunternehmen erwirtschaftet.

Der Umsatz des heimischen Handels war 2004 nahezu gleichmäßig auf Kleinst-, Klein-, Mittel- und Großunternehmen verteilt.

Mit einem Anteil von rd. 18 % an der Bruttowertschöpfung (Umsatzerlöse abzüglich Vorleistungen) der marktorientierten Wirtschaft lag der Handel im Jahr 2005 gemessen an diesem Indikator (hinter der Sachgütererzeugung) an zweiter Stelle im sektoralen Ranking.

Der heimische Einzelhandel erzielte im Jahr 2005 Betriebserlöse in der Höhe von rd. € 43 Mrd und eine Bruttowertschöpfung von rd. € 9 Mrd. Die mit Abstand bedeutendste Einzelhandelsbranche - gemessen am Umsatz -war im Jahr 2005 der Lebensmitteleinzelhandel: Rd. 30 % des Einzelhandelsumsatzes wurden in dieser Branche erwirtschaftet.

Eine Auswirkung der steigenden Verkaufsfläche stellt bei nahezu stagnierendem Umsatz der Rückgang der Verkaufsflächenproduktivität dar, der die Wettbewerbssituation im Einzelhandel zusätzlich verstärkt. Zwischen den Jahren 2003 und 2005 nahm die durchschnittliche Verkaufsflächenproduktivität im Einzelhandel um rd. 1 % p.a. ab und belief sich 2005 auf durchschnittlich rd. € 2.980/m^2.

Im österreichischen Großhandel beliefen sich die Betriebserlöse im Jahr 2005 auf rd. € 100 Mrd. Die Bruttowertschöpfung betrug rd. € 12 Mrd. Den wichtigsten Beitrag zum heimischen Großhandelsumsatz leistete im Jahr 2005 mit einem Anteil von rd. 36 % der Großhandel mit Rohstoffen, Halbwaren und Altmaterial. Im Vergleich mit anderen europäischen Ländern lag 2003 der Anteil des Großhandelsumsatzes an der Gesamtwirtschaft in Österreich im vorderen Mittelfeld.

Die betriebswirtschaftliche Situation im Handel

Insgesamt zählten im Bilanzjahr 2004/05 rd. 10 % der Handelsunternehmen zur (betriebswirtschaftlichen) Elite: diese hatten mehr als 20 % des Betriebsvermögens mit Eigenkapital finanziert und erwirtschafteten betriebswirtschaftliche Gewinne von mehr als 5 % der Betriebsleistung. Im Langzeitvergleich der Bilanzjahre 2000/01 bis 2004/05 stieg der Anteil der Top-Unternehmen geringfügig an.

Rd. 23 % der Unternehmen befanden sich im Bilanzjahr 2004/05 hingegen in einer betriebswirtschaftlich katastrophalen Situation: sie waren überschuldet und konnten die Kosten nicht decken.

Die durchschnittliche Eigenkapitalquote der Handelsunternehmen betrug im Bilanzjahr 2004/05 rd. 20 % und erreichte damit den aus betriebswirtschaftlicher Sicht zu empfehlenden (Mindest-) Richtwert von 20 %. Insgesamt waren im Bilanzjahr 2004/05 rd. 38 % der Handelsunternehmen buchmäßig überschuldet, d. h., der buchmäßige Wert des Betriebsvermögens war geringer als das vorhandene Fremdkapital.

Im Durchschnitt der österreichischen Handelsunternehmen betrug die Umsatzrentabilität im Bilanzjahr 2004/05 rd. 1,9 %. Das bedeutet, dass auf Basis der gewöhnlichen Geschäftstätigkeit ein Gewinn von rd. 1,9 % vom Umsatz erwirtschaftet wurde. Ein Langzeitvergleich zeigt, dass die Ertragskraft im österreichischen Handel ausgehend vom niedrigen Niveau des Bilanzjahres 2000/01 kontinuierlich gestiegen ist. Mehr als die Hälfte der Handelsunternehmen erwirtschaftete im Bilanzjahr 2004/05 ein positives Betriebsergebnis.

Im Vergleich mit ausgewählten europäischen Ländern lag der österreichische Einzelhandel im Bilanzjahr 2003 mit einem Gewinn aus normaler Geschäftstätigkeit (vor Steuern) von rd. 3,2 % vom Nettoumsatz im europäischen Mittelfeld vor Italien, Belgien und Deutschland. Der österreichische Großhandel lag im Ländervergleich mit einem Gewinn aus normaler Geschäftstätigkeit von rd. 3,3 % im oberen Drittel. Eine höhere durchschnittliche Ertragskraft konnten lediglich die Großhandelsunternehmen in Italien und Finnland erzielen.

Die Nachfrageseite im Handel

Die sozioökonomischen Indikatoren wie Bevölkerungsentwicklung, Haushaltsgröße, Altersstruktur, etc. haben maßgeblichen Einfluss auf die Situation und Entwicklung des Einzelhandels.

Zu Jahresbeginn 2006 lebten in Österreich rd. 8,3 Mio Einwohner/innen. Die österreichische Wohnbevölkerung verzeichnete seit dem Jahre 1991 einen Anstieg um rd. 6 %. Auch in den nächsten Jahren wird die Bevölkerungszahl basierend auf Zuwanderung stetig zunehmen. Die Zuwachsraten werden jedoch sukzessive geringer ausfallen. 2050 sollte der Höhepunkt mit rd. 9 Mio Einwohner/innen erreicht sein.

Im Jahr 2005 gab es in Österreich rd. 3,5 Mio Haushalte. Ein Drittel der Haushalte war Singlehaushalte, deren Anteil in den letzten Jahren kontinuierlich anstieg. Dies spiegelt sich auch in der durchschnittlichen Haushaltsgröße wider, die in Österreich von rd. 2,7 Personen pro Haushalt im Jahr 1971 auf rd. 2,3 Personen im Jahr 2005 gesunken ist.

Die Weltbevölkerung wird zusehends älter und diese Entwicklung beeinflusst sowohl soziale als auch wirtschaftliche Parameter in hohem Ausmaß. In Österreich zeichnet sich eine kontinuierliche Verschiebung der Alterstruktur ab. Während die Bevölkerungsgruppe der über 60-jährigen in den nächsten 50 Jahren am stärksten wachsen wird, wird der Anteil der 45-59-jährigen an der Gesamtbevölkerung nahezu konstant bleiben und die Bevölkerung unter 45 Jahren anteilsmäßig kontinuierlich sinken.

Im Jahr 2005 waren mehr als zwei Drittel der Österreicher/innen zwischen 15 und 64 Jahren erwerbstätig. Der Langzeitvergleich zeigt, dass die Erwerbsquote bei den Männern seit dem Jahre 2000 rückläufig ist. Die Erwerbstätigkeit der Frauen stieg jedoch seit dem Jahre 1997 kontinuierlich an. Insgesamt gibt es einen leichten Aufwärtstrend bei der Erwerbsquote. Die Beschäftigungsquote in Österreich war 2005 (rd. 69 %) höher als im EU-25 Durchschnitt (rd. 64 %).

Die Arbeitslosenquote in Österreich (rd. 5,2 %) lag im Jahr 2005 deutlich unter dem EU-25-Durchschnitt (rd. 8,8 %). Trotz der im internationalen Vergleich niedrigen Arbeitslosenquote in Österreich war in den letzten Jahren ein stetiger Anstieg des Anteils der Arbeitslosen an den Erwerbspersonen zu verzeichnen.

Für die effektive Kaufkraft der privaten Haushalte ist die sozioökonomische Größe des verfügbaren Einkommens entscheidend. In den letzten Jahren ist ein kontinuierlicher Anstieg des Medians des Bruttogehalts der Österreicher/innen zu beobachten. Im Jahr 2005 betrug das monatliche Medianeinkommen der Österreicher/innen rd. € 2.008,-.

Die Sparquote der privaten Haushalte ist seit dem Jahre 2002 in Österreich kontinuierlich angestiegen. Prognosen für das Jahr 2006 gehen von einem weiteren Anstieg der Sparquote auf rd. 9,5 % aus. Gründe für den Anstieg der Sparquote liegen zum einen im Vorsichtssparen der Österreicher/innen und zum anderen im Zunehmen der Anlage von privater Altersvorsorge.

Im Jahr 2005 belief sich die nominelle Kaufkraft je Einwohner/in auf rd. € 14.100,- pro Kopf bzw. rd. € 16.800,- je Einwohner/in ab 15 Jahren und erhöhte sich dabei um rd. 2,9 % gegenüber dem Vorjahr. Im Vergleich zu ausgewählten europäischen Ländern lag die Kaufkraft 2005 in Österreich (preisbereinigt) hinter Liechtenstein, Luxemburg und der Schweiz an vierter Stelle und um rd. 23 % über der durchschnittlichen Kaufkraft der EU-25-Länder.

Die Konsumausgaben der Österreicher/innen verzeichneten 2005 mit einem Plus von rd. 1,7 % einen geringeren Anstieg als im Jahr davor (rd. 1,9 %). Für die Jahre 2006 und 2007 werden weitere Steigerungen der Konsumausgaben in Höhe von rd. 1,9 % bzw. rd. 2,1 % prognostiziert. Die monatlichen Verbrauchsausgaben im Durchschnitt aller Haushalte betrugen laut Konsumerhebung 2004/05 rd. € 2.540 pro Haushalt.

Die Kunden des Großhandels sind idealtypisch Einzelhandelsunternehmen, Weiterverarbeiter, gewerbliche Verbraucher oder behördliche Großverbraucher und nicht - wie es im Einzelhandel der Fall ist - private Haushalte. Mit rd. 32 % des Umsatzvolumens stellte 2006 der Einzelhandel die größte Kundengruppe des österreichischen Großhandels dar, gefolgt vom Gewerbe & Handwerk (rd. 28 %) und der Industrie (rd. 20 %).

Mit den Top-10-Kunden erwirtschafteten die Großhandelsunternehmen 2006 im Durchschnitt rd. 45 % ihres Umsatzes, wobei dieser Wert nach Größenklassen stark differiert. Während in Kleinstunternehmen (bis zu 9 unselbstständig Beschäftigte) durchschnittlich rd. 60 % des Umsatzes mit den Top-10-Kunden erzielt wurden, waren es bei den Kleinunternehmen (bis 49 Beschäftigte) rd. 46 % und bei den Mittel- und Großunternehmen (50 und mehr unselbstständig Beschäftigte) rd. 38 %.

Die wirtschaftliche Entwicklung der einzelnen Kundensektoren zeigte in den Vergleichsjahren 1999-2005 eine nahezu parallele Entwicklung zum Großhandel, wobei das konjunkturelle Wachstum im Großhandel stärker ausgefallen ist. Die stärkste statistische Korrelation besteht zwischen der konjunkturellen Entwicklung im Großhandel und der im Gewerbe & Handwerk - neben dem Einzelhandel der zweitwichtigste Kundensektor des österreichischen Großhandels.

Schwerpunkt Großhandel

Der Funktion und Bedeutung des Großhandels wird in der Öffentlichkeit wenig Beachtung geschenkt. Anders, als dies beim Einzelhandel der Fall ist, prägt der Großhandel nur in Ausnahmefällen das Stadtbild und seine Bedeutung kann nicht anhand von z. B. Verkaufsflächen festgemacht werden, weshalb der Großhandel z. T. als „unbekannte Branche“ bezeichnet wird.

Serviceleistungen als Teilbereich des Dienstleistungsangebots des Großhandels werden vermehrt als Zusatzleistungen zum Zwecke der Förderung der Hauptleistung angeboten, um die Produktnachfrage sowie den Produktnutzen für die

Kunden zu erhöhen. Im Angebot von besonderem Dienstleistungs- und Serviceangebot liegen die größten Profilierungspotenziale eines Großhandelsunternehmens. Im österreichischen Großhandel ist man sich einig, dass sich Unternehmen zur Stärkung der Wettbewerbsstellung und zum Aufbau bzw. zur Verstärkung der Kundenbindung über den üblichen Kundendienst hinaus um weitere Dienstleistungen für ihre Kunden bemühen müssen. Ein sehr hoher Anteil (rd. 88 %) der befragten Unternehmen (KMU FORSCHUNG AUSTRIA-Erhebung 2006) bietet Beratungen an, rd. 81 % der Unternehmen betreuen ihre Kunden durch Außendienstmitarbeiter/innen. Rund zwei Drittel führen Produktschulungen durch und mehr als die Hälfte erbringt Kommunikationsdienstleistungen (z. B. in Form von Messen).

Die Logistik, in Form der Beschaffung von Waren und der physischen Bereitstellung der Waren, stellt einen zentralen Aufgabenbereich des Großhandels dar. Der Transportprozess kann grundsätzlich mittels eigenen Fuhrparks erfolgen oder aber auch an Hersteller sowie Logistikdienstleister ausgelagert werden. Rd. 38 % der Großhandelsunternehmen verfügten 2006 über einen eigenen Logistik-Fuhrpark; rd. 14 % mit zum Teil LKW (über 3,5 Tonnen), rd. 24 % ausschließlich mit Kleinlastkraftwagen (unter 3,5 Tonnen). Rd. 30 % der Waren (wertmäßiger Anteil) werden den Kunden mittels eigenen Fuhrparks der Großhandelsunternehmen zugestellt. Rd. 61 % der Kunden werden mittels Logistikdienstleister beliefert, während rd. 9 % der Waren von den Großhandelskunden selbst abgeholt werden.

Der kontinuierliche Fortschritt und der Bedeutungsgewinn moderner Informations- und Kommunikationstechnologien ermöglichen eine elektronische Abwicklung von Geschäftsprozessen. Eine bedeutende Veränderung im Prozess der Leistungserstellung von Unternehmen, welche durch den Gebrauch einer technischen Neuerung entsteht, stellt das Internet dar. Im österreichischen Großhandel kommt der Nutzung des Internet für Bankgeschäfte die größte Bedeutung zu. Rd. 83 % der befragten Großhandelsunternehmen nutzen das Internet zur Erledigung von Bankgeschäften. Das Internet spielt auch für die Zwecke der Warenbeschaffung (rd. 68 % der Unternehmen), der Werbung bzw. Warenpräsentation (rd. 67 % der Unternehmen) eine zunehmend wichtiger werdende Rolle.

Im österreichischen Großhandel wird die horizontale Konkurrenz durch andere Großhandelsunternehmen nach wie vor am stärksten eingestuft. So bewerten rd. 60 % der befragten Großhandelsunternehmen die Konkurrenz durch andere Großhandelsunternehmen als stark. Allerdings scheint der vertikale Wettbewerb im Großhandel durch branchenfremde Konkurrenten bzw. durch Marktpartner anderer Wertschöpfungsstufen immer stärker zu werden. Produzierende Unternehmen werden von annähernd der Hälfte der befragten Unternehmen als ernst zu nehmende Konkurrenten eingeschätzt und Einzelhandelsunternehmen von rd. 27 % als starke Konkurrenten eingestuft. Eine Reaktion auf den Mitbewerb stellt das Eingehen von Kooperationen mit anderen Großhandelsunternehmen bzw. mit vor- und nachgelagerten Wirtschaftsstufen dar.

Die zunehmende Liberalisierung und Globalisierung wirtschaftlicher Tätigkeit eröffnet dem Großhandel sowohl die Nutzung neuer Absatz- als auch neuer Beschaffungsmärkte. Im österreichischen Großhandel wurden 2006 rd. 50 % der Waren aus dem EU-Raum und rd. 14 % aus dem weiteren Ausland importiert. Absatzseitig erwirtschaftete der österreichische Großhandel rd. 14 % der Umsätze mit Kunden aus dem EU-Raum, weitere rd. 6 % mit internationalen Kunden außerhalb der EU.

Resumée

Resümierend ist festzuhalten, dass der Handel in Österreich mit rd. 77.000 Unternehmen, rd. 550.000 Mitarbeiter/innen und einem Jahresumsatz von rd. € 168 Mrd neben der Sachgütererzeugung den bedeutendsten Sektor der marktorientierten Wirtschaft in Österreich darstellt. Zugleich ist dieser Sektor tiefgreifenden Strukturveränderungen unterworfen, die zu verstärkten Konzentrationstendenzen führen. Auswirkungen zeigen sich insbesondere für Kleinst- und Kleinunternehmen, die anteilsmäßig häufiger buchmäßig überschuldet und in der Verlustzone sind als Mittel- und Großunternehmen.

1 Die österreichische Handelslandschaft

- **Anzahl der Unternehmen im Handel: 76.800**
  - Entspricht 28 % der Unternehmen in der marktorientierten Wirtschaft
  - Seit 1995: +19 % bzw. +12.300 Unternehmen
- **Strukturwandel im Einzelhandel:**
  - Anstieg des Filialisierungsgrades auf 32 %
  - Höchste Konzentration in den Branchen Drogerien/Parfümerien und Lebensmitteleinzelhandel
  - Verkaufsflächenexpansion auf 15,8 Mio m^2
  - 11 % der Geschäfte in Einkaufszentren (Tendenz steigend)
- **Großhandelslandschaft**
  - Starker Anstieg der Unternehmen im Bereich Handelsvermittlung
  - Bedeutung des Großhandels für die österreichische Wirtschaft höher als im EU-Durchschnitt

Daten: Jahr 2005

Der Handel in Österreich als auch europaweit ist ständigen Veränderungen unterworfen. Im Folgenden werden daher die aktuellsten Daten zur Struktur und Entwicklung der österreichischen Handelslandschaft sowie deren Bedeutung innerhalb der gesamten Wirtschaft dargestellt. Dies beinhaltet auch Themenstellungen wie Neugründungen und Insolvenzen sowie Vergleiche mit dem EU-Raum. Der inhaltliche Fokus liegt sowohl auf dem Strukturwandel im Einzelhandel als auch auf detaillierten Analysen zum Großhandel.

1.1 Anteil der Handelsunternehmen an der marktorientierten Wirtschaft

Im Jahr 2006 war der Handel - gemessen an der Anzahl der Unternehmen - knapp nach den Wirtschaftsdiensten der zweitgrößte Sektor der heimischen marktorientierten Wirtschaft. Über ein Viertel aller Unternehmen (rd. 28 %) war im Handel tätig, wobei der Einzelhandel mit rd. 15 % die größte Bedeutung hatte. Rd. 9 % der Unternehmen waren im Großhandel tätig und rd. 4 % waren der Kfz-Wirtschaft zuzurechnen.[2]

Grafik 1 Anteil der Unternehmen in Prozent der marktorientierten Wirtschaft[1] in ausgewählten Sektoren, 2006[2]

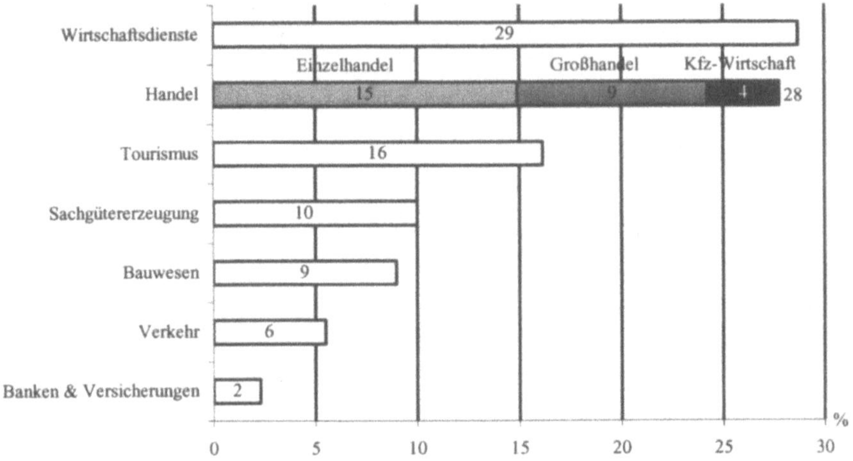

[1] ohne Land- und Forstwirtschaft und persönliche Dienstleistungen (genauer: Abschnitte C – K der ÖNACE)
[2] Hochrechnung der KMU FORSCHUNG AUSTRIA
Quellen: Statistik Austria, Hauptverband der österreichischen Sozialversicherungsträger, KMU FORSCHUNG AUSTRIA

1.2 Zahl der Handelsunternehmen

Im Jahr 2006 waren in Österreich rd. 76.800 Handelsunternehmen tätig. Im Vergleich zum Vorjahr kam es zu einer geringfügigen Steigerung der Unternehmenszahl (+0,1 %), die auf die Bereiche Großhandel (+0,4 %) und Kfz-

[2] Quellen: Statistik Austria, Hauptverband der österreichischen Sozialversicherungsträger, KMU FORSCHUNG AUSTRIA 2006

Wirtschaft (+0,3 %) zurückzuführen war. Im Einzelhandel verringerte sich die Zahl der Unternehmen zwischen 2005 und 2006 leicht (-0,2 %).[3]

Tabelle 1 Anzahl der Unternehmen im Handel, 1995 – 2006

	1995	2004	2005[1]	2006[1]	VÄ in % 2005/2006
Einzelhandel	37.506	41.586	41.320	41.236	-0,2
Großhandel	19.176	25.640	25.646	25.757	0,4
Kfz-Wirtschaft	7.849	9.717	9.804	9.838	0,3
Handel	64.531	76.943	76.770	76.831	0,1

VÄ = Veränderung
[1] Hochrechnung der KMU FORSCHUNG AUSTRIA
Quellen: Statistik Austria, Hauptverband der österreichischen Sozialversicherungsträger, KMU FORSCHUNG AUSTRIA

Zwischen 1995 und 2006 kam es zu einem Anstieg der Unternehmenszahl im Handel um rd. 19 % bzw. rd. 12.300 Unternehmen. Das höchste Wachstum war dabei sowohl relativ (rd. +34 %) als auch absolut (rd. +6.580) im Großhandel zu beobachten. Im Einzelhandel stieg die Zahl der Unternehmen im selben Zeitraum um knapp 10 %[4]; in der Kfz-Wirtschaft um rd. 25 %.[5]

1.3 Handelsunternehmen nach Größenklassen

Eine Betrachtung des heimischen Handels nach Größenklassen zeigt die kleinbetriebliche Struktur der Branche. Rd. 88 % aller Unternehmen beschäftigten 2006 weniger als 10 Mitarbeiter/innen. Weitere rd. 10 % hatten 10 bis 49 Beschäftigte und 1,3 % der Handelsunternehmen waren der Größenklasse 50 bis 249 Beschäftigte zuzuordnen. Rd. 0,2 % der Unternehmen waren im Jahr 2006 Großunternehmen mit 250 und mehr Mitarbeiter/innen.

---

3 Quellen: Statistik Austria, Hauptverband der österreichischen Sozialversicherungsträger, KMU FORSCHUNG AUSTRIA 2006

4 Wobei es speziell im Einzelhandel differenziert nach Branchen und Unternehmensgrößenklassen zu sehr unterschiedlichen Entwicklungen gekommen ist (siehe Kapitel 1.6.2 Einzelhandelsunternehmen nach Branchen)

5 Quellen: Statistik Austria, Hauptverband der österreichischen Sozialversicherungsträger, KMU FORSCHUNG AUSTRIA 2006

Eine hohe Bedeutung in der österreichischen Wirtschaft (gemessen an der Zahl der Unternehmen) erlangten die Einpersonenunternehmen (EPU). Darunter wird ein Unternehmen verstanden, welches keine unselbstständigen Mitarbeiter/innen beschäftigt[6]: Mehr als jedes dritte Unternehmen der marktorientierten Wirtschaft (rd. 36 %) war im Jahr 2004 laut obiger Definition ein EPU. Im Handel belief sich dieser Anteil ebenfalls auf rd. 36 %. Differenziert nach den drei Handelsbereichen zeigte sich, dass im Großhandel mit rd. 41 % der EPU-Anteil überdurchschnittlich hoch war. Dies kann auf den hohen Anstieg der Unternehmen im Bereich Handelsvermittlung zurückgeführt werden. Im Einzelhandel waren rd. 35 % aller Unternehmen EPU; in der Kfz-Wirtschaft rd. 23 %.[7]

---

6 In der entsprechenden Statistik werden auch Unternehmen mit mehr als einer/m Inhaber/in (Mitunternehmertum) als EPU erfasst.

7 Quelle: Statistik Austria-Sonderauswertung aus der Leistungs- und Strukturerhebung 2004

Grafik 2 Anteil der Handelsunternehmen nach Beschäftigtengrößenklassen in Prozent, 2006[1]

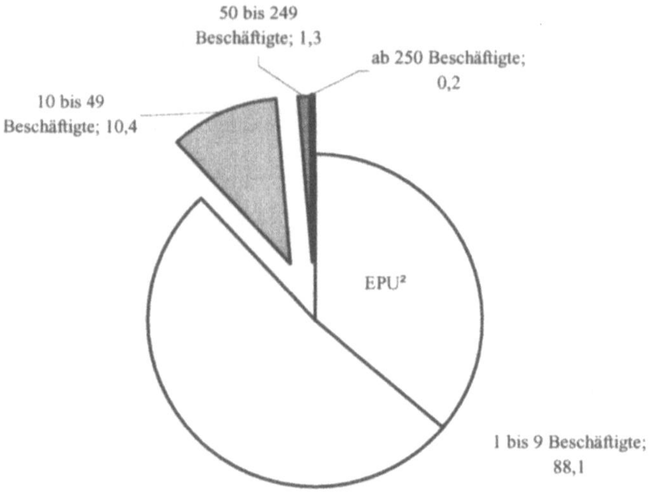

[1] Hochrechnung der KMU FORSCHUNG AUSTRIA
[2] EPU: Einpersonenunternehmen (Anteil der EPU an der Beschäftigtengrößenklasse 1-9 Beschäftigte auf Basis der Daten von 2004 dargestellt)
Quellen: Statistik Austria, Hauptverband der österreichischen Sozialversicherungsträger, KMU FORSCHUNG AUSTRIA

Im Einzelhandel waren 2006 anteilsmäßig die meisten Kleinstunternehmen mit bis zu 9 Beschäftigten zu finden. Der Anteil belief sich auf rd. 91 %, während er im Großhandel rd. 86 % betrug und in der Kfz-Wirtschaft rd. 81 %. Die meisten Mittel- und Großunternehmen (ab 50 Beschäftigte) verzeichnete mit rd. 2,4 % anteilsmäßig der Großhandel.[8]

---

[8] Quellen: Statistik Austria, Hauptverband der österreichischen Sozialversicherungsträger, KMU FORSCHUNG AUSTRIA 2006

Grafik 3 Anteil der Unternehmen nach Beschäftigtengrößenklassen in Prozent, Einzel- und Großhandel sowie Kfz-Wirtschaft, 2006[1]

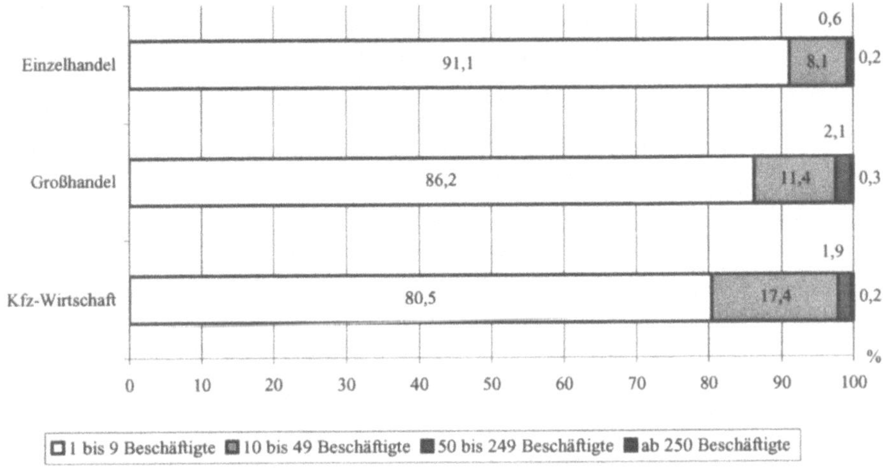

[1] Hochrechnung der KMU FORSCHUNG AUSTRIA
Quellen: Statistik Austria, Hauptverband der österreichischen Sozialversicherungsträger, KMU FORSCHUNG AUSTRIA

1.4 Neugründungen

Im Jahr 2005 fanden rd. 29 % aller Unternehmensneugründungen der gewerblichen Wirtschaft im Handel statt. Damit lag die Bedeutung des Handels an zweiter Stelle nach dem Gewerbe & Handwerk, in dem 2005 rd. 32 % aller Gründungen erfolgten. Nach einem Rückgang der Gründungen im Handel zwischen 2003 und 2004 kam es 2005 wieder zu einem Anstieg: Die Anzahl der Neugründungen erhöhte sich um 7,3 %; deren Anteil an den gesamten Gründungen der gewerblichen Wirtschaft stieg um rd. 1 %-Punkt.[9]

---

9 Quelle: Wirtschaftskammer Österreich 2006

Grafik 4 Anteil der Unternehmensneugründungen in Prozent der gewerblichen Wirtschaft nach Sparten[1], 2003 - 2005

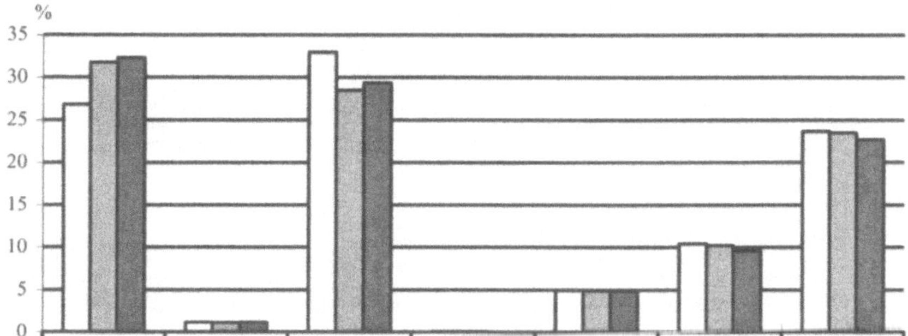

	Gewerbe & Handwerk	Industrie	Handel	Bank & Vers.	Transport & Verkehr	Tourismus & Freizeitw.	Information &Consulting
2003	26,8	1,2	33,0	0,03	4,9	10,4	23,7
2004	31,7	1,1	28,5	0,02	4,9	10,2	23,5
2005	32,3	1,2	29,3	0,01	4,9	9,6	22,7

[1] Gliederung nach Kammersystematik
Quelle: Wirtschaftskammer Österreich

1.5 Insolvenzen

Im Jahr 2005 wurde in 664 österreichischen Handelsunternehmen ein Insolvenzverfahren eröffnet. Etwa die Hälfte davon betraf den Einzelhandel, knapp zwei Fünftel den Großhandel und rd. 12 % die Kfz-Wirtschaft. Zwischen 2004 und 2005 ist die Anzahl der eröffneten Insolvenzverfahren gestiegen.

2005 wurden 727 Konkursanträge von Handelsunternehmen mangels Masse abgewiesen. Hier waren zu jeweils rd. 45 % der Einzel- sowie der Großhandel betroffen. Im Vergleich zum Vorjahr kam es zu einer Steigerung um rd. 29 %.[10]

[10] Quelle: Kreditschutzverband von 1870 2006

Grafik 5 Anzahl der eröffneten Insolvenzen und der mangels Masse abgewiesenen Konkursanträge, Einzel- und Großhandel sowie Kfz-Wirtschaft, 2005

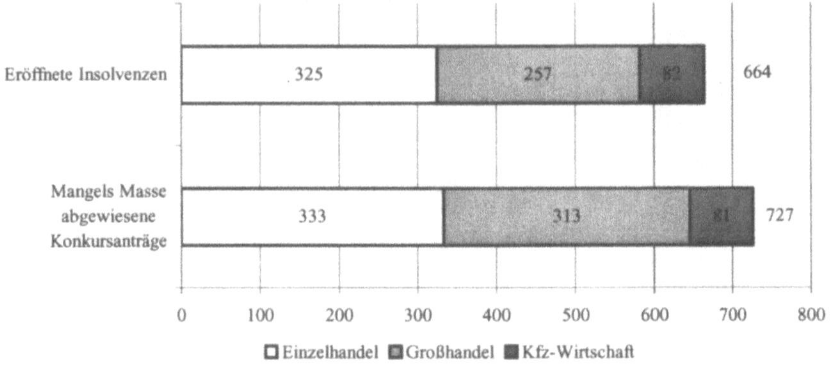

Quelle: Kreditschutzverband von 1870

Die Gesamtinsolvenzen im Handel beliefen sich im Jahr 2005 auf 1.391. Zwischen 2004 und 2005 erhöhten sich die Insolvenzen um rd. 20 %. Zum höchsten Anstieg kam es in der Kfz-Wirtschaft (rd. +29 %), die jedoch im Vergleich der drei Handelsbereiche mit rd. 12 % den geringsten Anteil an den Gesamtinsolvenzen aufwies.[11]

Tabelle 2 Gesamtinsolvenzen (eröffnete Insolvenzen + mangels Masse abgewiesene Konkursanträge), Einzel- und Großhandel sowie Kfz-Wirtschaft, 2004 - 2005

	2004	2005	Anteil in % 2005	VÄ in % 2004/2005
Kfz-Wirtschaft	126	163	11,7	29,4
Großhandel	464	570	41,0	22,8
Einzelhandel	574	658	47,3	14,6
Handel	1.164	1.391	100,0	19,5

Quelle: Kreditschutzverband von 1870

[11] Quelle: Kreditschutzverband von 1870 2006

Hauptursache für Insolvenzen waren innerbetriebliche Fehler, gefolgt von unternehmerischer Fahrlässigkeit, wie zum Beispiel geringe Kenntnisse über Markt- und Wettbewerbsverhältnisse. Auf Rang drei der Insolvenzursachen lagen Kapitalmangel und außerbetriebliche Fehler.

1.6 Die Einzelhandelslandschaft

Die Einzelhandelslandschaft in Österreich, aber auch EU-weit ist insbesondere durch die Dynamik der Betriebsformen und durch den anhaltenden Strukturwandel geprägt. Geschichtlich gesehen stellt das Ausscheiden von Betriebsformen bzw. der Wandel innerhalb der Handelslandschaft nicht Neues dar.[12]

Insbesondere in den letzten 150 Jahren haben sich die Betriebsformen im Handel sehr stark differenziert. Innovative Konzepte im Handel führten dazu, dass neue Betriebsformen sich am Markt positionieren konnten und zugleich die Marktpositionen anderer Betriebsformen schwächten.[13] So entwickelte sich zum Beispiel aus einzelnen ladengebundenen Geschäften durch das Aufkommen des Internets der Online-Handel.[14]

1.6.1 Betriebsformen im Einzelhandel

Im Einzelhandel existiert nicht nur der Wettbewerb zwischen einzelnen Unternehmen, sondern es wird auch auf einer allgemeineren Ebene zwischen den Betriebsformen konkurriert.[15] Um den Wünschen und dem wechselnden Nachfrageverhalten am Markt gerecht zu werden, unterliegen die Betriebsformen einem stetigen Wandel.

Bedingt durch die starke Dynamik im Einzelhandel werden in der Handelsforschung verschiedene Kriterien zur Typologisierung verwendet. Zu diesen zählen insbesondere die Sortimentspolitik (z. B. Fachgeschäft vs. Warenhaus), die Betriebsgröße (z. B. Verbrauchermarkt oder Supermarkt), das Bedienungsprinzip (z. B. Selbst- vs. Fremdbedienung), die Art der Bezahlung (z. B. Kassiertätigkeit durch Verkaufspersonal vs. Automatenverkauf), die Art der Distanzüberwindung (z. B. Online- vs. stationärer Einzelhandel) und das

---

[12] Quelle: Meffert 1998

[13] Quelle: Müller-Hagedorn 2005

[14] Quelle: Meffert 1998

[15] Quelle: Müller-Hagedorn 1998

Preisniveau (z. B. Diskonter vs. Fachgeschäft).[16] Die Betriebsformen des Einzelhandels lassen sich im Wesentlichen in drei Gruppen aufteilen: Den Versandhandel, den stationären Handel und den ambulanten bzw. halbstationären Handel.[17]

An dieser Stelle ist auch der Bereich „Online-Shopping" zu erwähnen, unter dem der Vertrieb von Waren und Dienstleistungen über das Internet verstanden werden kann.[18] [19] Elektronischer Handel kann unterteilt werden in: "Indirekten" elektronischen Handel, bei dem es lediglich zu einem elektronischen Bestellen von wirklichen, greifbaren Gütern kommt, die daraufhin über konventionelle Wege wie Post oder Botendienste zum Kunden gebracht werden und "Direkten" elektronischen Handel, bei dem die gesamte Geschäftsabwicklung auf elektronischem Weg erledigt wird. Dazu gehört das Online-Bestellen, Zahlen und Liefern von unkörperlichen Gütern und Dienstleistungen wie zum Beispiel Computersoftware, Unterhaltungsinhalten oder weltweiten Informationsservices (im weitesten Sinne auch Telebanking).[20]

Die wichtigsten Betriebsformen des stationären Handels sollen im Folgenden kurz dargestellt werden:

- Das Fachgeschäft stellt die herkömmliche Betriebsform im Facheinzelhandel dar. Die Verkaufsfläche liegt zumeist zwischen 200 m² und 600 m².[21] Das Fachgeschäft ist durch ein sehr breites und tief gegliedertes Sortiment einer Branche geprägt. Die persönliche Beratung und Bedienung hat in den Fachgeschäften einen sehr hohen Stellenwert und ist kennzeichnend für diese Betriebsform.[22]

- Das Spezialgeschäft besitzt ein tiefes Sortiment eines Branchenausschnitts. Die Kundenberatung und ergänzende Dienstleistungen sind beim Spezial-

---

16 Quelle: Müller-Hagedorn 1998

17 Quelle: Berekoven 1995

18 Quelle: Thieme 2006

19 Anmerkung: zu den Begriffen „E-Commerce", Online-Shopping, „Elektronischer Handel", etc. bestehen eine Vielzahl von Definitionen auf die hier nicht näher eingegangen wird.

20 Quelle: Laga 1998

21 Quelle: Lerchenmüller 2003

22 Quelle: Nieschlag/Dichtl/Hörschgen 2002

geschäft noch weiter ausgeprägt als beim Fachgeschäft. Die Preise liegen zumeist auf höherem Niveau.[23]

- Der Fachmarkt zählt zu den jüngeren Betriebsformen des Einzelhandels und steht vom Konzept her zwischen Fachgeschäft und Verbrauchermarkt. Das Sortiment ist mit jenem des klassischen Fachgeschäfts vergleichbar und ist breit und tief angelegt. Der Standort liegt zumeist an verkehrsgünstigen Knotenpunkten mit guten Parkmöglichkeiten.[24]

- Das Gemischtwarenhaus oder auch der klassische Einkaufsladen („Tante-Emma-Laden") ist von seinem Marktanteil inzwischen fast unbedeutend geworden. Bedingt durch die kleine Geschäftsgröße (bis etwa 200 m^2 Verkaufsfläche) und den geringen Warenumschlag (Jahresumsatz von rd. € 125.000) kann diese Betriebsform preislich schwer mit größeren Betriebsformen konkurrieren.[25]

- Das Kaufhaus bzw. Warenhaus zählt zu den ältesten Großbetriebsformen des Einzelhandels. Das Warenangebot ist breit, tief und unter einem Dach zusammengefasst. Klassische Warenhäuser besitzen eine Verkaufsfläche von mehr als 3.000 m^2, die Artikelanzahl liegt im Durchschnitt bei 100.000 Artikeln.[26]

- Der Supermarkt als relativ großes Selbstbedienungsgeschäft des Gemischtwarenhandels hat nach dem Zweiten Weltkrieg kontinuierlich den Nachbarschaftsladen („Tante-Emma-Laden") abgelöst. Auf einer Verkaufsfläche von rd. 400 bis 800 m^2 bietet er ein volles Lebensmittelsortiment mit etwa 5.000 bis 8.000 Artikeln der mittleren Preis- und Qualitätslage. Zudem werden in Supermärkten nichterklärungsbedürftige Artikel aus den Bereichen Elektronik, Textil, Schreibwaren etc. angeboten.[27]

- Verbrauchermärkte gehören zu den „neueren" Großbetriebsformen des Einzelhandels. Als Standorte der Verbrauchermärkte werden Stadtrand-

---

23 Quelle: Lerchenmüller 2003

24 Quelle: Kotler/Bliemel 2001

25 Quelle: Lerchenmüller 2003

26 Quelle: Kotler/Bliemel 2001

27 Quelle: Kotler/Bliemel 2001

lagen auf kostengünstigem Gelände mit guter Verkehrsanbindung bevorzugt. Kleine Verbrauchermärkte verfügen über 800 bis 1.500 m², große Verbrauchermärkte über 1.500 bis 5.000 m².[28]

- Der Diskontmarkt betreibt eine aggressive Preispolitik und verfolgt als Grundprinzip bei niedrigen Betriebskosten und geringer Handelsspanne ein Sortiment von Waren anzubieten, welches bei Niedrigpreisen durch hohen Warenumschlag zu hohen Umsätzen führt. Diesem Grundprinzip folgend setzen erfolgreiche Diskonter auf kostengünstige Standorte, billige Ausstattung der Verkaufsräume, Selbstbedienung, Verzicht auf Dienstleistungen aller Art, ein Sortiment nicht erklärungsbedürftiger Artikel und sie nutzen ihre Verkaufsfläche von rd. 500-700 m² zugleich auch als Lagerfläche.[29]

Grafik 6 Übersicht der Betriebsformen im stationären Einzelhandel nach Sortimentstiefe und -breite

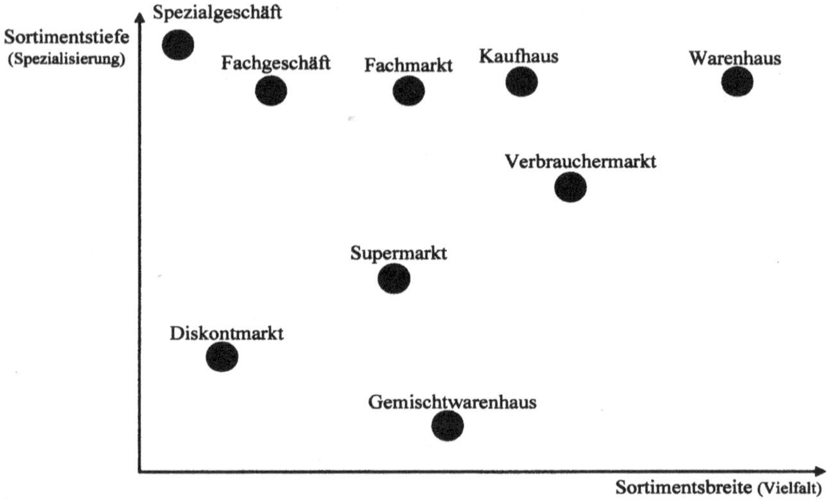

Quelle: KMU FORSCHUNG AUSTRIA in Anlehung an Kotler/Bliemel 2001

28 Quelle: Kotler/Bliemel 2001

29 Quelle: Kotler/Bliemel 2001

1.6.2 Einzelhandelsunternehmen nach Branchen

Eine Betrachtung des Einzelhandels nach Branchen zeigt, dass im Jahr 2005 jeweils rd. 3.500 bzw. 8,5 % aller Einzelhandelsunternehmen im Bekleidungs- sowie im Lebensmitteleinzelhandel tätig waren. Hohe Bedeutung (gemessen an der Anzahl der Unternehmen) haben weiters der Einzelhandel mit Bau- und Heimwerkerbedarf mit rd. 2.900 Unternehmen sowie der Möbeleinzelhandel (rd. 2.500 Unternehmen) und der Elektroeinzelhandel (rd. 2.300).[30]

Grafik 7 Anzahl der Unternehmen ausgewählter Einzelhandelsbranchen, 2005[1]

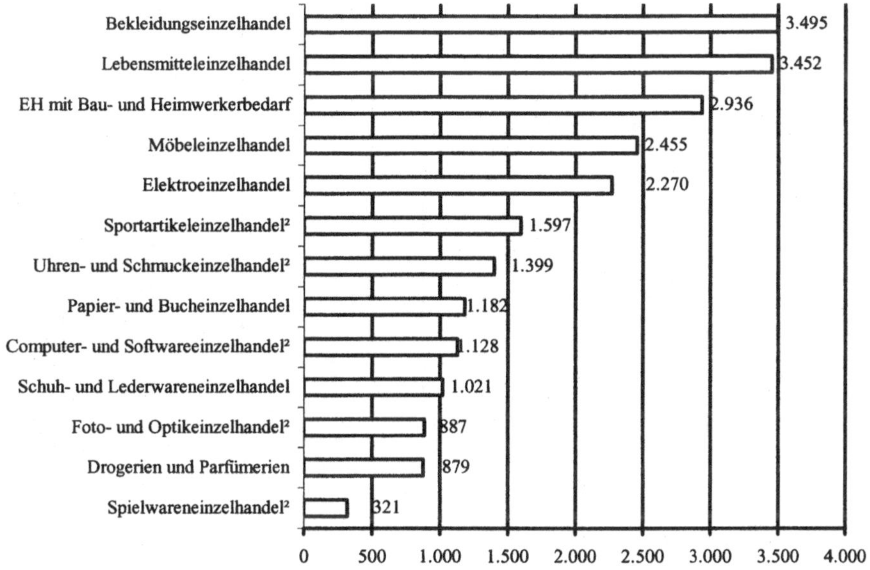

[1] Hochrechnung der KMU FORSCHUNG AUSTRIA
[2] Zahl der Unternehmen laut KMU FORSCHUNG AUSTRIA-Regionaldatenbank
Quellen: Statistik Austria, Hauptverband der österreichischen Sozialversicherungsträger, KMU FORSCHUNG AUSTRIA

Zwischen 1995 und 2005 kam es im Einzelhandel mit Bau- und Heimwerkerbedarf zur höchsten Steigerung der Unternehmenszahl (rd. +1.100). Danach folgt der Computer- und Softwareeinzelhandel mit einem Plus von rd. 700

[30] Quellen: Statistik Austria, Hauptverband der österreichischen Sozialversicherungsträger, KMU FORSCHUNG AUSTRIA 2006

Unternehmen; in dieser Branche kam es zum höchsten prozentuellen Anstieg im betrachteten Zeitraum. Deutlich gesunken ist die Zahl der Unternehmen im Lebensmitteleinzelhandel (rd. -1.100), was auf die zunehmende Konzentration – gerade in dieser Branche – schließen lässt. [31]

Grafik 8 Veränderung der Zahl der Unternehmen ausgewählter Einzelhandelsbranchen, 1995/2005[1]

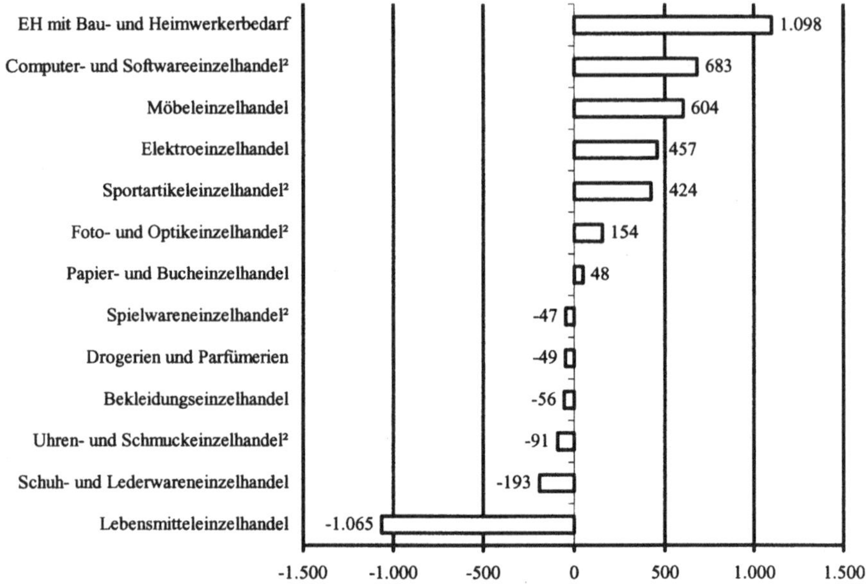

[1] Hochrechnung der KMU FORSCHUNG AUSTRIA
[2] Zahl der Unternehmen laut KMU FORSCHUNG AUSTRIA-Regionaldatenbank
Quellen: Statistik Austria, Hauptverband der österreichischen Sozialversicherungsträger, KMU FORSCHUNG AUSTRIA

[31] Quellen: Statistik Austria, Hauptverband der österreichischen Sozialversicherungsträger, KMU FORSCHUNG AUSTRIA 2006

1.6.3 Durchschnittliche Unternehmensgröße nach Einzelhandelsbranchen

In den heimischen Einzelhandelsunternehmen waren im Jahr 2005 im Durchschnitt rd. 6,9 unselbstständig Beschäftigte tätig. Die höchste Unternehmensgröße wies der Lebensmitteleinzelhandel mit rd. 24 Mitarbeiter/innen je Unternehmen auf. Vergleichsweise „kleine" Unternehmen waren 2005 durchschnittlich im Computer- und Softwareeinzelhandel sowie im Uhren- und Schmuckeinzelhandel zu finden.[32]

Grafik 9 Durchschnittliche Unternehmensgröße[1] nach Einzelhandelsbranchen, 2005[2]

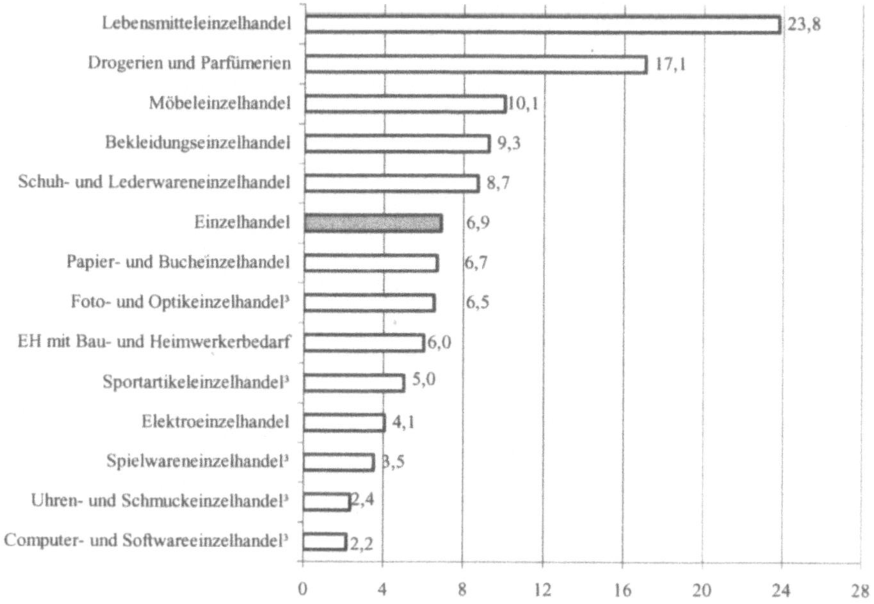

[1] unselbstständig Beschäftigte je Unternehmen
[2] Hochrechnung der KMU FORSCHUNG AUSTRIA
[3] Berechnung anhand der Zahl der Unternehmen laut KMU FORSCHUNG AUSTRIA-Regionaldatenbank
Quellen: Statistik Austria, Hauptverband der österreichischen Sozialversicherungsträger, KMU FORSCHUNG AUSTRIA

[32] Quelle: Statistik Austria 2006

Sowohl im österreichischen als auch im europäischen Einzelhandel lässt sich ein Anstieg der Unternehmensgrößen feststellen[33]. Während die durchschnittliche Unternehmensgröße im Jahr 1995 im Einzelhandel in Österreich noch bei rd. 5,9 unselbstständig Beschäftigten pro Unternehmen lag, beschäftigte 2005 ein Unternehmen bereits rd. 6,9 Mitarbeiter/innen.[34] Die steigende durchschnittliche Unternehmensgröße weist bereits auf den Strukturwandel im Einzelhandel hin.[35]

Zu besonders deutlichen Erhöhung der durchschnittlichen Unternehmensgröße kam es zwischen 1995 und 2005 in der Einzelhandelsbranche Drogerien und Parfümerien (+rd. 8 unselbstständig Beschäftigte). Eine ebenfalls steigende Unternehmensgröße konnte im Durchschnitt für den Lebensmitteleinzelhandel festgestellt werden.[36] Diese Branchen wiesen 2005 auch die höchste Konzentration[37] im Einzelhandel - gemessen am Filialisierungsgrad und Filialflächenanteil - auf.[38]

---

33 Quellen: Barth/Hartmann/Schröder 2002, Statistik Austria 2006

34 Quellen: Statistik Austria, KMU FORSCHUNG AUSTRIA 2006

35 Quelle: Traxler 2003

36 Anmerkung: Auf Grund methodischer Umstellungen in der Erhebung kann hier kein Wert für den Lebensmitteleinzelhandel im Zeitvergleich angegeben werden.

37 Siehe Kapitel: 1.6.4: Strukturwandel im Einzelhandel

38 Quellen: Statistik Austria, Hauptverband der österreichischen Sozialversicherungsträger, KMU FORSCHUNG AUSTRIA 2006

Grafik 10 Veränderung der durchschnittlichen Unternehmensgröße[1] nach Einzelhandelsbranchen, 1995/2005[2]

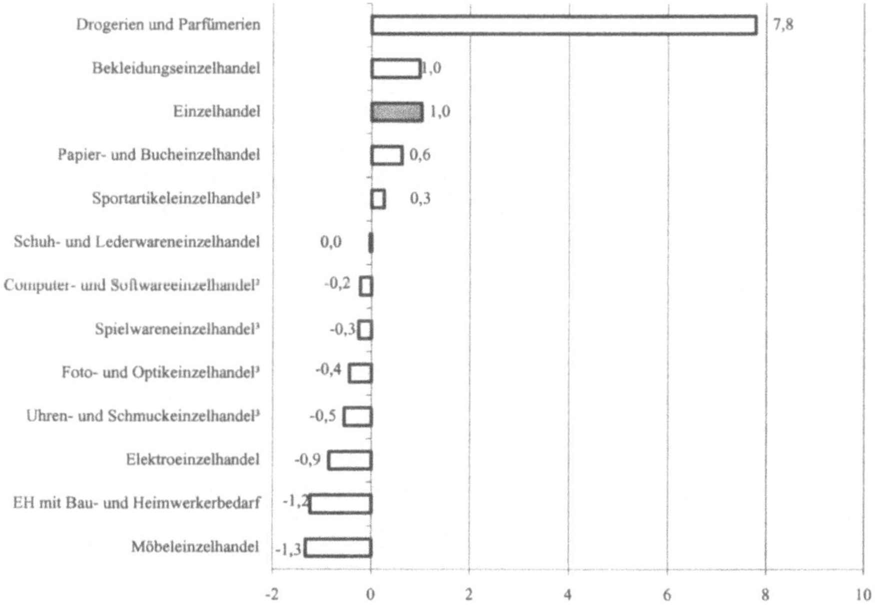

Anmerkung: Für den Lebensmitteleinzelhandel konnte kein Zeitvergleich auf Grund von methodischen Umstellungen in der Erhebung angegeben werden.
[1] unselbstständig Beschäftigte je Unternehmen
[2] Hochrechnung der KMU FORSCHUNG AUSTRIA
[3] Berechnung anhand der Zahl der Unternehmen laut KMU FORSCHUNG AUSTRIA-Regionaldatenbank
Quellen: Statistik Austria, Hauptverband der österreichischen Sozialversicherungsträger, KMU FORSCHUNG AUSTRIA

1.6.4 Strukturwandel im Einzelhandel

Die letzten Dekaden zeigen im Einzelhandel einen Strukturwandel, der durch die Polarisierung in Kleinst- und Kleinunternehmen auf der einen und Großunternehmen auf der anderen Seite geprägt ist,[39] wobei die mittelständischen Unternehmen zunehmend an Bedeutung verlieren.[40] Europaweit führen Unter-

[39] Quelle: Voithofer/Gittenberger 2006

[40] Quelle: Linz 2002

nehmensfusionen und steigender Verdrängungswettbewerb zu einem Konzentrationsprozess im Einzelhandel.[41] In den meisten europäischen Ländern münden die Konzentrationstendenzen bereits in oligopolistische Verhältnisse.[42]

Der Strukturwandel verläuft jedoch keineswegs geradlinig, wie die Anzahl der Geschäfte im österreichischen Einzelhandel im Vergleich der Jahre 2001-2005 zeigt. Die Zahl der Geschäfte verzeichnete 2002 (gegenüber 2001) einen Rückgang um im darauf folgenden Jahr wiederum anzusteigen und 2004 in etwa wieder auf das Niveau von 2002 zu sinken. 2005 konnte erneut ein Anstieg festgestellt werden. In Summe standen den Konsument/innen 2005 zwar gleich viele Geschäfte wie 2001 zum Einkauf zur Verfügung (rund 53.500), die Struktur der Einzelhandelslandschaft hat sich jedoch deutlich verändert.[43]

Der Konzentrationsprozess im Einzelhandel führte zu einem Ausscheiden kleiner Unternehmen,[44] während die Filialunternehmen[45] in den vergangenen Jahren deutlich an Bedeutung gewonnen haben.[46] Im Analysezeitraum 2001-2005 ist einerseits die Anzahl an nicht-filialisierten Geschäften um rd. 1,9 % gesunken, andererseits die Anzahl der filialisierten Geschäfte um rd. 4,2 % gestiegen. In absoluten Zahlen ausgedrückt bedeutet dies, dass das Ausscheiden von rd. 700 (per Saldo) nicht-filialisierten Geschäften aus dem Markt durch die Expansion filialisierter Einzelhandelsunternehmen kompensiert wurde.[47]

Die Gründe für das Ausscheiden kleiner Unternehmen können insbesondere in der wachsenden Arbeitszeitbelastung der Inhaber/innen, in sinkenden Einkommensentwicklungen, in den zahlreichen Nachfolgeproblemen im Handel[48] sowie in der vielfach schlechten betriebswirtschaftlichen Situation gesucht werden.[49]

---

41 Quelle: Wortmann 2003

42 Quelle: Jauschowetz 1995

43 Quelle: KMU FORSCHUNG AUSTRIA-Regionaldatenbank 2006

44 Quelle: Barth/Hartmann/Schröder 2002

45 Filialunternehmen bzw. Filialisten sind Unternehmen, die mindestens eine weitere Verkaufsstelle an einer von der Zentrale verschiedenen Adresse betreiben. Franchisegeber und Zentralen von Kooperationen und Verbundgruppen gelten nicht als Filialisten.

46 Quelle: Griepentrog 2005

47 Quelle: KMU FORSCHUNG AUSTRIA-Regionaldatenbank 2006

48 Quelle: Barth/Hartmann/Schröder 2002

49 Quelle: KMU FORSCHUNG AUSTRIA-Bilanzdatenbank 2006

Grafik 11 Anzahl der Geschäfte im stationären Einzelhandel nach filialisierten und nicht-filialisierten Geschäften, 2001-2005

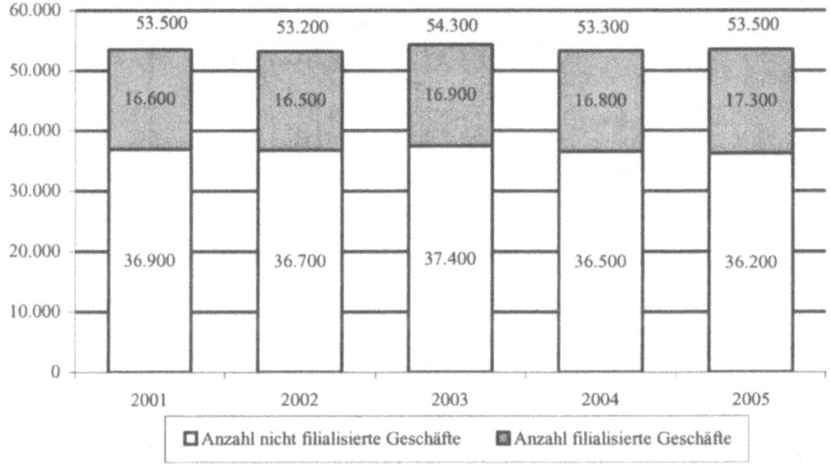

Anmerkung: gerundete Werte
Quelle: KMU FORSCHUNG AUSTRIA, Regionaldatenbank

Im Branchenvergleich verzeichnete 2005 der Bekleidungseinzelhandel mit rd. 6.210 Geschäften die höchste Anzahl an Geschäften und „überholte" (im Vergleich zu 2004) den Lebensmitteleinzelhandel mit rd. 6.180 Geschäften.[50]

50 Quelle: KMU FORSCHUNG AUSTRIA-Regionaldatenbank 2006

Grafik 12 Anzahl der Geschäfte ausgewählter Einzelhandelsbranchen, 2005

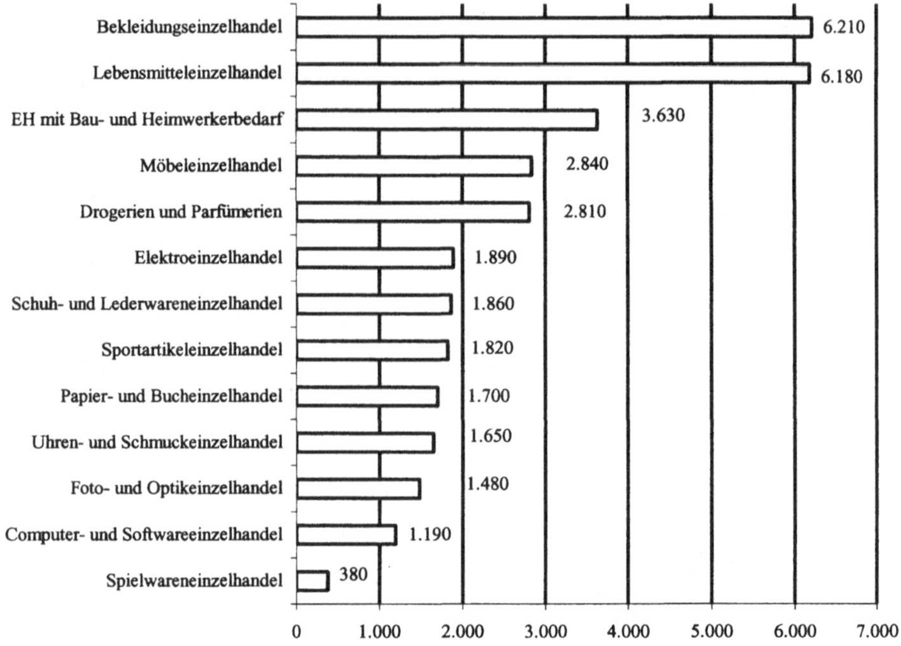

Anmerkung: gerundete Werte
Quelle: KMU FORSCHUNG AUSTRIA, Regionaldatenbank

Den höchsten prozentuellen Anstieg der Geschäfte verzeichneten 2005 im Vergleich zum Vorjahr der Möbel-, der Spielwaren- und der Foto- und Optikeinzelhandel. Prozentuell geringfügige Rückgänge konnten insbesondere für die Drogerien und Parfümerien, den Schuh- und Lederwareneinzelhandel sowie den Lebensmitteleinzelhandel festgestellt werden.

Die unterschiedliche Entwicklung zwischen nicht-filialisierten und filialisierten Geschäften führt im Einzelhandel zu einem Konzentrationsprozess, der durch das Konzentrationsmaß „Filialisierungsgrad" messbar ist. Unter dem Filialisierungsgrad ist der Anteil der Filialen an der Gesamtzahl der Geschäfte zu verstehen. Dieses Konzentrationsmaß zeigt, dass fast jedes dritte Geschäft in Österreich von einem Einzelhandelsunternehmen mit Filialsystem betrieben wird. Im Analysezeitraum 2001 bis 2005 zeigt sich ein kontinuierliches Ansteigen des Filialisierungsgrades als Ausdruck der steigenden Konzentration.[51]

Grafik 13 Filialisierungsgrad[1] im stationären Einzelhandel in Prozent (Jahresvergleich in Prozentpunkten), 2001 - 2005

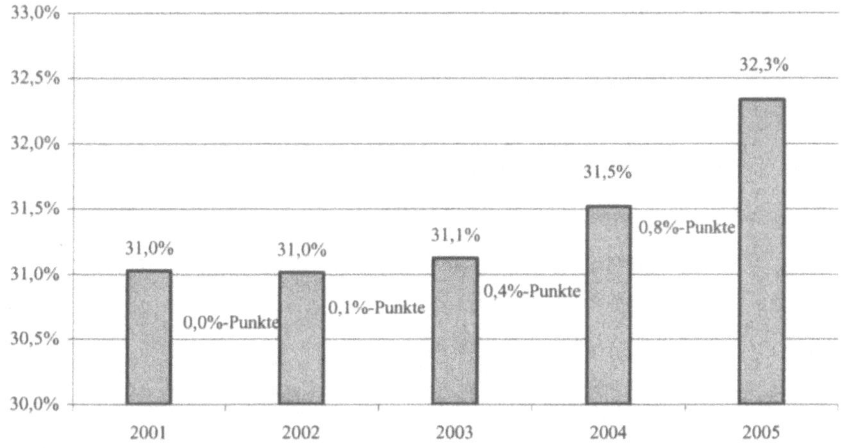

[1] Filialisierungsgrad: Anteil der filialisierten Geschäfte in Prozent der gesamten Geschäfte
Quelle: KMU FORSCHUNG AUSTRIA, Regionaldatenbank

Den höchsten Filialisierungsgrad und somit die höchste Konzentration wies im Jahr 2005 - wie auch in den Vorjahren – die Einzelhandelsbranche Drogerien und Parfümerien (rd. 82 %) auf, gefolgt vom Lebensmitteleinzelhandel (rd. 55 %) und vom Foto- und Optikeinzelhandel (rd. 48 %).[52]

---

[51] Quelle: KMU FORSCHUNG AUSTRIA-Regionaldatenbank 2006

[52] Quelle: KMU FORSCHUNG AUSTRIA-Regionaldatenbank 2006

Grafik 14 Filialisierungsgrad[1] in ausgewählten Einzelhandelsbranchen in Prozent, 2005

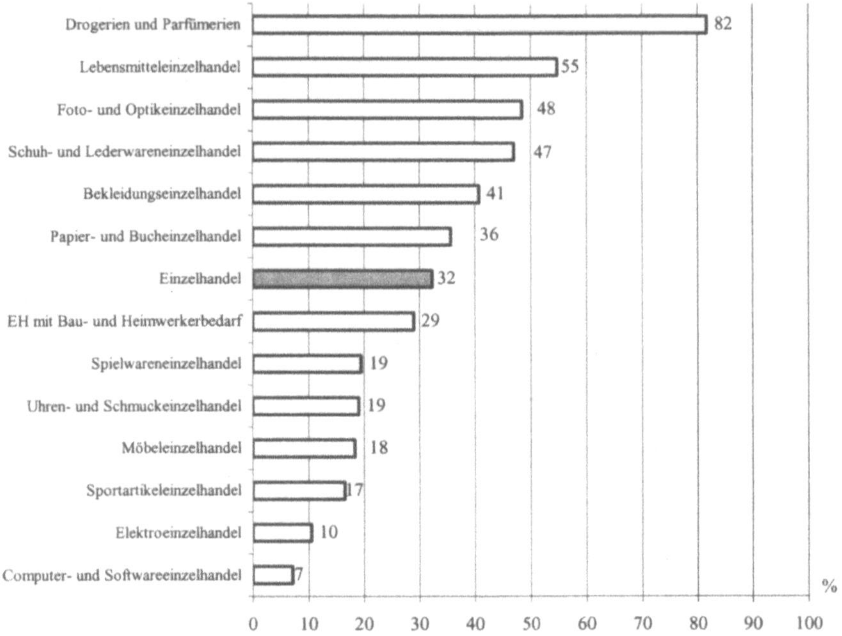

[1] Filialisierungsgrad: Anteil der filialisierten Geschäfte in Prozent der gesamten Geschäfte
Quelle: KMU FORSCHUNG AUSTRIA, Regionaldatenbank

Durch den steigenden Wettbewerb im Einzelhandel müssen Unternehmen in hohem Maße Größen- und Verbundvorteile ausschöpfen,[53] wobei der Einzelhandel hier in erster Linie die Ausweitung der Distribution durch Flächenerweiterung (Vergrößerung und/oder Eröffnung neuer Geschäfte) vorantreibt.[54] Das kontinuierliche Verkaufsflächenwachstum im österreichischen Einzelhandel erreichte 2005 eine Gesamtverkaufsfläche von rd. 15.810.000 m². Im Vergleich zu 2004 ist die Gesamtverkaufsfläche um rd. 1,8 % bzw. rd. 270.000 m² gestiegen. Gegenüber dem Anstieg im Vergleichszeitraum 2003 - 2004 in der Höhe von

---

[53] Quelle: Linz 2002

[54] Quelle: Mauer 2002

rd. 0,9 % bzw. rd. 140.000 m² zeigte sich 2005 ein dynamischeres Verkaufsflächenwachstum.[55]

Grafik 15 Verkaufsfläche der nicht-filialisierten und filialisierten Geschäfte im stationären Einzelhandel in Österreich in m², 2002 - 2005

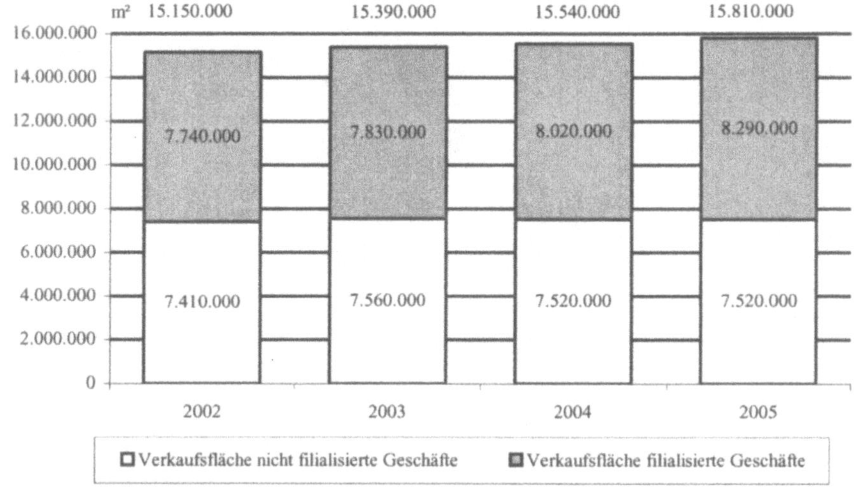

Anmerkung: gerundete Werte
Quelle: KMU FORSCHUNG AUSTRIA, Regionaldatenbank

Den höchsten Anteil an der gesamten Einzelhandelsverkaufsfläche wies 2005 der Einzelhandel mit Bau- und Heimwerkerbedarf (rd. 29 %) auf. Weitere rd. 18 % bzw. rd. 15 % entfielen auf den Lebensmittel- bzw. den Möbeleinzelhandel.[56]

---

55 Quelle: KMU FORSCHUNG AUSTRIA-Regionaldatenbank 2006

56 Quelle: KMU FORSCHUNG AUSTRIA-Regionaldatenbank 2006

Grafik 16 Anteil der Verkaufsfläche in Prozent nach Branchen, 2005

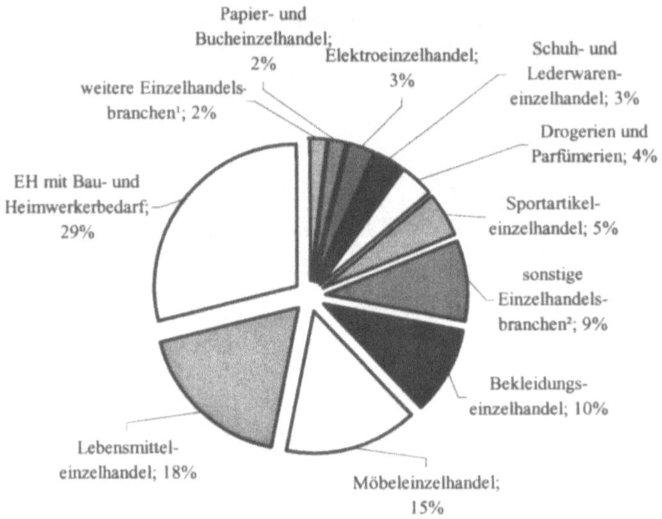

Anmerkung: gerundete Werte
[1] weitere Branchen: Spielwareneinzelhandel, Computer- und Softwareeinzelhandel, Foto- und Optikeinzelhandel, Uhren- und Schmuckeinzelhandel
[2] sonstige Einzelhandelsbranchen: Einzelhandelsbranchen nicht in obigen enthalten
Quelle: KMU FORSCHUNG AUSTRIA, Regionaldatenbank

Rein rechnerisch ergab sich für das Jahr 2005 eine durchschnittliche Verkaufsfläche von knapp 300 m² pro Geschäft. Im Vergleich zur Vorjahresperiode bedeutet dies eine Steigerung um rd. 1,3 %, die insbesondere auf die Expansion der filialisierten Einzelhandelsunternehmen bzw. auf den Ausbau der filialisierten Geschäfte zurückzuführen war.

Differenziert nach Branchen zeigte sich, dass der Einzelhandel mit Bau- und Heimwerkerbedarf 2005 mit rd. 1.290 m² die höchste durchschnittliche Verkaufsfläche aufwies, gefolgt vom Möbeleinzelhandel (rd. 860 m²). Auch der

Lebensmittel- und der Sportartikeleinzelhandel verfügten mit rd. 460 m² bzw. rd. 400 m² über überdurchschnittlich hohe Verkaufsflächen pro Geschäft.[57]

Grafik 17 Durchschnittliche Verkaufsfläche ausgewählter Einzelhandelsbranchen in m², 2005

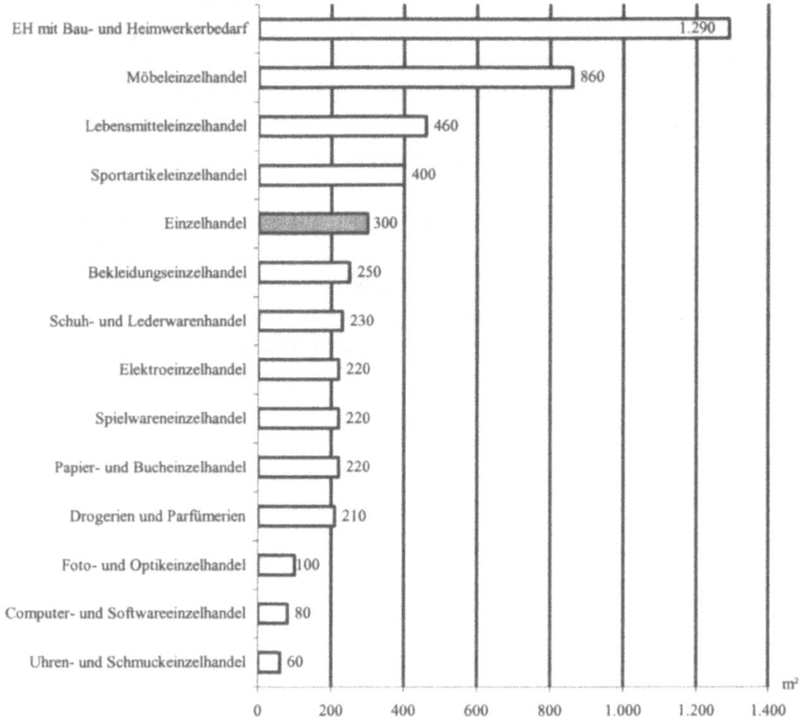

Anmerkung: gerundete Werte
Quelle: KMU FORSCHUNG AUSTRIA, Regionaldatenbank

Die Konsument/innen selbst beeinflussen in gewissem Maße die Konzentrationstendenzen. Der Trend zum Großeinkauf aufgrund einer gestiegenen Mobilität sowie der zunehmenden Berufstätigkeit der Frau kommt dem Bedürfnis nach Beschaffungsökonomisierung durch das Vorhandensein großflächigerer Betriebsformen nach. Der Wunsch des Konsumenten nach einem breiten und tiefen Sortiment („Variety Seeking Behavior") macht es kleinen und mittleren

---

57 Quelle: KMU FORSCHUNG AUSTRIA-Regionaldatenbank 2006

Handelsunternehmen schwierig, sich im Konkurrenzkampf mit großflächigen Marktanbietern behaupten zu können.[58]

Der Konzentrationsprozess im Einzelhandel kann ergänzend zum Filialisierungsgrad mit dem Konzentrationsmaß „Filialflächenanteil" gemessen werden. Der Anteil der filialisierten Geschäfte an der gesamten Einzelhandelsverkaufsfläche betrug in Österreich rd. 52 %. Das bedeutet, dass die filialisierten Einzelhandelsunternehmen, die 2005 rd. ein Drittel der Geschäfte betrieben, mehr als die Hälfte der Verkaufsfläche auf sich vereinten. Hier zeigen sich deutliche Unterschiede in der durchschnittlichen Geschäftsgröße zwischen nichtfilialisierten und filialisierten Geschäften.

Die höchste Konzentration, gemessen am Filialflächenanteil, wiesen 2005 die Drogerien und Parfümerien auf. In dieser Einzelhandelsbranche verzeichneten die Filialen einen Verkaufsflächenanteil von rd. 92 %. Einen hohen Filialflächenanteil wiesen ebenfalls der Lebensmitteleinzelhandel, der Papier- und Bucheinzelhandel sowie der Schuh- und Lederwareneinzelhandel auf.[59]

---

[58] Quelle: Barth/Hartmann/Schröder 2002

[59] Quelle: KMU FORSCHUNG AUSTRIA-Regionaldatenbank 2006

Grafik 18 Filialflächenanteil[1] ausgewählter Einzelhandelsbranchen in Prozent, 2005

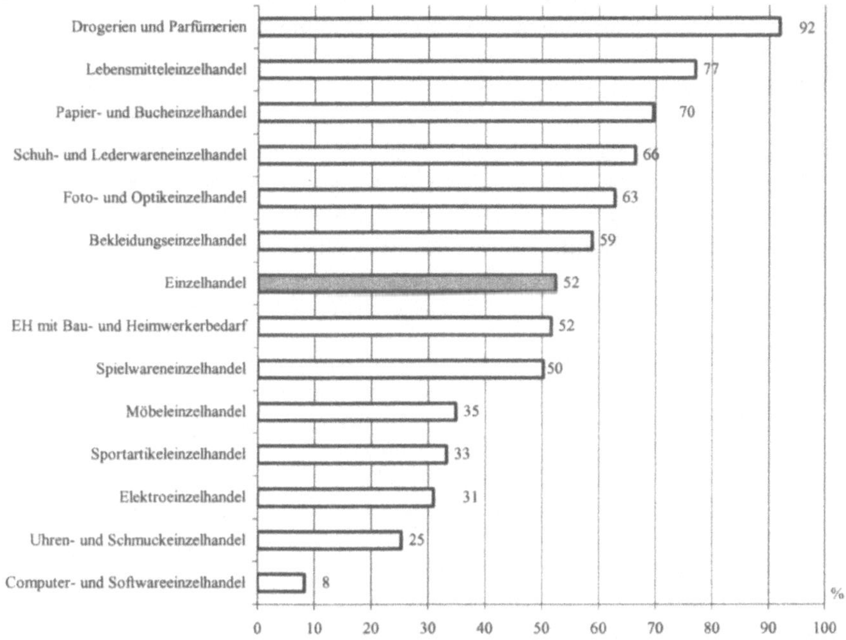

[1] Anteil der Verkaufsfläche der Filialen an der gesamten Verkaufsfläche in Prozent
Quelle: KMU FORSCHUNG AUSTRIA, Regionaldatenbank

Die Wettbewerbsintensität wird im europäischen Einzelhandel weiter zunehmen[60] und auch für Österreich kann von einer weiteren Zunahme der filialisierten Geschäfte zu Lasten der nicht-filialisierten Geschäfte ausgegangen werden.[61] Zusätzlich wird sich die Wettbewerbssituation durch das starke Anwachsen der Verkaufsflächenkapazität im Einzelhandel weiter verschärfen.[62]

60 Quelle: Siemes/Gerling 2004

61 Quelle: Gittenberger 2006

62 Quelle: Zentes 2006a

Der Zenit des Verkaufsflächenwachstums dürfte in Österreich in den nächsten Jahren noch nicht erreicht werden. Gründe liegen vor allem in der anhaltenden Expansion der filialisierten Einzelhandelsunternehmen, die auch eine flächenmäßige Ausweitung bestehender Standorte einschließt.[63]

1.6.5 Einzelhandel nach Standort

Fast jedes fünfte Einzelhandelsgeschäft in Österreich hatte 2005 seinen Sitz in Wien. Rd. 18 % der Geschäfte waren in Niederösterreich, weitere rd. 15 % in Oberösterreich zu finden. Die geringste Anzahl an Geschäften wies - bedingt durch die Größe des Bundeslandes - das Burgenland auf.[64]

Grafik 19 Anteil der Einzelhandelsgeschäfte nach Bundesländern in Prozent, 2005

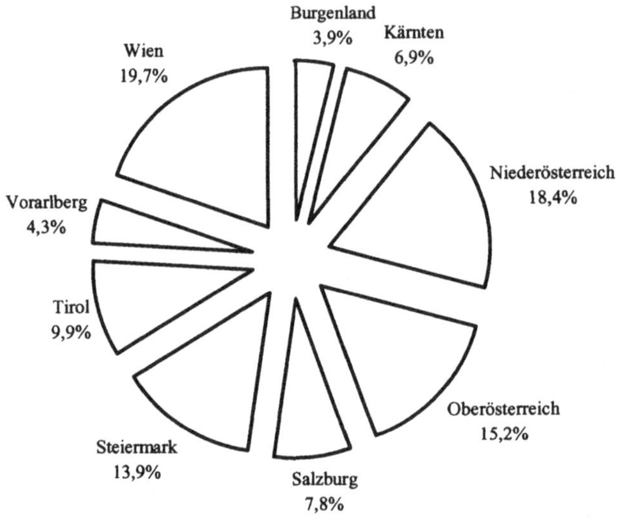

Quelle: KMU FORSCHUNG AUSTRIA, Regionaldatenbank

63 Quelle: Gittenberger 2006

64 Quelle: KMU FORSCHUNG AUSTRIA-Regionaldatenbank 2006

Das Burgenland wies 2005 zwar die absolut geringste Zahl an Einzelhandelsgeschäften im Bundesländervergleich auf, gemessen an der Maßzahl Geschäfte je 1.000 Einwohner/innen liegt das Burgenland jedoch hinter Salzburg und Tirol an der dritten Stelle. Das „dichteste" Netz an Geschäften - gemessen an der Landesfläche - besitzt erwartungsgemäß Wien, wobei die Anzahl der Geschäfte je Einwohner/in annähernd dem Österreich-Durchschnitt entspricht.

Vorarlberg hat zwar ein dichtes Netz an Geschäften je Quadratkilometer Landesfläche, je Einwohner/in lag dieses Bundesland jedoch knapp unter dem Bundesdurchschnitt. Niederösterreich, Oberösterreich und die Steiermark wiesen 2005 anteilsmäßig sowohl gemessen an der Zahl der Einwohner/innen als auch an der Landesfläche eine unterdurchschnittliche Zahl an Einzelhandelsgeschäften auf, während diese Bundesländer absolut gesehen (nach Wien) die meisten Geschäfte verzeichneten.[65]

[65] Quelle: KMU FORSCHUNG AUSTRIA-Regionaldatenbank 2006

Grafik 20 Zahl der Geschäfte je 1.000 Einwohner/innen und je km² nach Bundesländern, 2005

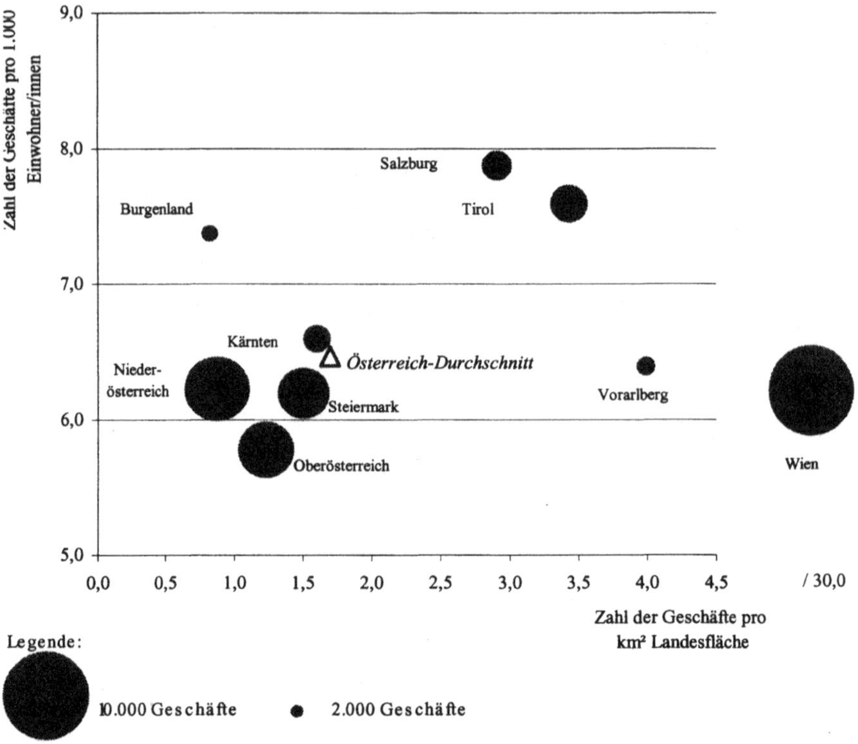

Anmerkung: Größe der Symbole proportional zur absoluten Zahl der Geschäfte
Quelle: KMU FORSCHUNG AUSTRIA, Regionaldatenbank

Rd. 11,3 % aller Einzelhandelsgeschäfte befanden sich 2005 in Einkaufszentren, knapp die Hälfte davon in Einkaufszentren in Stadtrandlage. Knapp 9 von 10 Geschäften waren in Einkaufsstraßen, zentralen Lagen sowie Streulagen angesiedelt.[66]

[66] Quellen: KMU FORSCHUNG AUSTRIA-Regionaldatenbank 2006, Standort & Markt 2006

Grafik 21 Anteil der Einzelhandelsgeschäfte nach Standort in Prozent, 2005

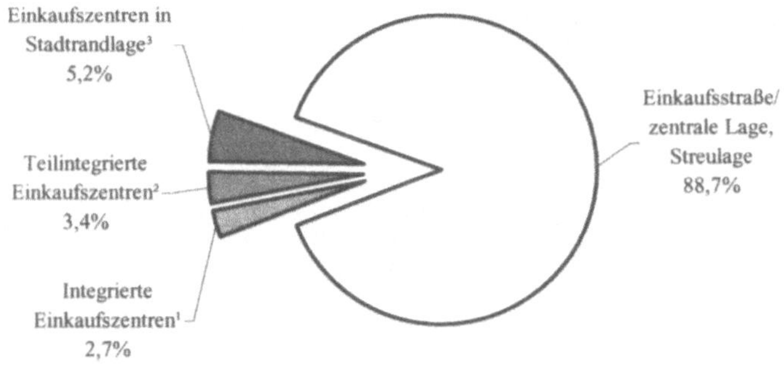

[1] Integriert in Hauptgeschäftsbereiche bzw. Bezirkszentren in Wien
[2] Sonstige (teil)integrierte Zentren
[3] Stadtrandlage ohne umfangreichere Wohnnutzung im fußläufigen Standortumfeld
Quellen: KMU FORSCHUNG AUSTRIA-Regionaldatenbank, Standort & Markt

Während im 5-Jahresvergleich (2001 - 2005) die Gesamtzahl der Einzelhandelsgeschäfte nahezu konstant blieb, stieg die Zahl der Geschäfte in Einkaufszentren um rd. 29 % und sank jene in Einkaufstraßen, zentralen und Streulagen um rd. 3 %. In absoluten Zahlen betrachtet, „kompensierte" die Expansion der Einkaufszentren den Rückgang der Geschäfte in Einkaufstraßen, zentralen Lagen und Streulagen. [67]

1.6.6 Bedeutung des Einzelhandels im EU-Vergleich

Die Bedeutung des Einzelhandels (gemessen an der Anzahl der Unternehmen) für die marktorientierte Wirtschaft lag 2003 in Österreich im Vergleich zu anderen europäischen Ländern etwa im Mittelfeld. Einen hohen Anteil an Einzelhandelsunternehmen wiesen beispielsweise Spanien und Ungarn auf. Hier war rd. jedes fünfte Unternehmen im Einzelhandel tätig. Geringe Bedeutung an der Gesamtwirtschaft hatten 2003 die Einzelhandelsunternehmen vergleichsweise in Slowenien mit einem Anteil von rd. 8 %.[68]

---

67 Quellen: KMU FORSCHUNG AUSTRIA-Regionaldatenbank 2006, Standort & Markt 2006

68 Quelle: Eurostat 2006

Grafik 22 Anteil der Einzelhandelsunternehmen an den Unternehmen der marktorientierten Wirtschaft[1] in ausgewählten europäischen Ländern in Prozent, 2003

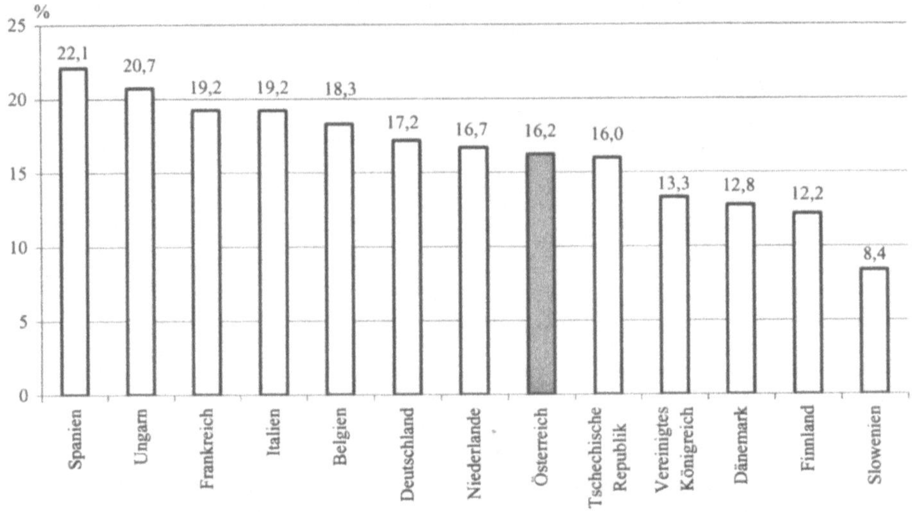

[1] ohne Land- und Forstwirtschaft, persönliche Dienstleistungen und Bankwesen (genauer: Abschnitte C - K ohne J der NACE)
Quelle: Eurostat

Die durchschnittliche Unternehmensgröße der österreichischen Einzelhandelsunternehmen lag 2003 im Vergleich europäischer Länder im Mittelfeld. Die mit Abstand meisten unselbstständig Beschäftigten (im Durchschnitt) je Unternehmen wiesen im Jahr 2003 die Einzelhandelsunternehmen in der Slowakei und dem Vereinigten Königreich auf. Geringe Unternehmensgrößen fanden sich insbesondere in Italien, Polen, Bulgarien und der Tschechischen Republik.[69]

[69] Quelle: Eurostat 2006

Grafik 23 Durchschnittliche Unternehmensgröße[1] im Einzelhandel in ausgewählten europäischen Ländern, 2003

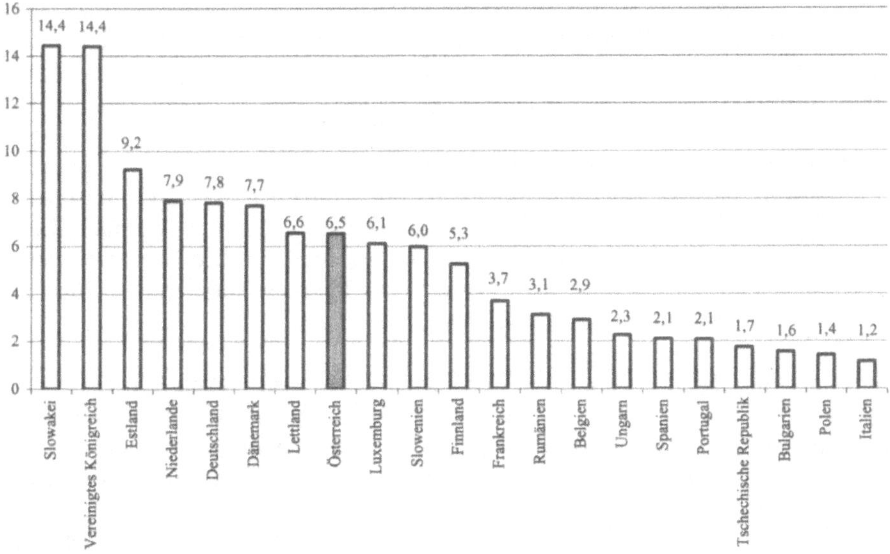

[1] unselbstständig Beschäftigte je Unternehmen
Quelle: Eurostat

1.7 Die Großhandelslandschaft

Die Betriebsformen des Großhandels können nach unterschiedlichen Kriterien eingeteilt und systematisiert werden. Zu den wichtigsten Unterscheidungskriterien zählen die Sortimentspolitik (z. B. Sortimentstiefe im Sortimentsgroßhandel vs. Sortimentsbreite im Fachgroßhande[70]), das Belieferungsprinzip (z. B. Lieferung an die Kunden im Zustellgroßhandel vs. Abholung durch die Kunden im Cash & Carry-Markt) und die Kundenstruktur (z. B. Wiederverkäufer, private Großabnehmer oder gewerbliche Weiterverarbeiter).[71]

---

[70] Quelle: Müller-Hagedorn 1998

[71] Quelle: Liebmann/Zentes 2001

1.7.1 Betriebsformen des Großhandels

Laufend entstehen neue Betriebsformen und parallel dazu ändern vorhandene Betriebsformen ihre Merkmalsausprägungen in immer kürzer werdenden Zeitabständen, weshalb eine Auflistung der Betriebsformen des Großhandels niemals Anspruch auf Vollständigkeit erheben kann.[72]

- Das Hauptmerkmal des Lagergroßhandels liegt in seiner „schwerpunktmäßigen Ausrichtung auf Funktionen der Lagerhaltung und Sortimentierung.“ Die wesentliche Handelsfunktion, die der Lagergroßhandel übernimmt, ist die so genannte Zeitüberbrückungsfunktion. Die Kundenstruktur des Lagergroßhandels ist vorwiegend durch kleinere Abnehmer im lokalen bzw. regionalen Raum gekennzeichnet.[73]

- Unter die Betriebsform des Sortimentsgroßhandels fallen Großhandelsunternehmen, die ein tendenziell breites und flaches Sortiment aufweisen.[74] Das Sortiment dieser Betriebsform deckt oft auch mehrere Branchen ab, mindestens aber eine Branche zur Gänze. Die Tiefe des Sortiments zielt darauf ab, den Bedarf der jeweiligen Zielgruppe möglichst vollständig abzudecken. Man findet den Sortimentsgroßhandel besonders häufig bei Einkaufsgenossenschaften an.[75]

- Unter der Betriebsform Spezialgroßhandel versteht man Großhandelsunternehmen, die ein tendenziell schmales und tiefes Sortiment haben.[76] Dementsprechend beschränkt man sich im Normalfall auf Waren und Dienstleistungen einer Branche bzw. auch nur auf einzelne Bereiche einer Branche, wodurch diese Betriebsform durch eine starke Spezialisierung gekennzeichnet ist. Das Kennzeichen der Spezialisierung macht auch das ausgeprägte Know-how hinsichtlich der Produkte und des Servicegrades aus.[77]

---

72 Quelle: Ahlert/Siebenrock 1987

73 Quelle: Liebmann/Zentes 2001

74 Quelle: Tietz 1993a

75 Quelle: Liebmann/Zentes 2001

76 Quelle: Tietz 1993a

77 Quelle: Liebmann/Zentes 2001

- Der Zustellgroßhandel stellt die traditionelle Form des Großhandels dar, welcher durch einen hohen Grad an Lieferfähigkeit und Lieferbereitschaft gekennzeichnet ist.[78] So ist die Belieferungspolitik des Zustellgroßhandels dadurch gekennzeichnet, dass dieser die Waren entweder vom eigenen Lager zustellt oder sie – in Form des Streckengroßhandels - direkt vom Produzenten den Kunden zustellen lässt.[79] Das hervorstechende Merkmal dieser Betriebsform ist seine ausgeprägte Serviceorientierung. Serviceleistungen des Zustellgroßhandels beinhalten neben der Lieferung auch noch die Informations- und Beratungstätigkeit für seine Kunden – ein wichtiges Instrument zur langfristigen Kundenbindung.

- Unternehmen des Versandgroßhandels zeichnen sich im Gegensatz zum Zustellgroßhandel durch die Lieferung über große Distanzen hinweg aus, weshalb Unternehmen dieser Betriebsform vorwiegend eigene Fuhrparks unterhalten. Versandt wird vor allem frische, leicht verderbliche Ware, wie z. B. Obst und Gemüse.[80]

- Handelsunternehmungen der Betriebsform des Cash & Carry-Großhandels verzichten in ihrer ursprünglichen und reinen Grundform weitgehend auf jegliche Serviceleistungen bei Hervorhebung der Sortiments- und Preisfunktion. Dieses Merkmal unterscheidet Cash & Carry wesentlich von den Betriebsformen des Spezial- bzw. Fach- und Sortiments-Zustellgroßhandels.[81] In Cash & Carry-Großhandelsunternehmen herrscht das Selbstbedienungsprinzip, d. h. die Kommissionierung und der Transport der Waren wird vom Kunden selbst vorgenommen und der Zahlungsvorgang erfolgt unmittelbar.[82] Cash & Carry-Großhandelsunternehmen bieten in der Regel ein sehr breites Sortiment an, welches zumeist Waren des Konsumgüterbereichs (vor allem Nahrungs- und Genussmittel sowie Verbrauchs- und Gebrauchsgüter) umfasst.[83] Cash & Carry-Märkte richten sich vor allem an Kunden des kleinbetrieblichen Einzelhandels unterschiedlichster Branchen, aber auch an gastronomisch orientierte Unternehmen wie Gaststätten,

---

78 Quelle: Liebmann/Zentes 2001

79 Quelle: Müller-Hagedorn 1998

80 Quelle: Liebmann/Zentes 2001

81 Quelle: Ahlert/Siebenrock 1987

82 Quelle: Russi 1993

83 Quelle: Liebmann/Zentes 2001

Hotels, Krankenhäuser und Kantinen.[84] Entsprechend der Theorie der Dynamik der Betriebsformen[85] betreiben Cash & Carry-Großhandelsunternehmen im Laufe ihres Bestehens ein „Trading-up", indem sie ihren Kunden einen erhöhten Servicegrad bieten, eine Strategie, welche auch Konsequenzen für die Kosten- und Preisstruktur hat.[86]

- Die Betriebsform Rack Jobber, welcher auch unter den Bezeichnungen Regalgroßhandel bzw. Service Merchandiser bekannt ist, bezeichnet Großhandelsunternehmen und Hersteller, denen in Einzelhandelsgeschäften Verkaufsraum bzw. Regalfläche zur Verfügung gestellt werden. Rack Jobber verkaufen auf Basis eines Kommissionsgeschäfts auf eigene Rechnung.[87]

- Die Besonderheit bei der Betriebsform des Produktionsverbindungshandels stellt die Tatsache dar, dass die jeweiligen Großhandelsunternehmen Produktionsunternehmen beliefern. Die Kunden zählen in diesem Falle also ebenso wie die Vorlieferanten dieser Großhandelsunternehmen zum Bereich der gewerblichen Verwender (z. B. Produktionsunternehmen bzw. produzierende Handwerksunternehmen). Der Produktionsverbindungshandel handelt vornehmlich mit Waren, wie Investitionsgütern, Roh-, Hilfs- und Betriebsstoffen, welche von den Abnehmern noch weiter bearbeitet werden. Somit nimmt diese Betriebsform des Großhandels die Rolle eines Vermittlers zwischen unterschiedlichen Produktionsbetriebsstufen ein.

- Bei Werkhandelsunternehmen handelt es sich um Unternehmen, welche Großhandelstätigkeiten ausführen und gleichzeitig abhängig von herstellenden Unternehmen sind. Rechtlich autonom, jedoch wirtschaftlich abhängig von einem bzw. mehreren produzierenden Unternehmen, ist diese Betriebsform im Besitz von Produzenten. D. h. Hersteller verfügen über eine Beteiligung von zumindest 50 % am Kapital. So ist natürlich auch der Bezug (oder zumindest der Großteil) der Waren der Großhandelsunternehmen an diejenigen Unternehmen gebunden, die eine Mehrheitsbeteiligung am Unternehmen besitzen.[88]

---

84 Quelle: Russi 1993

85 Quelle: Nieschlag 1954

86 Quelle: Ahlert/Siebenrock 1987

87 Quelle: Tietz 1993a

88 Quelle: Liebmann/Zentes 2001

1.7.2 Großhandelsunternehmen nach Branchen

Gemessen an der Zahl der Unternehmen war 2005 der Bereich Handelsvermittlung die größte Großhandelsbranche in Österreich. Rd. ein Drittel der Großhandelsunternehmen konnte diesem Bereich zugeordnet werden. Weitere rd. 19 % entfielen auf Großhandelsunternehmen mit Gebrauchs- und Verbrauchsgütern und rd. 17 % auf den Großhandel mit Maschinen, Ausrüstungen und Zubehör.[89]

Grafik 24 Anzahl der Unternehmen nach Großhandelsbranchen, 2005[1]

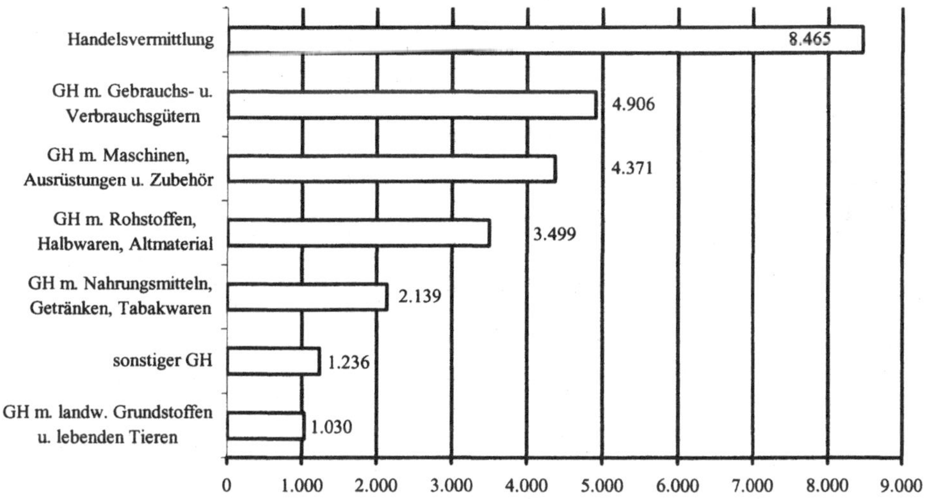

GH = Großhandel
[1] Hochrechnung der KMU FORSCHUNG AUSTRIA
Quellen: Statistik Austria, Hauptverband der österreichischen Sozialversicherungsträger, KMU FORSCHUNG AUSTRIA

Im Langzeitvergleich 1995 bis 2005 kam es in allen Großhandelsbranchen mit Ausnahme des Großhandels mit landwirtschaftlichen Grundstoffen und lebenden Tieren, in dem die Anzahl der Unternehmen sank, zu einer Steigerung der Unternehmenszahl. Die deutlichste Erhöhung war in der Handelsvermittlung zu

[89] Quellen: Statistik Austria, Hauptverband der österreichischen Sozialversicherungsträger, KMU FORSCHUNG AUSTRIA 2006

beobachten. In dieser Branche waren 2005 rd. 4.000 Unternehmen mehr tätig als im Jahr 1995.[90]

Grafik 25 Veränderung der Zahl der Unternehmen nach Großhandelsbranchen, 1995/2005[1]

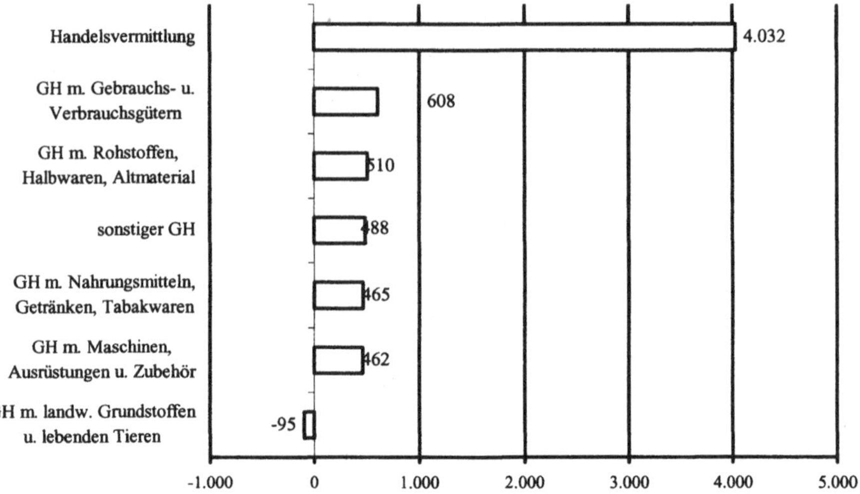

GH = Großhandel
[1] Hochrechnung der KMU FORSCHUNG AUSTRIA
Quellen: Statistik Austria, Hauptverband der österreichischen Sozialversicherungsträger, KMU FORSCHUNG AUSTRIA

1.7.3 Regionale Verteilung der Großhandelsunternehmen

Rd. 25 % aller heimischen Großhandelsunternehmen waren im Jahr 2004 in Wien angesiedelt. Eine wichtige Rolle spielten für den österreichischen Großhandel - gemessen an der Zahl der Unternehmen - weiters Oberösterreich und Niederösterreich.[91]

---

[90] Quellen: Statistik Austria, Hauptverband der österreichischen Sozialversicherungsträger, KMU FORSCHUNG AUSTRIA 2006

[91] Quelle: Statistik Austria 2006

Grafik 26 Verteilung der Großhandelsunternehmen nach Bundesland in Prozent, 2004

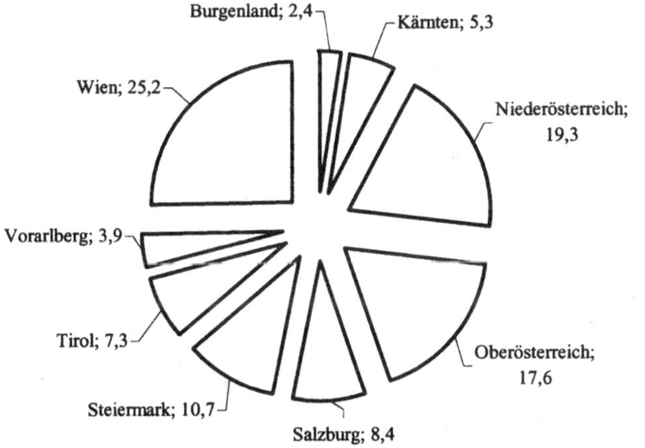

Quelle: Statistik Austria

Im 10-Jahres-Vergleich 1995-2004 zeigte sich in allen Bundesländern ein Anstieg der Großhandelsunternehmen. Anteilsmäßig fiel dieser in den Bundesländern Burgenland und Oberösterreich am höchsten aus, während in Wien der geringste prozentuelle Zuwachs verzeichnet wurde. Zu berücksichtigen ist hier jedoch auch der absolute Zuwachs an Unternehmen, der in Niederösterreich und Oberösterreich am höchsten ausfiel, gefolgt von der Steiermark und Wien.[92]

1.7.4 Durchschnittliche Unternehmensgröße nach Großhandelsbranchen

Im Durchschnitt waren im Jahr 2005 in einem Großhandelsunternehmen etwa 7 unselbstständig Beschäftigte tätig. Differenziert nach Branchen konnte festgestellt werden, dass im Durchschnitt vor allem die Handelsvermittlung und der sonstige Großhandel eine kleinstbetriebliche Struktur aufwiesen. Im Großhandel mit landwirtschaftlichen Grundstoffen und lebenden Tieren hingegen waren

92 Quelle: Statistik Austria 2006

durchschnittlich die meisten unselbstständig Beschäftigten je Unternehmen tätig.[93]

Grafik 27 Durchschnittliche Unternehmensgröße[1] nach Großhandelsbranchen, 2005[2]

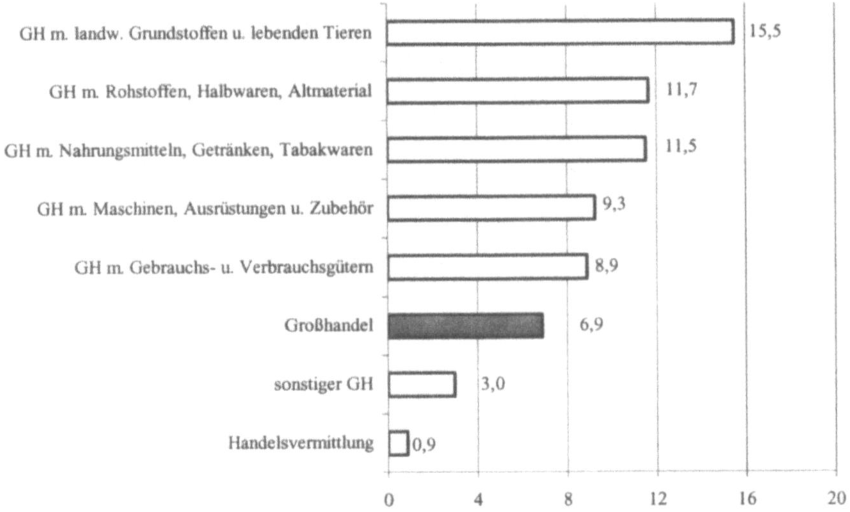

GH = Großhandel
[1] unselbstständig Beschäftigte je Unternehmen
[2] Hochrechnungen der KMU FORSCHUNG AUSTRIA
Quellen: Statistik Austria, Hauptverband der österreichischen Sozialversicherungsträger, KMU FORSCHUNG AUSTRIA

Seit 1995 ist die Unternehmensgröße im Großhandel von rd. 9,6 Mitarbeiter/innen je Unternehmen auf rd. 6,9 im Jahr 2005 gesunken. Die rückläufige Unternehmensgröße kann teilweise auf die stark steigenden Unternehmenszahlen in der Handelsvermittlung zurückgeführt werden, da dieser Bereich sehr kleinbetrieblich organisiert ist.

Mit Ausnahme des Großhandels mit landwirtschaftlichen Grundstoffen (Anstieg der Unternehmensgröße) und der Handelsvermittlung (konstante Unternehmensgröße) kam es in allen betrachteten Branchen im Zeitraum 1995 - 2004 zu einem

---

93 Quellen: Statistik Austria, Hauptverband der österreichischen Sozialversicherungsträger, KMU FORSCHUNG AUSTRIA 2006

Rückgang der durchschnittlichen Unternehmensgröße. Einen hohen Rückgang der durchschnittlichen Unternehmensgröße verzeichnete zwischen 1995 und 2005 der Großhandel mit Nahrungsmitteln, Getränken und Tabakwaren[94 95].

Grafik 28 Entwicklung der durchschnittlichen Unternehmensgröße[1] im Großhandel nach Branchen, 1995 - 2005[2]

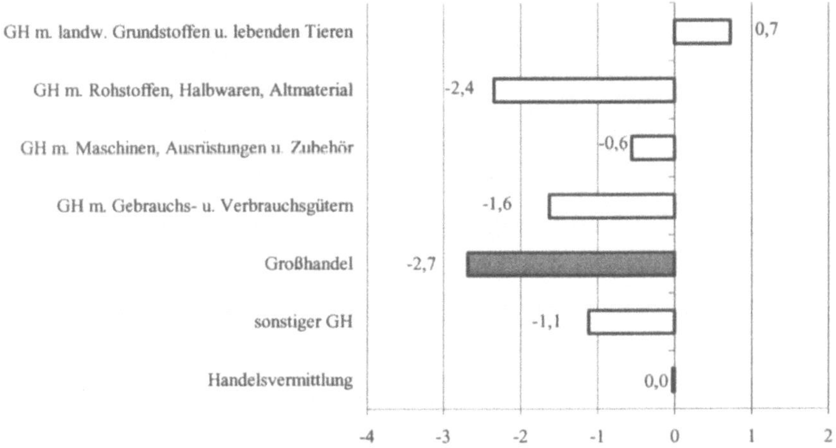

GH = Großhandel
Anmerkung: Für den GH mit Nahrungsmitteln, Getränken und Tabakwaren konnte kein Zeitvergleich auf Grund von methodischen Umstellungen in der Erhebung angegeben werden.
[1] unselbstständig Beschäftigte je Unternehmen
[2] Hochrechnungen der KMU FORSCHUNG AUSTRIA
Quellen: Statistik Austria, Hauptverband der österreichischen Sozialversicherungsträger, KMU FORSCHUNG AUSTRIA

1.7.5 Bedeutung des Großhandels im EU-Vergleich

Im Vergleich mit ausgewählten europäischen Ländern lag 2003 die Bedeutung des Großhandels (gemessen an der Anzahl der Unternehmen) für die Gesamtwirtschaft in Österreich im oberen Mittelfeld. Einen hohen Anteil an Groß-

---

94 Anmerkung: Auf Grund methodischer Umstellungen in der Erhebung kann hier kein Wert für den Großhandel mit Nahrungsmitteln, Getränken und Tabakwaren im Zeitvergleich angegeben werden.

95 Quellen: Statistik Austria, Hauptverband der österreichischen Sozialversicherungsträger, KMU FORSCHUNG AUSTRIA 2006

handelsunternehmen wiesen im Jahr 2003 Slowenien, die Niederlande und Belgien auf (jeweils über 11 %). Eine vergleichsweise geringe Bedeutung hatte der Großhandel 2003 in Ungarn und Deutschland (jeweils rd. 6 %).[96]

Grafik 29 Anteil der Großhandelsunternehmen an den Unternehmen der marktorientierten Wirtschaft[1] in ausgewählten europäischen Ländern in Prozent, 2003

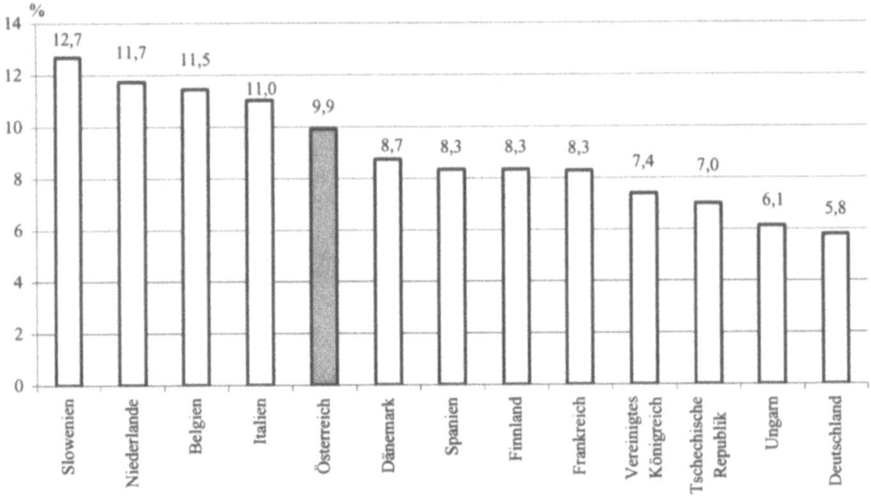

[1] ohne Land- und Forstwirtschaft, persönliche Dienstleistungen und Bankwesen (genauer: Abschnitte C - K ohne J der NACE)
Quelle: Eurostat

Die österreichischen Großhandelsunternehmen waren 2003 im Vergleich zu anderen europäischen Ländern relativ groß strukturiert. Die meisten unselbstständig Beschäftigten (im Durchschnitt) je Unternehmen wiesen die Großhandelsunternehmen in Deutschland, im Vereinigten Königreich und in Dänemark auf. Geringe Unternehmensgrößen fanden sich insbesondere in Slowenien, der Tschechischen Republik und Italien.[97]

[96] Quelle: Eurostat 2006

[97] Quelle: Eurostat 2006

Grafik 30 Durchschnittliche Unternehmensgröße[1] im Großhandel in ausgewählten europäischen Ländern, 2003

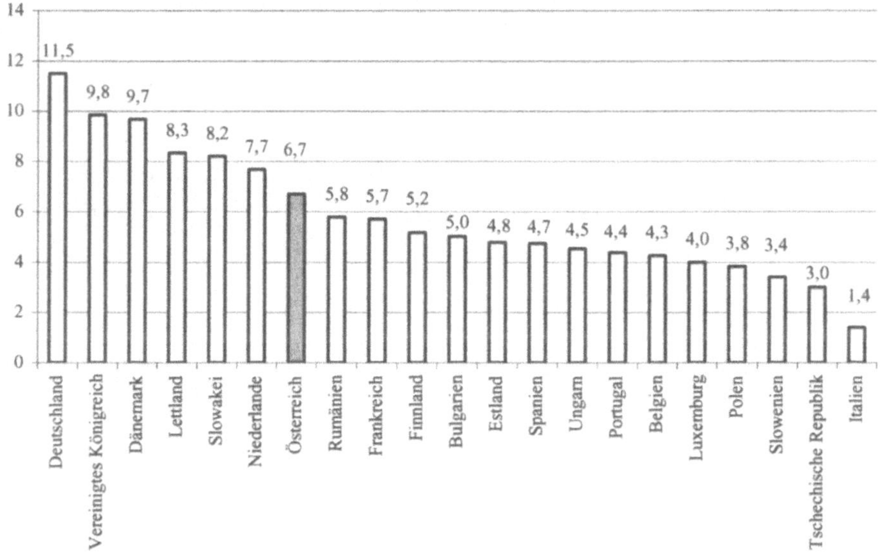

[1] unselbstständig Beschäftigte je Unternehmen
Quelle: Eurostat

2 Der Handel als Arbeitgeber

- **Anzahl der unselbstständig Beschäftigten im Handel: 547.700**
  - Handel ist der zweitgrößte Arbeitgeber in Österreich
  - 24 % der unselbstständig Beschäftigen sind in Handelsunternehmen tätig
  - 37 % davon arbeiten in Großunternehmen
- **Der Einzelhandel als Arbeitgeber**
  - Freude am Verkauf ist wichtigstes Motiv für die Arbeit im Einzelhandel
  - Großteil der Beschäftigten in Verkauf/Kundenberatung tätig
  - Lebensmitteleinzelhandel größter Arbeitgeber im Einzelhandel: 82.000 unselbstständig Beschäftigte
  - 44 % sind teilzeitbeschäftigt
- **Der Großhandel als Arbeitgeber**
  - Großhandel mit Gebrauchs- und Verbrauchsgütern größter Arbeitgeber im Großhandel: 44.000 unselbstständig Beschäftigte
  - Bedeutung des Großhandels als Arbeitgeber im „oberen" europäischen Mittelfeld

Daten: Jahr 2005

Der Handel ist der zweitgrößte Arbeitgeber innerhalb der marktorientierten Wirtschaft in Österreich.[98] Darüber hinaus stellt der Produktionsfaktor „Arbeit" eine kritische Größe für den Handel dar. Einerseits setzen viele Tätigkeiten im Handel (wie z. B. Interaktion mit Kund/innen) eine kompetente und qualifizierte Belegschaft voraus, andererseits stellen die Beschäftigten nach dem Wareneinkauf den größten Kostenfaktor dar.[99] Das folgende Kapitel beschäftigt sich

[98] Quelle: Statistik Austria 2006

[99] Quelle: Hofmann et. al 2004

daher detailliert mit der Arbeitsmarktsituation- und -entwicklung im Handel. Dabei wird auf die Themengebiete Anzahl der unselbstständig Beschäftigten, Teilzeitbeschäftigung, Lehrlinge und insbesondere auf die Beschäftigungssituation im Einzelhandel eingegangen sowie die Bedeutung des Einzel- und Großhandels mit ausgewählten europäischen Ländern verglichen.

2.1 Anzahl der unselbstständig Beschäftigten im Handel

Im Jahr 2006 waren rd. 24 % aller unselbstständig Beschäftigten in Handelsunternehmen tätig. Den höchsten Anteil wies mit rd. 26 % die Sachgütererzeugung auf. Bei einer Betrachtung der drei Handelsbereiche zeigt sich, dass im Einzelhandel etwas mehr Mitarbeiter/innen tätig waren als im Großhandel und der Kfz-Wirtschaft zusammen.[100]

Grafik 31 Anteil der unselbstständig Beschäftigten in Prozent der marktorientierten Wirtschaft[1] in ausgewählten Sektoren, 2006[2]

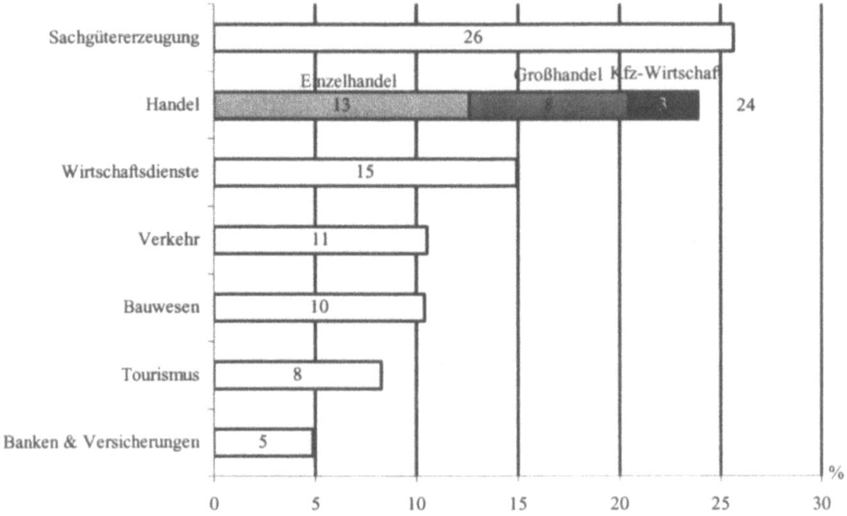

[1] ohne Land- und Forstwirtschaft und persönliche Dienstleistungen (genauer: Abschnitte C - K der ÖNACE)
[2] Hochrechnung der KMU FORSCHUNG AUSTRIA
Quellen: Statistik Austria, Hauptverband der österreichischen Sozialversicherungsträger, KMU FORSCHUNG AUSTRIA

[100] Quellen: Statistik Austria, Hauptverband der österreichischen Sozialversicherungsträger, KMU FORSCHUNG AUSTRIA 2006

Insgesamt waren im Jahr 2006 rd. 547.700 Personen in österreichischen Handelsunternehmen unselbstständig beschäftigt. Das sind um 1,7 % mehr als im Jahr davor. Absolut betrachtet kam es im Einzelhandel im Jahresvergleich zum höchsten Anstieg der Beschäftigtenzahl (rd. +4.900), gefolgt vom Großhandel (rd. +3.500) und der Kfz-Wirtschaft (rd. +700).[101]

Tabelle 3 Anzahl der unselbstständig Beschäftigten im Handel, 1995 - 2006

	1995[1]	2004	2005[2]	2006[2]	VÄ in % 2005/06
Einzelhandel	220.125	280.107	284.351	289.286	1,7
Großhandel	183.496	174.377	176.428	179.920	2,0
Kfz-Wirtschaft	68.700	76.977	77.800	78.516	0,9
Handel	472.321	531.461	538.579	547.723	1,7

VÄ = Veränderung

1 Im Jahr 1995 bezogen sich die Beschäftigtendaten auf den Stichtag 31.12.; geringfügig Beschäftigte waren in der Statistik nicht enthalten. Ab 2003 werden die Beschäftigten im Jahresdurchschnitt ausgewiesen.

2 Hochrechung der KMU FORSCHUNG AUSTRIA

Quellen: Statistik Austria, Hauptverband der österreichischen Sozialversicherungsträger, KMU FORSCHUNG AUSTRIA

2.2 Beschäftigung nach Beschäftigtengrößenklassen

Die meisten unselbstständig Beschäftigten im Handel (rd. 37 %) waren 2005 in Großunternehmen mit 250 und mehr Beschäftigten tätig. Der Anteil dieser Unternehmen an den gesamten Unternehmen belief sich hingegen auf „lediglich" rd. 0,2 %.[102]

Rd. 17 % der Handelsmitarbeiter/innen arbeiteten in mittleren Unternehmen (mit 50 bis 249 Beschäftigten), etwa ein Viertel war in Kleinunternehmen mit 10 bis 49 Beschäftigten tätig und die weiteren rd. 21 % waren Kleinstunternehmen (bis 9 Beschäftigte) zuzurechnen.[103]

101 Quellen: Statistik Austria, Hauptverband der österreichischen Sozialversicherungsträger, KMU FORSCHUNG AUSTRIA 2006

102 Siehe auch Kapitel 1.3.: Handelsunternehmen nach Größenklassen

103 Quellen: Statistik Austria, Hauptverband der österreichischen Sozialversicherungsträger, KMU FORSCHUNG AUSTRIA 2006

Grafik 32 Anteil der unselbstständig Beschäftigten im Handel nach Beschäftigtengrößenklassen in Prozent, 2005[1]

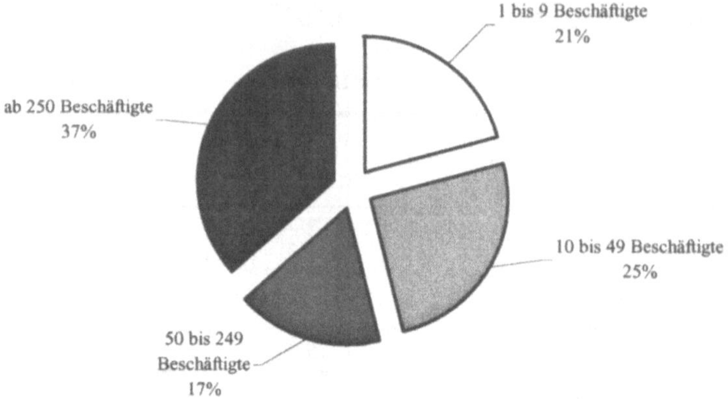

[1] Hochrechnung der KMU FORSCHUNG AUSTRIA
Quellen: Statistik Austria, Hauptverband der österreichischen Sozialversicherungsträger, KMU FORSCHUNG AUSTRIA

Im Einzelhandel war im Jahr 2005 mehr als die Hälfte aller Mitarbeiter/innen (rd. 53 %) in Großunternehmen tätig, die jedoch „lediglich" 0,2 % der Gesamtunternehmen ausmachten. Zwischen 1995 und 2005 kam es zu einem Anstieg des Beschäftigtenanteils in Großunternehmen um rd. 15 %-Punkte.

Im Großhandel arbeiteten 2005 rd. 50 % der unselbstständig Beschäftigten in Unternehmen mit 50 und mehr Beschäftigten. Seit 1995 hat sich die Bedeutung dieser Größenklasse (gemessen am Beschäftigtenanteil) verringert (-5 %-Punkte).

In der Kfz-Wirtschaft belief sich der Anteil der unselbstständig Beschäftigten in Unternehmen mit 50 und mehr Beschäftigten im Jahr 2005 auf rd. 38 %. Hier kam es zwischen 1995 und 2005 zu keinen nennenswerten Veränderungen der Beschäftigtenverteilung nach Größenklassen.[104]

[104] Quellen: Statistik Austria, Hauptverband der österreichischen Sozialversicherungsträger, KMU FORSCHUNG AUSTRIA 2006

Grafik 33 Anteil der unselbstständig Beschäftigten nach Beschäftigtengrößenklassen in Prozent, Einzel-, Großhandel und Kfz-Wirtschaft, 1995 - 2005[1]

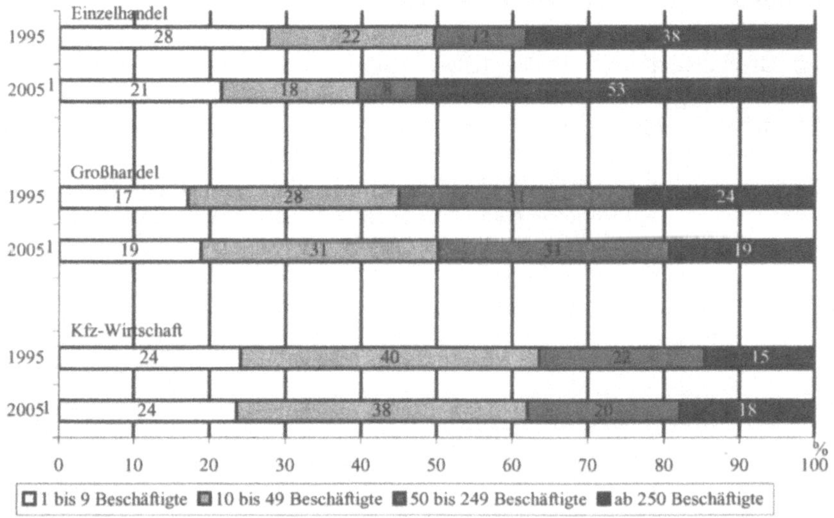

[1] Hochrechnungen der KMU FORSCHUNG AUSTRIA

Quellen: Statistik Austria, Hauptverband der österreichischen Sozialversicherungsträger, KMU FORSCHUNG AUSTRIA

2.3 Teilzeitbeschäftigung[105]

Teilzeitbeschäftigung spielt insbesondere im Einzelhandel eine bedeutende Rolle. Im Jahr 2004 waren im Einzelhandel rd. 44 % der unselbstständig Beschäftigten weniger als 38,5 Stunden pro Woche tätig.[106] In jenen Einzelhandelsunternehmen, die im Jahr 2006 Teilzeit-Beschäftigungsverhältnisse anboten, war etwa ein Fünftel der Teilzeitkräfte geringfügig beschäftigt

[105] Als Teilzeitbeschäftigte gelten unselbstständig Beschäftigte, deren normale Arbeitszeit kürzer als die reguläre (kollektivvertraglich festgelegte volle Normalarbeitszeit) ist. Darunter sind alle Formen der Teilzeitarbeit zu verstehen (z. B. Halbtagsbeschäftigung, Beschäftigung an einem, zwei oder drei Tagen in der Woche usw.) sowie geringfügig Beschäftigte (Entgelt liegt unter der Geringfügigkeitsgrenze, seit 1. Jänner 2006: € 333,16/Monat). Nicht einbezogen sind zeitweilig Vollbeschäftigte sowie Personen, die wegen Urlaub, Krankheit oder aus sonstigen Gründen vorübergehend keine volle Arbeitszeit erreichen (Definition: Statistik Austria).

[106] Quelle: Statistik Austria 2006

(Beschäftigungsausmaß von bis zu ca. 10 Stunden pro Woche), drei Fünftel arbeiteten bis zu 30 Stunden pro Woche und das letzte Fünftel war mehr als 30 Stunden pro Woche, aber weniger als das Vollzeitausmaß im Unternehmen tätig.[107] Der Anteil der Teilzeitbeschäftigten ist in den letzten Jahren im Einzelhandel kontinuierlich angestiegen.

Im Großhandel und in der Kfz-Wirtschaft war 2004 der Anteil der Teilzeitbeschäftigten geringer. Im Großhandel betrug dieser rd. 15 %; in der Kfz-Wirtschaft rd. 11 %.[108]

Grafik 34 Anteil der Teilzeitbeschäftigten (inkl. geringfügig Beschäftigten) in Prozent der unselbstständig Beschäftigten, Einzel-, Großhandel und Kfz-Wirtschaft, 2002 - 2004

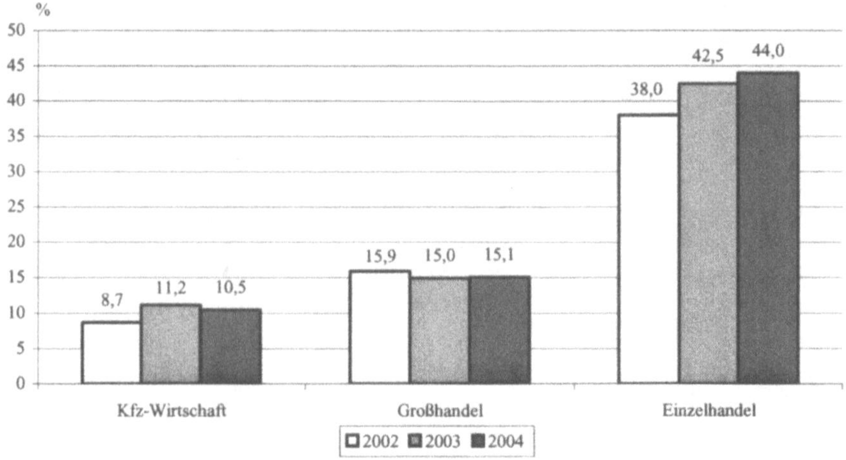

Quelle: Statistik Austria

Der Anteil der geringfügig Beschäftigten[109] ist im Einzelhandel am höchsten. Im Jahr 2006 betrug er rd. 10,3 %. Seit 2002 kam es zu keinen nennenswerten Veränderungen dieses Prozentsatzes. Im Großhandel waren rd. 6,3 % aller unselbstständig Beschäftigten geringfügig beschäftigt. Auch hier blieb der Anteil seit 2002 annähernd konstant. In der Kfz-Wirtschaft belief sich der Geringfügigen-

107 Quelle: KMU FORSCHUNG AUSTRIA 2006a

108 Quelle: Statistik Austria 2006

109 Darunter werden jene Personen verstanden, bei denen der monatliche Bruttoverdienst maximal € 333,16 beträgt

Anteil 2006 auf rd. 5,3 %. Hier kam es seit 2002 zu einem leichten Anstieg um rd. 0,5 %-Punkte.[110]

Tabelle 4 Anteil der geringfügig Beschäftigten in Prozent der unselbstständig Beschäftigten, Einzel-, Großhandel und Kfz-Wirtschaft, 2002 - 2006

	2002	2003	2004	2005	2006
Einzelhandel	10,3	10,5	10,5	10,4	10,3
Großhandel	6,2	6,3	6,4	6,5	6,3
Kfz-Wirtschaft	4,8	5,0	5,3	5,4	5,3

Quelle: KMU FORSCHUNG AUSTRIA

2.4 Lehrlinge im Handel

Im Jahr 2005 bildeten rd. 5.900 Handelsunternehmen Lehrlinge aus. Das sind rd. 8 % aller Handelsunternehmen.

Die Anzahl der Lehrlinge im Handel belief sich 2005 auf rd. 18.500, was rd. 15 % an Auszubildenden der gesamten gewerblichen Wirtschaft entsprach. Der Handel ist damit hinter dem Gewerbe und Handwerk (rd. 48 % der Lehrlinge) die zweitgrößte Sparte in der Lehrlingsausbildung.

Im Vergleich zum Vorjahr stieg die Lehrlingszahl 2005 um rd. 2 %. Bei der Anzahl der Lehrlinge im 1. Lehrjahr kam es zu einer Erhöhung um knapp 7 %.[111]

110 Quelle: Statistik Austria 2006

111 Quelle: Wirtschaftskammer Österreich 2006

Tabelle 5 Anzahl der Lehrlinge im Handel, 2002 – 2005

	2002	2003	2004	2005	Anteil[1] 2005 in %	VÄ 2004/2005 in %
Lehrlinge insgesamt	18.884	18.310	18.126	18.490	15,1	2,0
Lehrlinge im 1. Lehrjahr	6.256	5.938	5.981	6.368	16,5	6,5

[1] an der gewerblichen Wirtschaft
VÄ = Veränderung
Quellen: Wirtschaftskammer Österreich, Lehrlingsstatistik; KMU FORSCHUNG AUSTRIA, Regionaldatenbank

Die langfristige Entwicklung der Lehrlingsnachfrage seit 1970 zeigt im Handel einen deutlicheren Abwärtstrend als im Durchschnitt der Gewerblichen Wirtschaft. Zwischen 1995 und 2000 kam es allerdings zu einem leichten Anstieg. Für 2005 ist mit einer weiterhin rückläufigen Lehrlingsnachfrage zu rechnen.[112]

Grafik 35 Entwicklung der Lehrlingsnachfrage[1] im Handel (Index: 1970 = 100), 1970 – 2005

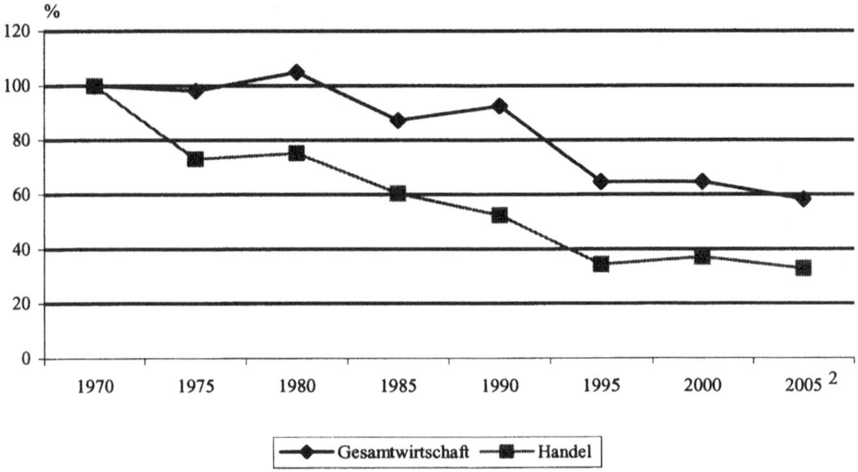

[1] Lehrlinge im 1. Lehrjahr + offene Lehrstellen am Jahresende (sofort verfügbare)
[2] Prognose für die Gesamtwirtschaft für 2005 bzw. Wert von 2003 für den Handel
Quelle: Arbeitsmarktservice Österreich

112 Quelle: Arbeitsmarktservice Österreich 2005

Rd. 14.300 Lehrlinge erlernten im Jahr 2005 den Lehrberuf „Einzelhandel insgesamt“[113] (Einfachlehren). Das sind rd. 12 % aller Lehrlinge der gesamten gewerblichen Wirtschaft. Gegenüber 2004 kam es zu einem Anstieg der Anzahl der Lehrlinge in diesem Beruf um rd. 3 %. Rd. 70 % der Lehrlinge, die diesen Lehrberuf gewählt haben, waren 2005 weiblich.

Zum/zur „Großhandelskaufmann/frau“ ließen sich 2005 rd. 1.500 Lehrlinge bzw. 1,2 % der Lehrlinge der gewerblichen Wirtschaft (Einfachlehren) ausbilden. Im Vergleich zum Vorjahr blieb die Anzahl der Lehrlinge dieses Berufes annähernd konstant. Rd. 58 % der Lehrlinge waren männlich.[114]

2.5 Anzahl der vorgemerkten Arbeitslosen

Seit dem Jahr 2000 kam es zu einer kontinuierlichen Erhöhung der Anzahl der vorgemerkten Arbeitslosen, die zuvor im Handel tätig waren. Im Jahr 2005 waren durchschnittlich rd. 42.400 Personen arbeitslos gemeldet, die zuvor in Handelsunternehmen beschäftigt waren. Mehr als die Hälfte davon war dem Einzelhandel zuzuordnen. Zwischen 2004 und 2005 stieg die Anzahl der Arbeitslosen in der Kfz-Wirtschaft und im Einzelhandel, während es im Großhandel zu einem Rückgang kam.[115]

---

[113] beinhaltet Lehrlinge im Einzelhandel in verschiedenen Schwerpunkten und Einzelhandelskaufmann (frühere Bezeichnung)

[114] Quelle: Arbeitsmarktservice Österreich 2005

[115] Quelle: Arbeitsmarktservice Österreich 2006

Tabelle 6 Anzahl der vorgemerkten Arbeitslosen, die im Jahresdurchschnitt zuletzt in Einzelhandels-, Großhandels- sowie Kfz-Unternehmen beschäftigt waren, Jahresdurchschnitt 2000 – 2005

	2000	2003	2004	2005	VÄ in % 2004/2005
Einzelhandel	19.813	23.205	24.041	24.744	2,9
Großhandel	11.294	12.847	12.791	12.591	-1,6
Kfz-Wirtschaft	3.769	4.848	4.794	5.036	5,0
Handel	34.876	40.901	41.626	42.371	1,8

VÄ = Veränderung
Quelle: Arbeitsmarktservice Österreich

Der Anteil der Arbeitslosen (die zuletzt in Handelsunternehmen beschäftigt waren) an den Arbeitslosen insgesamt hat zwischen 2000 und 2005 im Großhandel leicht abgenommen; in der Kfz- Wirtschaft und im Einzelhandel ist der Prozentsatz in etwa konstant geblieben.

Bei gleichzeitigem Anstieg der arbeitslosen Personen insgesamt bedeutet dies, dass die Zahl der Arbeitslosen, die zuvor in Handelsunternehmen beschäftigt waren, in annähernd selbem Ausmaß steigt, wie die Arbeitslosen in Österreich insgesamt. Wie bereits erwähnt, entfällt der größte Anteil der Arbeitssuchenden innerhalb des Handels auf den Einzelhandel (der auch der größte Arbeitgeber im Vergleich der drei Handelsbereiche ist).[116]

[116] Quelle: Arbeitsmarktservice Österreich 2006

Grafik 36 Anteil der Arbeitslosen, die zuletzt in Einzelhandels-, Großhandels- sowie Kfz-Unternehmen beschäftigt waren, an den Arbeitslosen insgesamt in Prozent, Jahresdurchschnitt 2000 - 2005

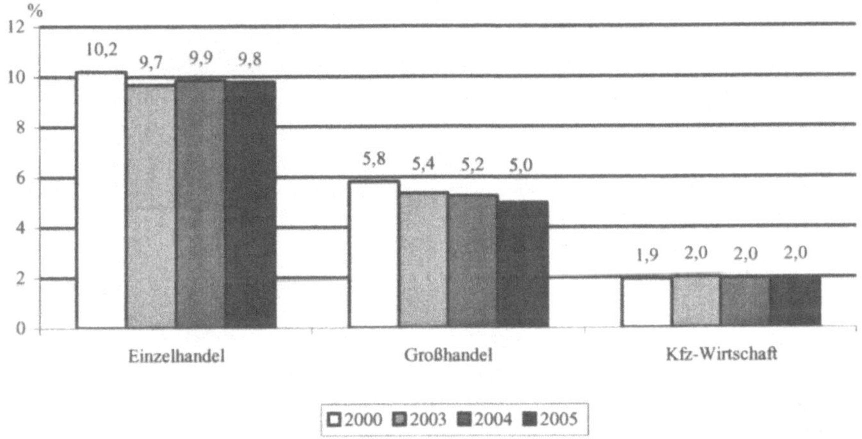

Quelle: Arbeitsmarktservice Österreich

Etwa 40 % der im Jahr 2005 Arbeitslosen, die zuletzt im Handel tätig waren, verfügten ausschließlich über einen Pflichtschulabschluss. Der Anteil jener Personen mit Lehrabschluss lag zwischen rd. 39 % (Großhandel) und rd. 52 % (Kfz-Wirtschaft).[117]

[117] Quelle: Arbeitsmarktservice Österreich 2006

Grafik 37 Aufteilung der Arbeitslosen, die zuletzt in Einzelhandels-, Großhandels- sowie Kfz-Unternehmen beschäftigt waren, nach höchster abgeschlossener Bildung in Prozent, Jahresdurchschnitt 2005

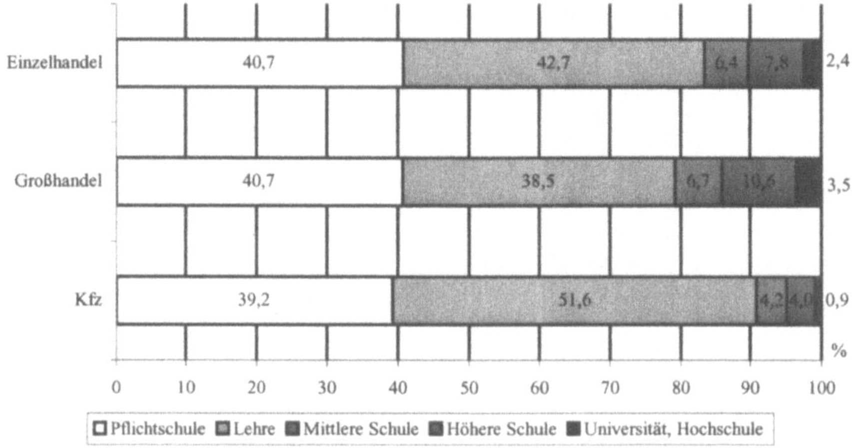

Quelle: Arbeitsmarktservice Österreich

2.6 Der Einzelhandel als Arbeitgeber

Als wichtigste Motiv für die Berufswahl im Einzelhandel nannten die befragten Einzelhandelsangestellten 2006 die Freude am Verkauf (genannt von rd. 67 % der Mitarbeiter/innen), gefolgt von mangelnden Alternativen am Arbeitsmarkt und – insbesondere bei Frauen – die Möglichkeit, Teilzeit zu arbeiten.[118]

[118] Quelle: KMU FORSCHUNG AUSTRIA 2006a

Grafik 38 Wichtigster Beweggrund der Arbeitnehmer/innen, im Einzelhandel zu arbeiten nach Geschlecht in Prozent, 2006

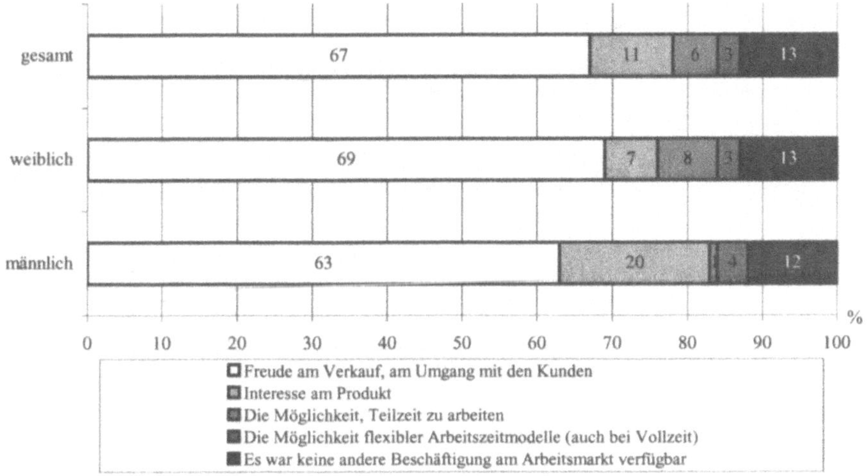

Quelle: KMU FORSCHUNG AUSTRIA

Zwei Drittel der Arbeitnehmer/innen im Einzelhandel waren 2006 bereits seit mindestens sechs Jahren in diesem Sektor tätig, und fast 60 % hatten vor dem aktuellen Beschäftigungsverhältnis schon mindestens einen anderen Arbeitgeber im Einzelhandel, was auf eine gewisse Loyalität zu diesem Sektor deutet.

Der Großteil der Arbeitnehmer/innen im Einzelhandel war 2006 im Bereich Verkauf/Kundenberatung/Kassa/Regalbetreuung tätig. Insbesondere im Einzelhandel mit Waren des langfristigen Bedarfs (z. B. Möbeleinzelhandel) kam auch dem Tätigkeitsschwerpunkt Lager/Montage/Logistik/Service hohe Bedeutung zu.[119]

[119] Quelle: KMU FORSCHUNG AUSTRIA 2006a

Grafik 39 Verteilung der Mitarbeiter/innen im Einzelhandel nach Tätigkeitsbereichen (Schwerpunkt gemessen an der Arbeitszeit) und Branchengruppen in Prozent, 2006

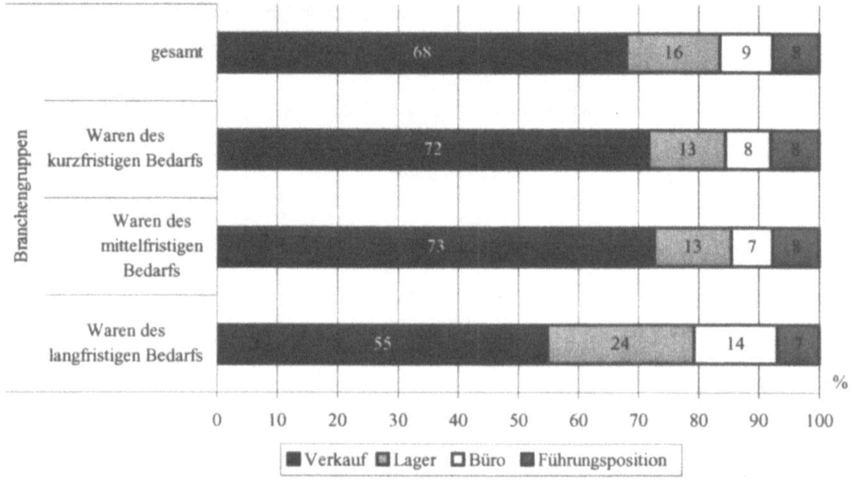

Quelle: KMU FORSCHUNG AUSTRIA

Jeweils rd. die Hälfte der Einzelhandelsangestellten gab 2006 an, nie früh morgens (vor 7 Uhr) oder spät abends (nach 19 Uhr) arbeiten zu müssen, und ein Viertel arbeitet nie am Samstagnachmittag. Jene Mitarbeiter/innen im Einzelhandel, die zumindest gelegentlich außerhalb der (bislang gewohnten) „Kernladenöffnungszeiten" arbeiteten, waren mit dieser Arbeitszeitgestaltung zufrieden.

Ebenso zeigte sich eine hohe Zufriedenheit hinsichtlich der Arbeitsinhalte und -abläufe sowie der Erreichbarkeit des Arbeitsplatzes. Rd. 90 % der Mitarbeiter/innen gaben an, dass ihnen ihre Arbeit Spaß macht, etwa vier Fünftel empfanden die Tätigkeit als ihren Kenntnissen entsprechend. Etwa ebenso viele bewerteten die Zusammenarbeit mit Kolleg/innen und Vorgesetzten als (sehr) gut bzw. fühlten sich gut in den Informationsfluss im Unternehmen eingebunden.[120]

[120] Quelle: KMU FORSCHUNG AUSTRIA 2006a

Grafik 40 Zufriedenheit der Mitarbeiter/innen im Einzelhandel mit den Arbeitsinhalten und –abläufen, Mittelwerte, 2006

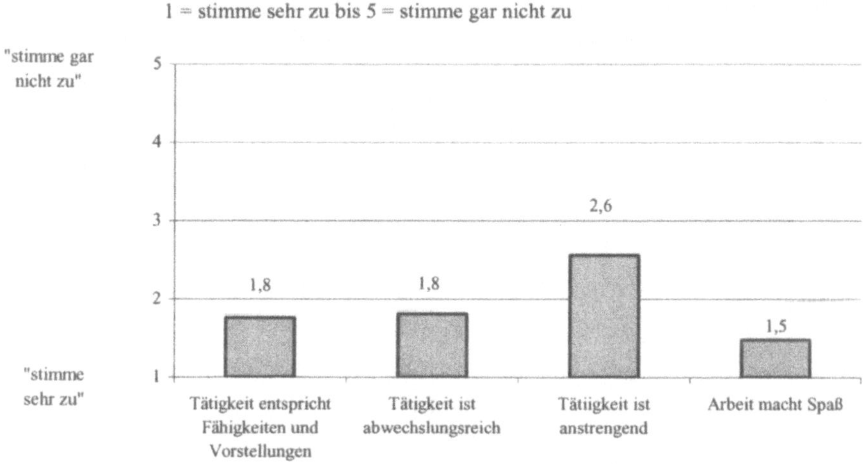

Quelle: KMU FORSCHUNG AUSTRIA

Etwas schlechter war hingegen die Zufriedenheit mit der Entlohnung, die aber mehrheitlich auch positiv gesehen wurde (durchschnittliche Bewertung von „2" nach dem Schulnotensystem).[121]

2.6.1 Beschäftigung im Einzelhandel nach Branchen

Bei einer Betrachtung der Beschäftigung im Einzelhandel nach Branchen zeigte sich, dass der Lebensmitteleinzelhandel mit Abstand die meisten Mitarbeiter/innen aufwies. In dieser Branche waren im Jahr 2005 über 82.100 unselbstständig Beschäftigte tätig; das entsprach rd. 29 % aller Beschäftigten im Einzelhandel. Danach folgten der Bekleidungseinzelhandel mit rd. 32.400 Mitarbeiter/innen, der Möbeleinzelhandel (rd. 24.700) und der Einzelhandel mit Bau- und Heimwerkerbedarf (rd. 17.700).

[121] Quelle: KMU FORSCHUNG AUSTRIA 2006a

Der Abstand des Lebensmitteleinzelhandels zu den übrigen Branchen fiel deutlich größer aus als bei den Unternehmenszahlen. Dies ist darauf zurückzuführen, dass in dieser Branche durchschnittlich mehr unselbstständig Beschäftigte je Unternehmen tätig waren als in den anderen Branchen.[122]

Grafik 41 Anzahl der unselbstständig Beschäftigten in ausgewähltem Einzelhandelsbranchen, 2005[1]

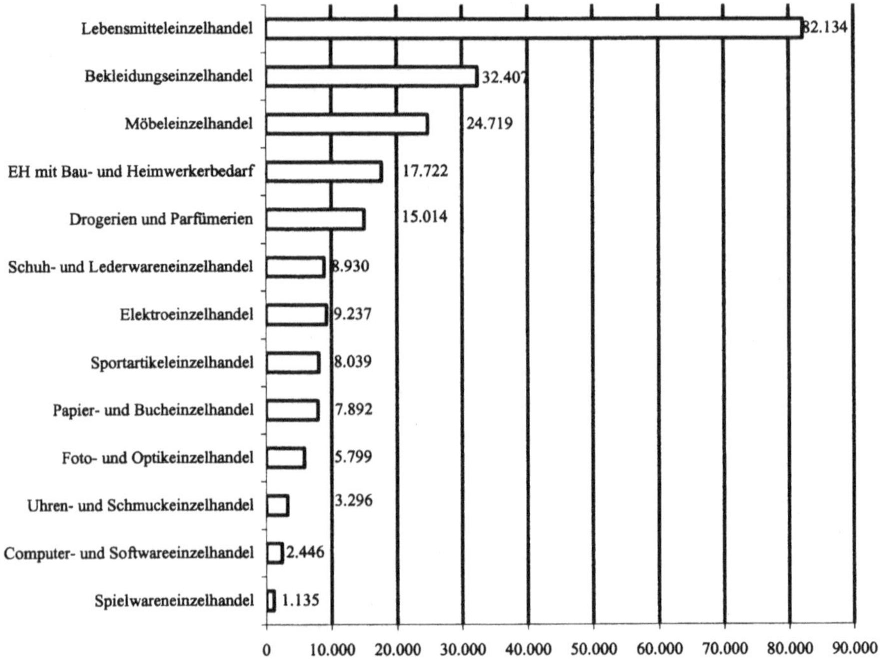

[1] Hochrechnung der KMU FORSCHUNG AUSTRIA
Quellen: Statistik Austria, Hauptverband der österreichischen Sozialversicherungsträger, KMU FORSCHUNG AUSTRIA

Zwischen 1995 und 2005 stieg die Anzahl der unselbstständig Beschäftigten in der Branche Drogerien und Parfümerien am höchsten. Insgesamt erhöhte sich der Personalstand im Einzelhandel per Saldo um rd. 31.300 Mitarbeiter/innen. Zu Personalrückgängen kam es im selben Zeitraum im Schuh- und

[122] Quellen: Statistik Austria, Hauptverband der österreichischen Sozialversicherungsträger, KMU FORSCHUNG AUSTRIA 2006

Lederwareneinzelhandel, im Uhren- und Schmuckeinzelhandel sowie im Spielwareneinzelhandel.[123]

Grafik 42 Veränderung der Zahl der unselbstständig Beschäftigten ausgewählter Einzelhandelsbranchen, 1995/2005[1]

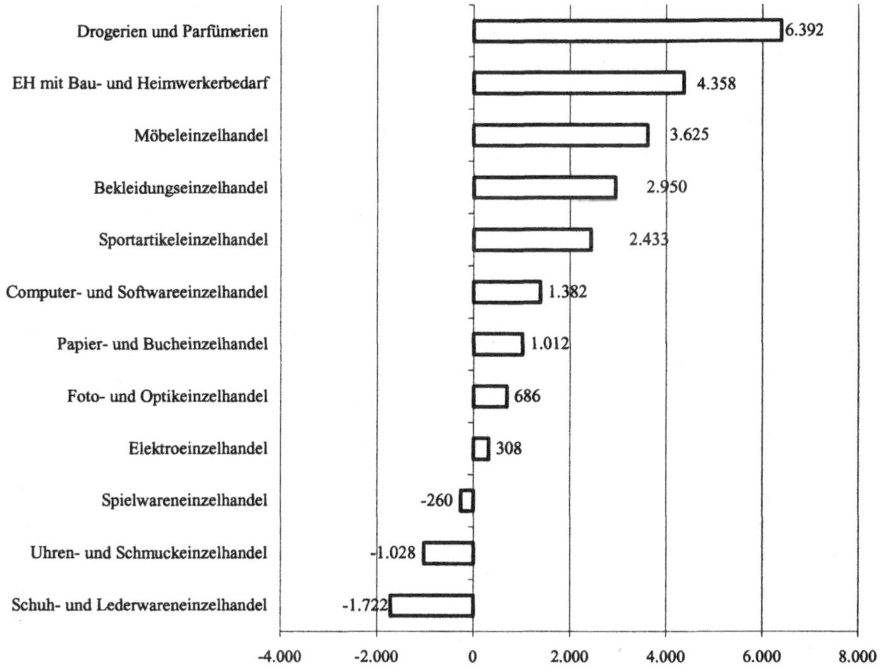

Anmerkung: Für den Lebensmitteleinzelhandel konnte kein Zeitvergleich auf Grund von methodischen Umstellungen in der Erhebung angegeben werden.
[1] Hochrechung der KMU FORSCHUNG AUSTRIA
Quellen: Statistik Austria, Hauptverband der österreichischen Sozialversicherungsträger, KMU FORSCHUNG AUSTRIA

[123] Quellen: Statistik Austria, Hauptverband der österreichischen Sozialversicherungsträger, KMU FORSCHUNG AUSTRIA 2006

2.6.2 Teilzeitbeschäftigung im Einzelhandel

Einzelhandelsbranchen mit besonders hohen Teilzeitbeschäftigtenanteilen waren im Jahr 2004 die Drogerien und Parfümerien mit rd. 64 % Teilzeitbeschäftigten und der Lebensmitteleinzelhandel mit einer Quote von rd. 56 %. Für den Einzelhandel geringe Teilzeitquoten wiesen der Elektroeinzelhandel (rd. 23 %) sowie der Einzelhandel mit Bau- und Heimwerkerbedarf (rd. 22 %) auf. Im Einzelhandel insgesamt waren 2004 rd. 44 % der unselbstständig Beschäftigten Teilzeit beschäftigt.[124]

Grafik 43 Anteil der Teilzeitbeschäftigten an den unselbstständig Beschäftigten in ausgewählten Einzelhandelsbranchen in Prozent, 2004

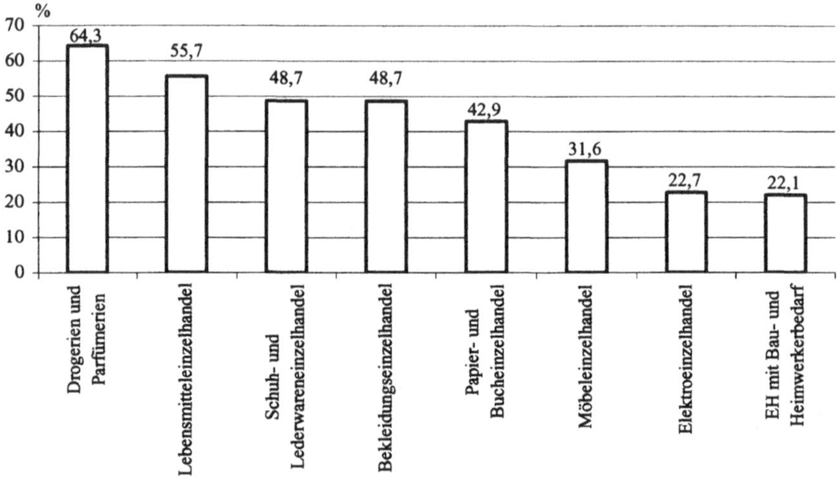

Quelle: Statistik Austria

Jene Einzelhandelsunternehmer/innen, die Teilzeitkräfte beschäftigen, gaben als wichtigsten Grund hierfür an, dass dies auf Wunsch der Mitarbeiter/innen vereinbart wurde (genannt von rd. 58 % der Händler/innen), gefolgt von Kostengründen (rd. 52 %). Somit überwog die „Freiwilligkeit" der Arbeitnehmer/innen vor der Notwendigkeit aus Sicht der Händler/innen, die kollektivvertragliche Arbeitszeit mit den Geschäftsöffnungszeiten zu vereinbaren.[125]

---

124 Quelle: Statistik Austria 2006

125 Quelle: KMU FORSCHUNG AUSTRIA 2006a

Grafik 44 Gründe für die Beschäftigung von Teilzeitkräften, Anteil der Einzelhandelsunternehmen in Prozent (Mehrfachnennungen möglich), 2006

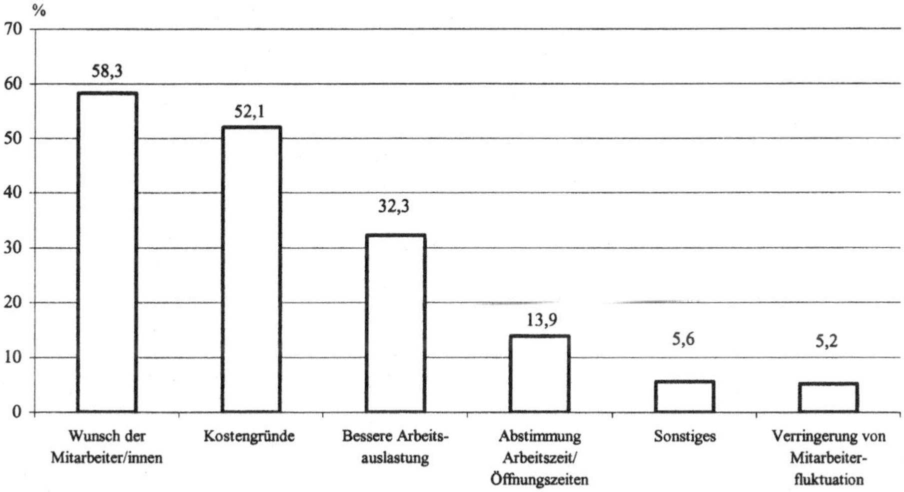

Quelle: KMU FORSCHUNG AUSTRIA

Es konnte ein deutlicher Zusammenhang zwischen Beschäftigungsausmaß und Haushaltsstruktur sowie Geschlecht aufgezeigt werden, wodurch sich ableiten lässt, dass insbesondere Frauen mit Kinderbetreuungspflichten im Einzelhandel teilzeitbeschäftigt sind. Teilzeitbeschäftigte Männer führten als maßgeblichen Grund für dieses Beschäftigungsausmaß die Vereinbarkeit mit beruflichen Aktivitäten im weiteren Sinn (inkl. z. B. Studium) an.[126]

[126] Quelle: KMU FORSCHUNG AUSTRIA 2006a

Grafik 45 Gründe für Teilzeitbeschäftigung im Einzelhandel in Prozent (Mehrfachnennungen möglich), 2006

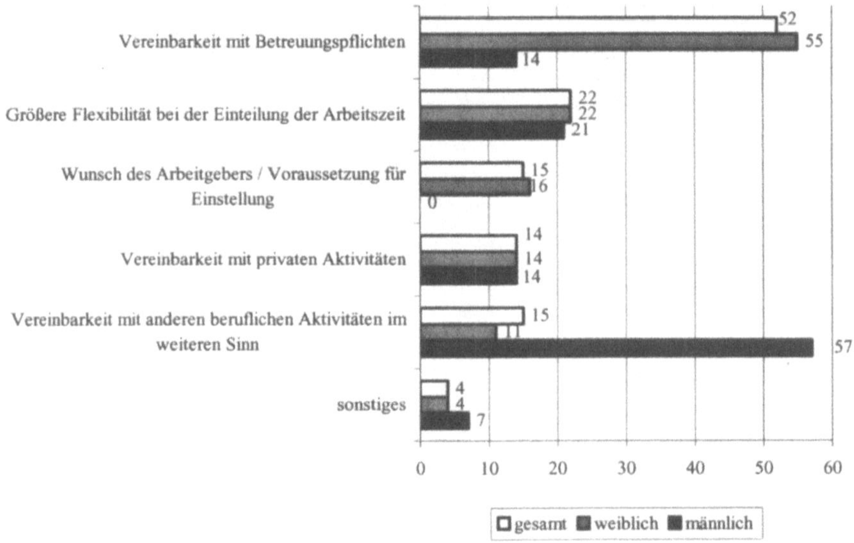

Quelle: KMU FORSCHUNG AUSTRIA

2.6.3 Bedeutung der Beschäftigung im Einzelhandel im EU-Vergleich

Der Anteil der unselbstständig Beschäftigten, die 2003 in Einzelhandelsunternehmen tätig waren, an den unselbstständig Beschäftigten der gesamten marktorientierten Wirtschaft lag in Österreich im Vergleich zu ausgewählten europäischen Ländern im Spitzenfeld. Hohe Bedeutung hatten die Einzelhandelsmitarbeiter/innen weiters im Vereinigten Königreich und in den Niederlanden. Geringe Anteile waren beispielsweise in der Tschechischen Republik, in Italien und Slowenien zu finden.[127]

---

[127] Quelle: Eurostat 2006

Grafik 46 Anteil der unselbstständig Beschäftigten in Einzelhandelsunternehmen an den unselbstständig Beschäftigten der marktorientierten Wirtschaft[1] in ausgewählten europäischen Ländern in Prozent, 2003

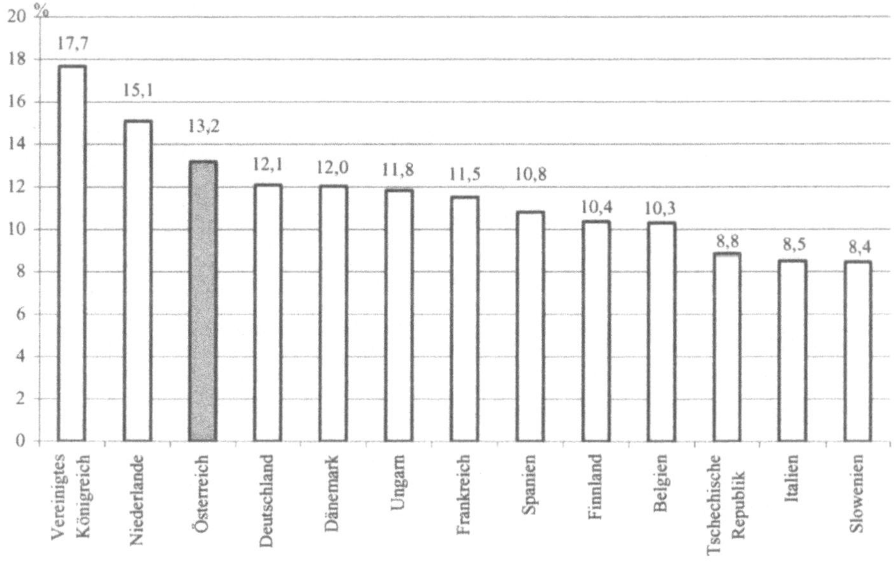

[1] ohne Land- und Forstwirtschaft, persönliche Dienstleistungen und Bankwesen (genauer: Abschnitte C - K ohne J der NACE)
Quelle: Eurostat

2.7 Der Großhandel als Arbeitgeber

Rd. 8 % der unselbstständig Beschäftigten innerhalb der marktorientierten Wirtschaft waren 2005 im Großhandel tätig. Das folgende Kapitel geht daher detailliert auf die Beschäftigungssituation im österreichischen Großhandel ein und zieht darüber hinaus einen Vergleich mit europäischen Ländern.

2.7.1 Beschäftigung im Großhandel nach Branchen

Ein Viertel aller unselbstständig Beschäftigten des Großhandels war 2005 im Großhandel mit Gebrauchs- und Verbrauchsgütern tätig. Jeweils rd. 23 % der Mitarbeiter/innen arbeiteten im Großhandel mit Rohstoffen, Halbwaren und Altmaterial sowie im Großhandel mit Maschinen, Ausrüstungen und Zubehör.

In der Handelsvermittlung, der Branche mit den meisten Unternehmen (siehe Kapitel 1.7.1), waren im Jahr 2005 „lediglich“ rd. 4 % aller unselbstständig Beschäftigten des Großhandels tätig. Folglich sind in dieser Branche im Durchschnitt weniger Mitarbeiter/innen je Unternehmen beschäftigt.[128]

Grafik 47 Anzahl der unselbstständig Beschäftigten nach Großhandelsbranchen, 2005[1]

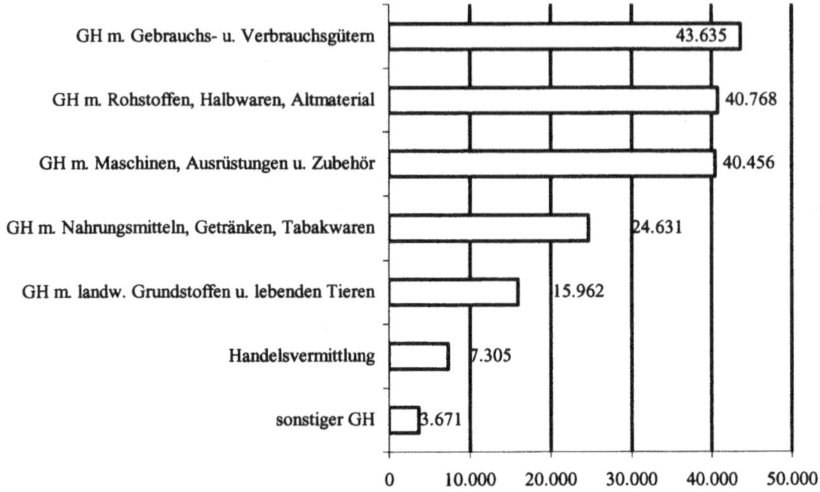

GH = Großhandel
[1] Hochrechung der KMU FORSCHUNG AUSTRIA
Quellen: Statistik Austria, Hauptverband der österreichischen Sozialversicherungsträger, KMU FORSCHUNG AUSTRIA

Zwischen 1995 und 2005 stieg die Anzahl der unselbstständig Beschäftigten in der Handelsvermittlung, dem Großhandel mit Maschinen, Ausrüstungen und Zubehör sowie im sonstigen Großhandel.[129]

---

[128] Quellen: Statistik Austria, Hauptverband der österreichischen Sozialversicherungsträger, KMU FORSCHUNG AUSTRIA 2006

[129] Quellen: Statistik Austria, Hauptverband der österreichischen Sozialversicherungsträger, KMU FORSCHUNG AUSTRIA 2006

Grafik 48 Veränderung der Zahl der unselbstständig Beschäftigten nach Großhandelsbranchen, 1995/2005[1]

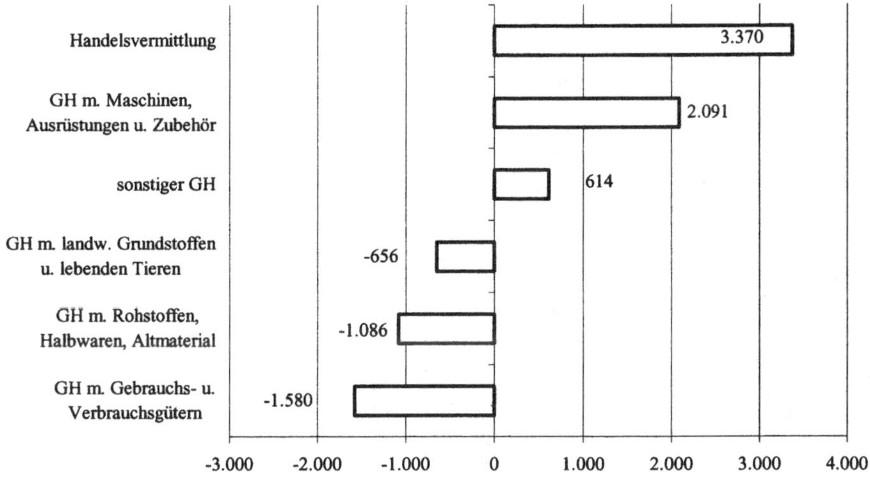

GH = Großhandel

Anmerkung: Für den GH mit Nahrungsmitteln, Getränken, Tabakwaren konnte kein Zeitvergleich auf Grund von methodischen Umstellungen in der Erhebung angegeben werden.

[1] Hochrechnung der KMU FORSCHUNG AUSTRIA

Quellen: Statistik Austria, Hauptverband der österreichischen Sozialversicherungsträger, KMU FORSCHUNG AUSTRIA

2.7.2 Teilzeitbeschäftigung im Großhandel

Die höchste Bedeutung von Teilzeitbeschäftigung in heimischen Großhandelsunternehmen wiesen 2004 der sonstige Großhandel und die Handelsvermittlung auf: In diesen Branchen ist etwa jeder vierte Beschäftigte Teilzeit beschäftigt. Die geringsten Teilzeitquoten finden sich im Großhandel mit Maschinen, Ausrüstungen und Zubehör sowie im Bereich Rohstoffe, Halbwaren und Altmaterial (rd. 12 % bzw. rd. 11 % des Personals sind Teilzeitbeschäftigte).[130]

---

[130] Quelle: Statistik Austria 2006

Grafik 49 Anteil der Teilzeitbeschäftigten an den unselbstständig Beschäftigten nach Großhandelsbranchen in Prozent, 2004

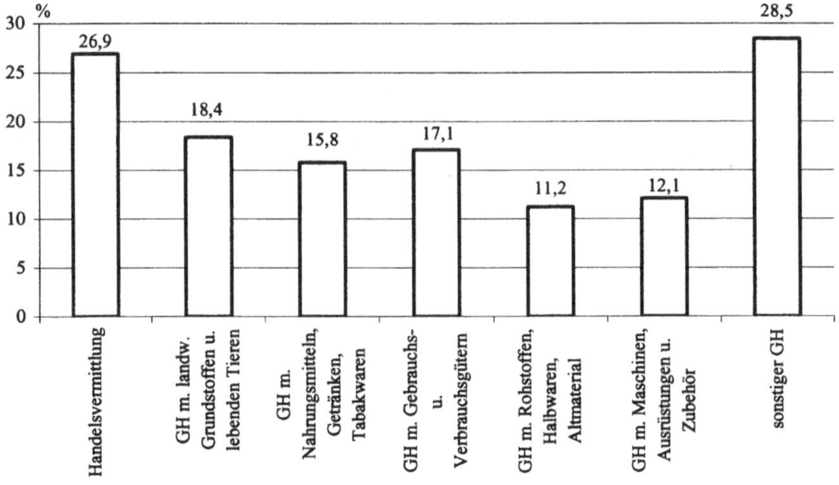

Quelle: Statistik Austria

2.7.3 Bedeutung der Beschäftigung im Großhandel im EU-Vergleich

Im Vergleich mit anderen europäischen Ländern liegt die Bedeutung des Großhandels in Österreich im Bereich Beschäftigung im oberen Mittelfeld. Hohe Anteile an der gesamten Beschäftigung wiesen im Jahr 2003 der dänische und der niederländische Großhandel mit jeweils über 10 % auf. Geringen Einfluss auf die Beschäftigung hatte der Großhandel in Deutschland und Italien (jeweils rd. 6 % der unselbstständig Beschäftigten waren hier im Großhandel tätig).[131]

[131] Quelle: Eurostat 2006

Grafik 50 Anteil der unselbstständig Beschäftigten in Großhandelsunternehmen an den unselbstständig Beschäftigten der marktorientierten Wirtschaft[1] in ausgewählten europäischen Ländern in Prozent, 2003

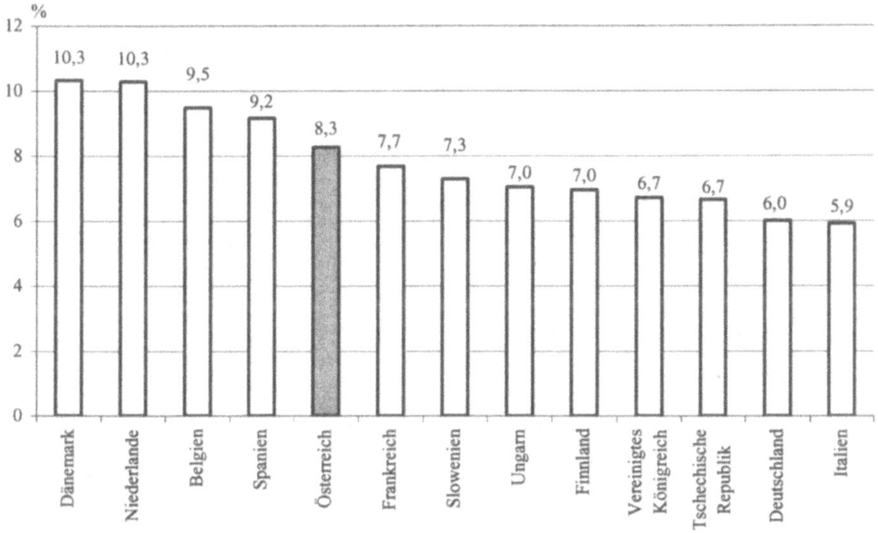

[1] ohne Land- und Forstwirtschaft, persönliche Dienstleistungen und Bankwesen (genauer: Abschnitte C - K ohne J der NACE)
Quelle: Eurostat

3 Der Output des Handels

- **Umsatz (netto) im Handel insgesamt: € 168 Mrd**
  - Entspricht 33 % des Umsatzes der marktorientierten Wirtschaft
  - Umsatz nahezu gleichmäßig auf Kleinst-, Klein-, Mittel- und Großunternehmen verteilt
- **Handel erwirtschaftet 18 % der Bruttowertschöpfung der marktorientierten Wirtschaft**
- **Der Output des Einzelhandels**
  - Umsatz: € 43 Mrd / Bruttowertschöpfung: € 9 Mrd
  - Preiserhöhung im Einzelhandel geringer als allgemeine Inflationsrate
  - Lebensmitteleinzelhandel bedeutendste Branche (Umsatzanteil am Einzelhandel: 30 %)
  - Rückläufige Verkaufsflächenproduktivität: € 2.980/m²
- **Der Output des Großhandels**
  - Umsatz: € 100 Mrd / Bruttowertschöpfung: € 12 Mrd
  - Großhandel mit Rohstoffen, Halbwaren bedeutendste Branche (Umsatzanteil am Großhandel: 36 %)
  - Bedeutung des Großhandels im europäischen Vergleich im oberen Mittelfeld

Daten: Jahr 2005

Nach der Darstellung der österreichischen Handelslandschaft und der Bedeutung des Handels als Arbeitgeber erfolgt die Analyse des Outputs des Handels. Gemessen am Umsatz stellt der Handel in Österreich den bedeutendsten Sektor in der marktorientierten Wirtschaft dar. Der Anteil am Umsatz wird im folgenden Kapitel ebenso analysiert wie der Anteil der Bruttowertschöpfung des Handels an der marktorientierten Wirtschaft, jeweils gegliedert in die drei Handelsbereiche Einzel-, Großhandel und Kfz-Wirtschaft. Darüber hinaus werden u. a. Preisindizes, wie z. B. die Entwicklung des Verbraucherpreisindizes dargestellt und die Umsatzentwicklung im Einzel- und Großhandel nach Branchen analysiert.

3.1 Anteil des Handelsumsatzes an der marktorientierten Wirtschaft

Im Jahr 2005 war der Handel gemessen am Umsatz der bedeutendste Sektor der heimischen Wirtschaft: Ein Drittel der Erlöse der marktorientierten Wirtschaft wurden in Handelsunternehmen erwirtschaftet. Etwas mehr als ein Viertel des Umsatzes wurde in der Sachgütererzeugung, dem Sektor mit den meisten unselbstständig Beschäftigten (siehe Kapitel 2) erzielt.

Innerhalb des Handels hatte der Großhandel mit einem Umsatzanteil von rd. 59 % die höchste Bedeutung. Rd. 26 % der Handelserlöse waren dem Einzelhandel zuzurechnen und die weiteren rd. 15 % der Kfz-Wirtschaft.[132]

[132] Quellen: Statistik Austria, KMU FORSCHUNG AUSTRIA 2006

Grafik 51 Anteil des Umsatzes (netto)[1] in Prozent der marktorientierten Wirtschaft[2] in ausgewählten Sektoren, 2005[3]

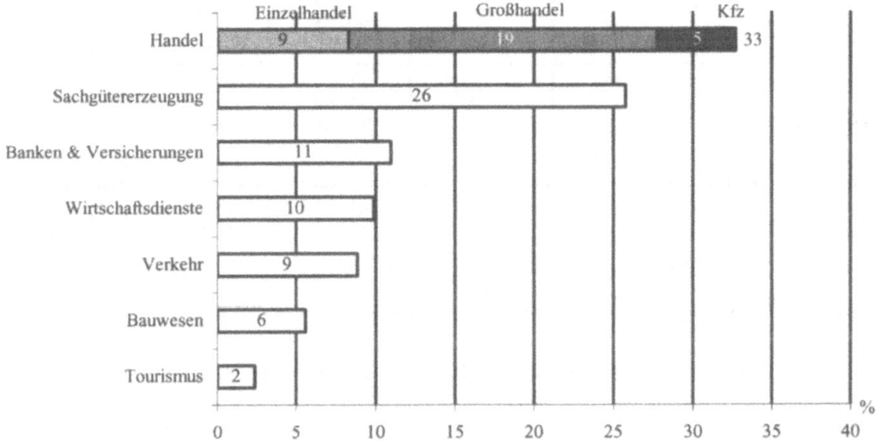

[1] Erlöse und Erträge = Umsatzerlöse + Erträge aus der Aktivierung von Eigenleistungen, Zinsen-, Wertpapier- und ähnliche Erträge + Erträge aus Beteiligungen + Subventionen + sonstige Erträge
[2] ohne Land- und Forstwirtschaft und persönliche Dienstleistungen (genauer: Abschnitte C - K der ÖNACE)
[3] Hochrechnung der KMU FORSCHUNG AUSTRIA
Quellen: Statistik Austria, KMU FORSCHUNG AUSTRIA

3.2 Umsatz im Handel

Im Jahr 2005 erwirtschafteten die österreichischen Handelsunternehmen Umsätze in der Höhe von rd. € 168 Mrd. Gegenüber dem Jahr 2004 kam es damit zu einer Umsatzsteigerung von rd. 2 %. Nach Handelsbereichen differenziert, konnten die höchsten Zuwächse im Großhandel erzielt werden (+3,1 %). Der Einzelhandel erzielte ein Plus von 0,8 %; in der Kfz-Wirtschaft kam es im Durchschnitt zu einem geringen prozentuellen Rückgang der Erlöse.[133]

[133] Quellen: Statistik Austria, KMU FORSCHUNG AUSTRIA 2006

Tabelle 7 Umsatz (netto)[1] in € Mio im Handel, 1995 – 2005

	1995	2003	2004	2005[2]	VÄ in % 2004/05
Einzelhandel	32.222	41.222	42.195	42.533	0,8
Großhandel	69.092	93.323	96.685	99.682	3,1
Kfz-Wirtschaft	17.518	23.752	25.755	25.678	-0,3
Handel	118.832	158.297	164.635	167.893	2,0

[1] Betriebserlöse = Umsätze auf Betriebsebene
[2] Hochrechnung der KMU FORSCHUNG AUSTRIA
Quellen: Statistik Austria, KMU FORSCHUNG AUSTRIA

3.3 Umsatzverteilung nach Beschäftigtengrößenklassen

Der Umsatz des heimischen Handels war 2004 nahezu gleichmäßig auf die vier Beschäftigtengrößenklassen verteilt.

Grafik 52 Anteil des Umsatzes (netto)[1] nach Beschäftigtengrößenklassen im Handel in Prozent, 2004

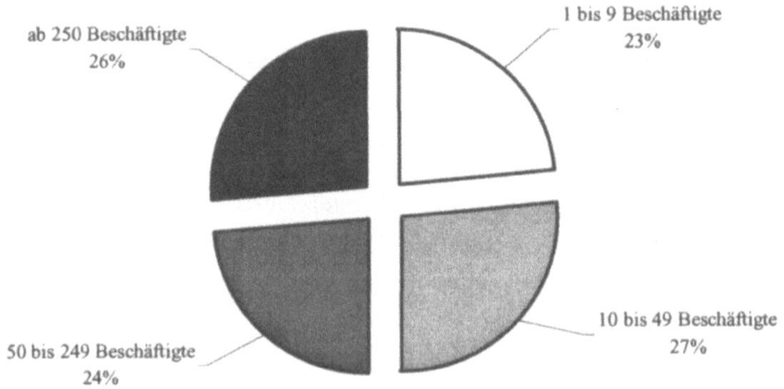

[1] Erlöse und Erträge = Umsatzerlöse + Erträge aus der Aktivierung von Eigenleistungen, Zinsen-, Wertpapier- und ähnliche Erträge + Erträge aus Beteiligungen + Subventionen + sonstige Erträge
Quelle: Statistik Austria

Die Betrachtung der drei Handelsbereiche zeigt deutliche Unterschiede bei der Umsatzverteilung nach Größenklassen.

Im Einzelhandel wurde im Jahr 2004 mehr als die Hälfte der Erlöse und Erträge in Großunternehmen (ab 250 Beschäftigte) erzielt. Seit 1995 kam es zu einer Erhöhung des Umsatzanteils in dieser Größenklasse um rd. 10 %-Punkte.

Im Großhandel wurden rd. 30 % des Umsatzes in kleinen Unternehmen (10 bis 49 Beschäftigte) und rd. 29 % in mittleren Unternehmen (50 bis 249 Beschäftigte) erwirtschaftet. Zwischen 1995 und 2004 kam es im Großhandel zu einer steigenden Bedeutung – gemessen am Umsatzanteil – der „kleinen" Größenklassen.

Auch in der Kfz-Wirtschaft waren die höchsten Umsatzanteile in kleinen und mittleren Unternehmen (10 bis 249 Beschäftigte) zu finden. Seit 1995 kam es in diesem Handelsbereich zu keinen nennenswerten Veränderungen der Umsatzverteilung nach Unternehmensgrößenklassen.[134]

---

[134] Quelle: Statistik Austria 2006

Grafik 53 Anteil des Umsatzes (netto)[1] nach Beschäftigtengrößenklassen in Prozent des Umsatzes insgesamt , Einzel- und Großhandel sowie Kfz-Wirtschaft, 1995 und 2004

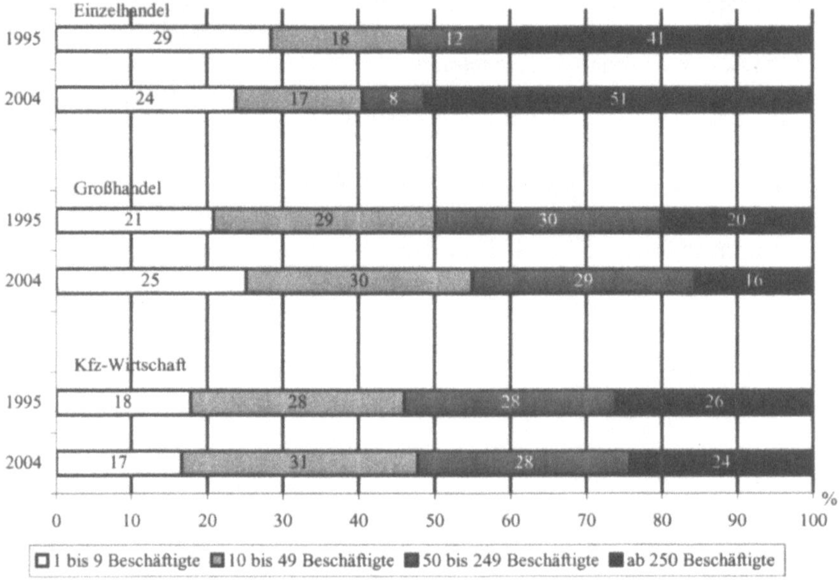

[1] Erlöse und Erträge = Umsatzerlöse + Erträge aus der Aktivierung von Eigenleistungen, Zinsen-, Wertpapier- und ähnliche Erträge + Erträge aus Beteiligungen + Subventionen + sonstige Erträge
Quelle: Statistik Austria

3.4 Bruttowertschöpfung

Den höchsten Anteil an der Bruttowertschöpfung (Umsatzerlöse abzüglich Vorleistungen) der marktorientierten Wirtschaft hatte im Jahr 2005 mit rd. 29 % die Sachgütererzeugung. An zweiter Stelle lag der Handel mit rd. 18 %. Der hohe Anteil der Sachgütererzeugung im Vergleich zu den Nettoumsätzen (siehe Kapitel 3.1) ist auf den – im Vergleich - geringeren Anteil an Vorleistungen in diesem Sektor zurückzuführen.[135]

[135] Quellen: Statistik Austria, KMU FORSCHUNG AUSTRIA 2006

Grafik 54 Anteil der Bruttowertschöpfung zu Faktorkosten in Prozent der marktorientierten Wirtschaft[1] in ausgewählten Sektoren, 2005[2]

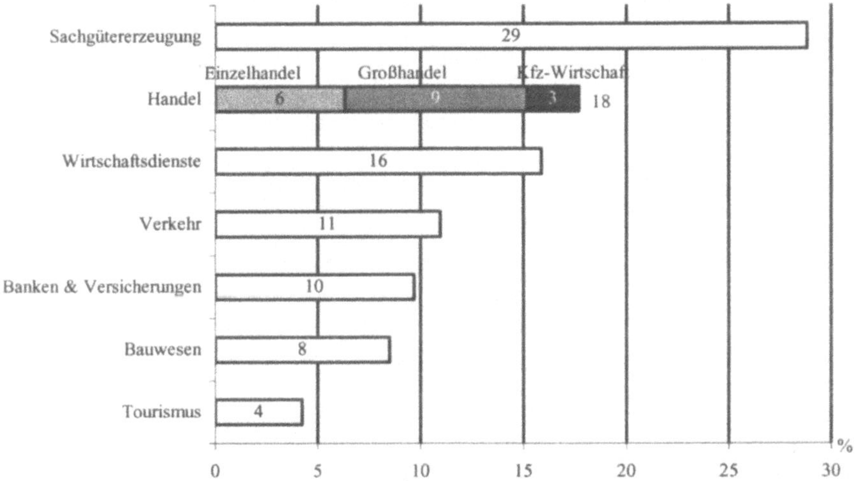

[1] ohne Land- und Forstwirtschaft und persönliche Dienstleistungen (genauer: Abschnitte C - K der ÖNACE)
[2] Hochrechnung der KMU FORSCHUNG AUSTRIA
Quellen: Statistik Austria, KMU FORSCHUNG AUSTRIA

Insgesamt belief sich die Bruttowertschöpfung des heimischen Handels im Jahr 2005 auf rd. € 24,8 Mrd. Die Hälfte davon war dem Großhandel zuzurechnen, mehr als ein Drittel dem Einzelhandel und rd. 14 % der Kfz-Wirtschaft. Zwischen 1995 und 2005 kam es zu keinen nennenswerten Veränderungen die Verteilung der Bruttowertschöpfung auf die drei Handelsbereiche betreffend.[136]

[136] Quellen: Statistik Austria, KMU FORSCHUNG AUSTRIA 2006

Grafik 55 Aufteilung der Bruttowertschöpfung zu Faktorkosten innerhalb des Handels nach Handelsbereichen in Prozent sowie Bruttowertschöpfung in €, 2005[1]

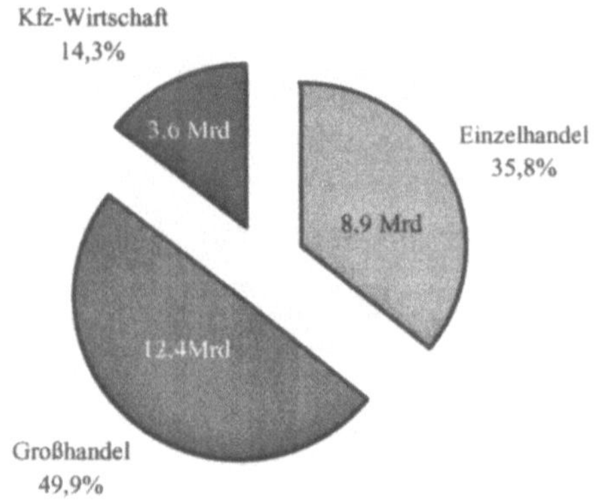

[1] Hochrechnung der KMU FORSCHUNG AUSTRIA
Quellen: Statistik Austria, KMU FORSCHUNG AUSTRIA

3.5 Preisindizes

3.5.1 Verbraucherpreise

Die Tatsache, dass rd. 69 % der Produkte des gesamten Warenkorbs, welche zur Berechnung des Verbraucherpreisindizes erhoben werden, aus dem Handel (inkl. Kfz-Wirtschaft) stammen, zeigt die hohe Bedeutung des Handels für die heimische Wirtschaft. Diesen Waren kommt ein Gewicht von rd. 54 % zu.[137] Mehr als 80 % der Handelswaren sind dabei dem Einzelhandel zuzurechnen, der ja unmittelbar die Konsument/innen anspricht. D. h., dass wesentliche Preisveränderungen insbesondere im Einzelhandel eine deutliche Auswirkung auf die Inflationsrate und somit auf die österreichische Wirtschaft hätten.

Zwischen 2001 und 2005 lagen die Verkaufspreiserhöhungen im Einzelhandel unter der Inflationsrate. Am deutlichsten fiel der Abstand im Jahr 2005 aus.[138] Ursache für die hohe Inflationsrate waren u. a. die Energieverteuerung,[139] während die Preiserhöhung der Einzelhandelswaren deutlich geringer ausfiel,

[137] Berechnungen der KMU FORSCHUNG AUSTRIA 2006

[138] Quellen: KMU FORSCHUNG AUSTRIA, Statistik Austria 2006

[139] Quelle: Österreichisches Institut für Wirtschaftsforschung 2006

was auch als Ausdruck des kompetitiven Wettbewerbs im Einzelhandel gesehen werden kann. Der Einzelhandel leistet damit einen wesentlichen Beitrag zur Geldwertstabilität.[140]

Grafik 56 Verbraucherpreise, Veränderung gegenüber dem Vorjahr in Prozent, 2001 – 2005

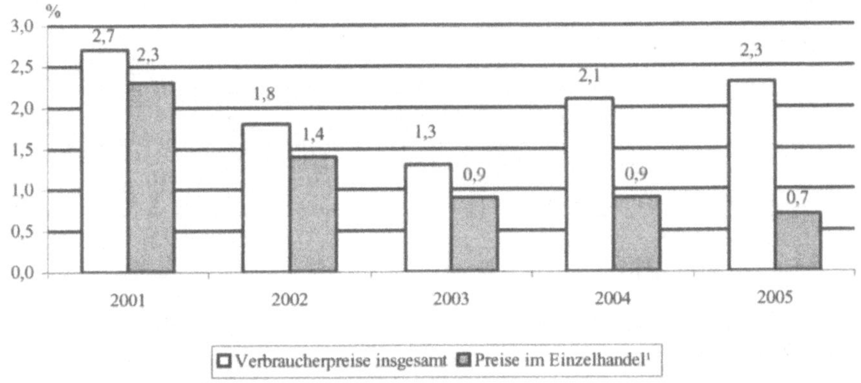

¹ Berechnung der KMU FORSCHUNG AUSTRIA auf Basis von Daten der Statistik Austria
Quellen: Statistik Austria, KMU FORSCHUNG AUSTRIA

3.5.2 Harmonisierte Verbraucherpreise

Der harmonisierte Verbraucherpreisindex enthält das gewichtete Mittel der Europäischen Union. Die hier dargestellten Werte beziehen sich auf die EU-25-Länder. Hier basieren rd. 70 % der Waren mit einem Gewicht von mehr als der Hälfte auf Handelswaren (inkl. Kfz).[141]

Ein Vergleich der Jahre 2001 bis 2005 zeigt, dass in Österreich die Verbraucherpreise weniger stark gestiegen sind als im EU-25-Durchschnitt. Die deutlichsten Unterschiede konnten hierbei in den Jahren 2002 und 2003 festgestellt werden, während die Erhöhungen in den Jahren 2004 und 2005 in Österreich jeweils rd. 1 %-Punkt unter dem EU-25-Durchschnitt lagen.[142]

---

140 Quellen: KMU FORSCHUNG AUSTRIA, Statistik Austria 2006

141 Berechnungen der KMU FORSCHUNG AUSTRIA 2006

142 Quellen: Eurostat 2006, Statistik Austria 2006

Tabelle 8 Harmonisierte Verbraucherpreise, Jahresdurchschnitt 2001 - 2005

	Index (2005=100)		VÄ zum Vorjahr in %	
	EVPI[1]	Österreich	EVPI[1]	Österreich
2001	92,0	93,3	2,5	2,3
2002	94,0	94,8	2,1	1,7
2003	95,8	96,1	1,9	1,3
2004	97,9	97,9	2,1	2,0
2005	100,0	100,0	2,2	2,1

[1] Europäischer Verbraucherpreisindex = gewichtetes Mittel der EU-25

Quellen: Eurostat, Statistik Austria

3.5.3 Großhandelspreise

Der Großhandelspreisindex zeigt einen Anstieg der Preise um rd. 2 % zwischen 2004 und 2005.

Tabelle 9 Großhandelspreise, Jahresdurchschnitt 2001 - 2005

	Index (2000=100)	VÄ zum Vorjahr in %
2001	101,5	1,5
2002	101,1	-0,4
2003	102,8	1,7
2004	107,9	5,0
2005	110,1	2,0

Quelle: Statistik Austria

Die Erhöhung der Großhandelspreise ist auf die Konsum- und Intermediärgüter (=Halbfertigwaren) zurückzuführen. Die Preise für Investitionsgüter sanken zwischen 2004 und 2005 um rd. 0,4 %.[143]

143 Quelle: Statistik Austria 2006

Grafik 57 Großhandelspreise nach Verwendungsarten, Veränderung gegenüber dem Vorjahr in Prozent, Jahresdurchschnitt 2005

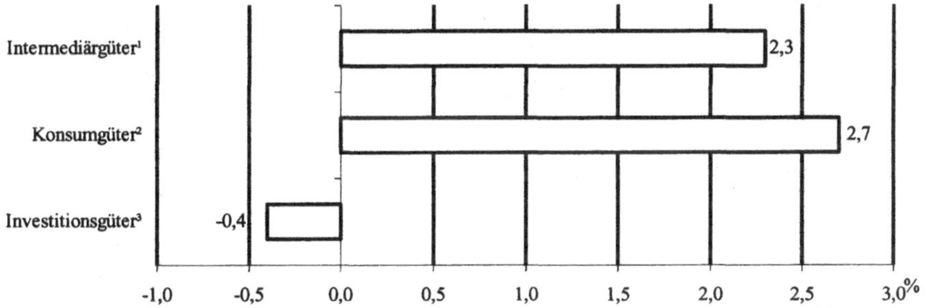

[1] Intermediärgüter = Halbfertigwaren, wie z. B. Fenster, Einbauelemente für Elektrogeräte
[2] Konsumgüter = z. B. Pkw, Obst, Gemüse, Bekleidung
[3] Investitionsgüter = Güter die von Unternehmen als Investitionsgut gekauft werden, wie z. B. Maschinen, Büromöbel, landwirtschaftliche Geräte
Quelle: Statistik Austria

3.6 Der Output des Einzelhandels

Der heimische Einzelhandel erzielte im Jahr 2005 Betriebserlöse in der Höhe von rd. € 42,5 Mrd und eine Bruttowertschöpfung von rd. € 8,9 Mrd. Im Folgenden werden der Umsatz bzw. die Wertschöpfung nach ausgewählten Einzelhandelsbranchen dargestellt. Zudem erfolgt ein Vergleich Österreichs mit ausgewählten europäischen Ländern.

3.6.1 Umsatz im Einzelhandel nach Branchen

Die mit Abstand bedeutendste Einzelhandelsbranche - gemessen am Umsatz - war im Jahr 2005 der Lebensmitteleinzelhandel: Rd. 30% des Einzelhandelsumsatzes wurden in dieser Branche erwirtschaftet. Auch gemessen an den unselbstständig Beschäftigten war der Lebensmitteleinzelhandel die Top-Branche.[144]

---

[144] Quellen: Statistik Austria, KMU FORSCHUNG AUSTRIA 2006

Grafik 58 Umsatz (netto)[1] ausgewählter Einzelhandelsbranchen in € Mio, 2005[2]

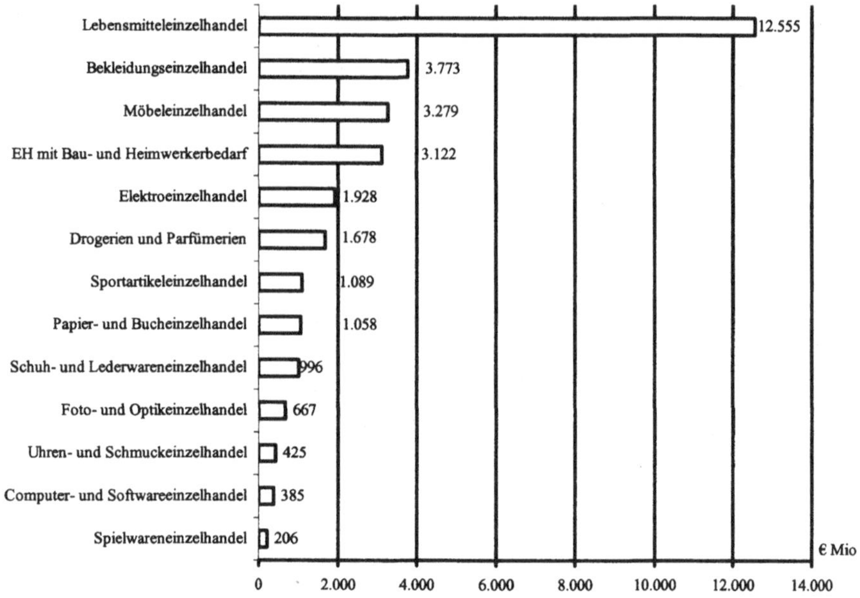

[1] Betriebserlöse = Umsätze auf Betriebsebene
[2] Hochrechnungen der KMU FORSCHUNG AUSTRIA
Quellen: KMU FORSCHUNG AUSTRIA, Statistik Austria

Zwischen 1995 und 2005 kam es im Bekleidungseinzelhandel zur größten absoluten Steigerung der Betriebserlöse (+ € 800 Mio)[145]. Im Uhren- und Schmuckeinzelhandel kam es im selben Zeitraum zu einer rückläufigen Entwicklung. Alle anderen betrachteten Einzelhandelsbranchen verzeichneten seit 1995 steigende Erlöse.

Zu den stärksten relativen Umsatzanstiegen kam es im Sportartikeleinzelhandel (rd. +62 %), gefolgt von den Drogerien und Parfümerien (rd. +55 %) sowie dem Computer- und Softwareeinzelhandel (rd. +41 %).[146]

---

145 Anmerkung: Auf Grund methodischer Umstellungen in der Erhebung kann hier kein Wert für den Lebensmitteleinzelhandel im Zeitvergleich angegeben werden.

146 Quellen: Statistik Austria, KMU FORSCHUNG AUSTRIA 2006

Grafik 59 Umsatzveränderung[1] ausgewählter Einzelhandelsbranchen in € Mio, 1995/2005[2]

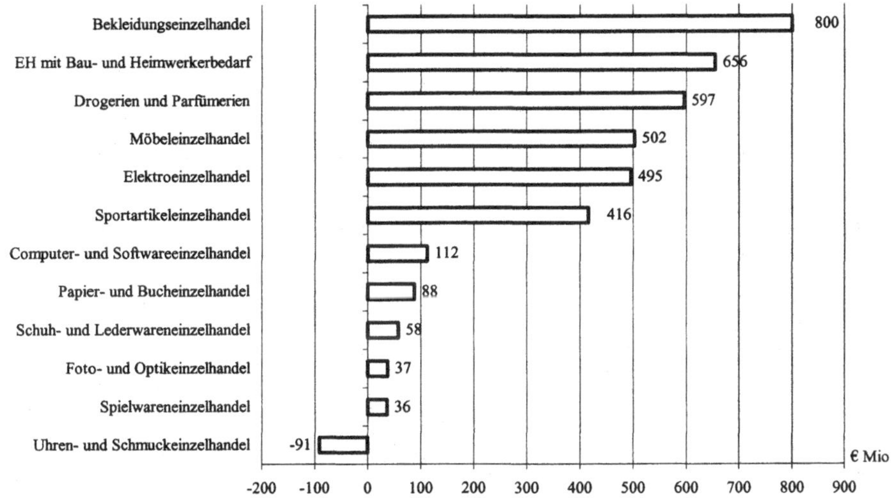

Anmerkung: Für den Lebensmitteleinzelhandel konnte kein Zeitvergleich auf Grund von methodischen Umstellungen in der Erhebung angegeben werden.
[1] Betriebserlöse = Umsätze auf Betriebsebene
[2] Hochrechnungen der KMU FORSCHUNG AUSTRIA
Quellen: KMU FORSCHUNG AUSTRIA, Statistik Austria

3.6.2 Verkaufsflächenproduktivität im Einzelhandel

Eine Auswirkung der steigenden Verkaufsfläche (siehe Kapitel 1) stellt bei nahezu stagnierendem Umsatz der Rückgang der Verkaufsflächenproduktivität dar,[147] der die Wettbewerbssituation im Einzelhandel zusätzlich verstärkt.[148]

Während 2003 im stationären Einzelhandel in Österreich noch ein Brutto-Jahresumsatz von rd. € 3.040 pro Quadratmeter Verkaufsfläche erzielt werden konnte, ist dieser 2004 aufgrund gestiegener Verkaufsfläche bei nahezu kon-

---

[147] Die Verkaufsflächenproduktivität ist eine betriebswirtschaftliche Kennzahl und drückt den Brutto-Jahresumsatz pro Quadratmeter Verkaufsfläche aus (Quelle: Griepentrog 2005).

[148] Quelle: Zentes 2006a

stanter Umsatzentwicklung auf rd. € 3.010 gesunken.[149] 2005 belief sich die durchschnittliche Verkaufsflächenproduktivität auf rd. € 2.980 m². Während im Vergleichszeitraum 2002-2005 die Verkaufsfläche um rd. 4,4 % anstieg, verzeichnete die durchschnittliche Verkaufsflächenproduktivität aufgrund eines lediglich geringfügigen Umsatzwachstums einen Rückgang um rd. 3,4 %.[150]

Grafik 60 Entwicklung der Verkaufsfläche, des Bruttoumsatzes und der Verkaufsflächenproduktivität im Einzelhandel, 2002-2005 (Index 100 = 2002)

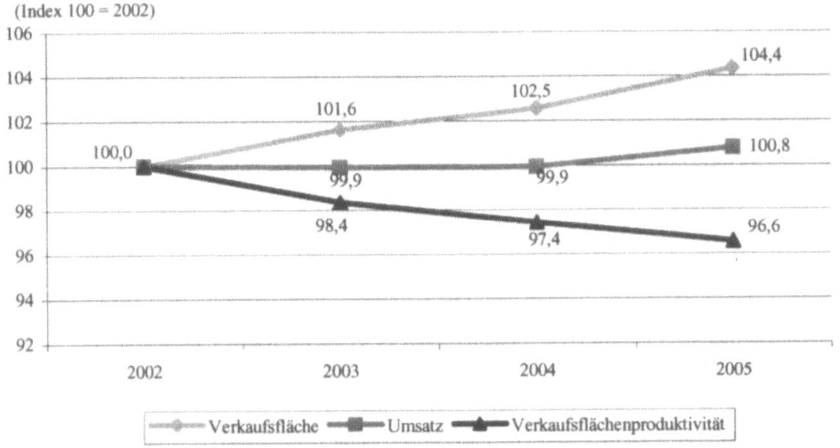

Quelle: KMU FORSCHUNG AUSTRIA-Regionaldatenbank

Im Durchschnitt erzielte der Einzelhandel 2005 einen Brutto-Jahresumsatz von rd. € 2.980,- pro Quadratmeter Verkaufsfläche. Hohe Quadratmeterumsätze wiesen der Uhren- und Schmuckeinzelhandel und der Foto- und Optikeinzelhandel auf. Die vergleichsweise geringsten Umsätze pro Quadratmeter erreichten der Einzelhandel mit Bau- und Heimwerkerbedarf und der Möbeleinzelhandel, was primär auf die hohen durchschnittlichen Verkaufsflächen in diesen Branchen zurückzuführen ist.[151]

---

149 Anmerkung: Durch die Neuberechnung des Einzelhandelsumsatzes für die Jahre 2003 und 2004 der Statistik Austria können die hier publizierten Verkaufsflächenproduktivitäten nicht mit früher veröffentlichen Werten verglichen werden.

150 Quellen: KMU FORSCHUNG AUSTRIA-Regionaldatenbank, Statistik Austria 2006

151 Quellen: KMU FORSCHUNG AUSTRIA-Regionaldatenbank, Statistik Austria 2006

Grafik 61 Durchschnittliche Quadratmeterumsätze im Einzelhandel[1] in €/m²
nach Branchen, 2005

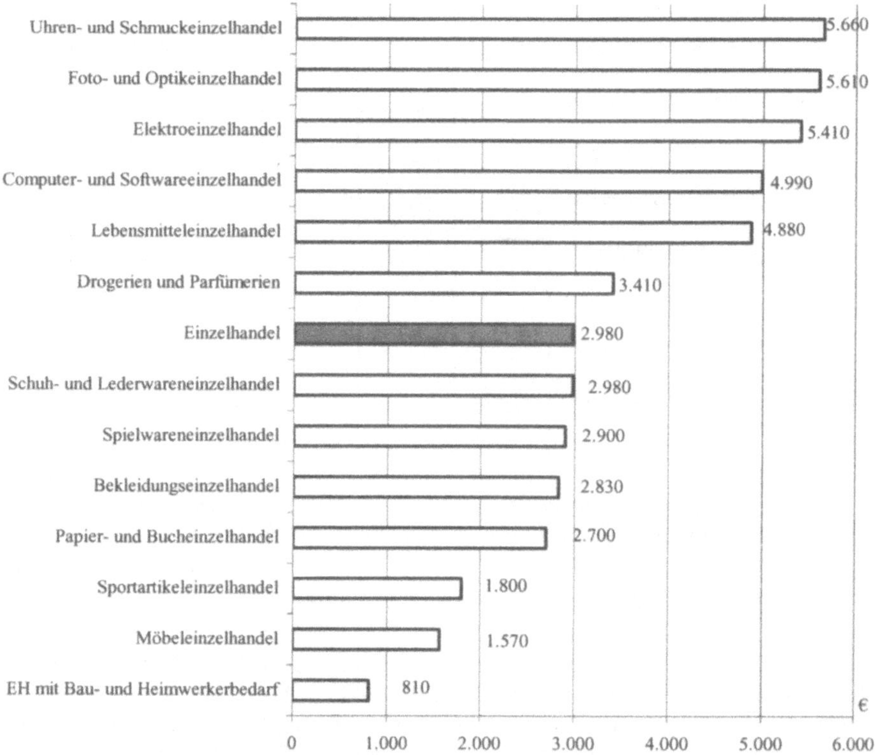

Anmerkung: gerundete Werte
[1] stationärer Einzelhandel (ohne: Einzelhandel nicht in Verkaufsräumen und Reparatur von Gebrauchsgütern)
Quellen: KMU FORSCHUNG AUSTRIA-Regionaldatenbank, Statistik Austria

3.6.3 Bruttowertschöpfung nach Einzelhandelsbranchen

Den höchsten Anteil an der Bruttowertschöpfung des Einzelhandels hatte im Jahr 2005 der Lebensmitteleinzelhandel mit knapp einem Viertel. An zweiter Stelle lag der Bekleidungseinzelhandel mit rd. 12 %, gefolgt vom Möbeleinzelhandel mit rd. 10 %.[152]

[152] Quellen: KMU FORSCHUNG AUSTRIA, Statistik Austria 2006

Grafik 62 Anteil der Bruttowertschöpfung zu Faktorkosten ausgewählter Einzelhandelsbranchen am Einzelhandel insgesamt in Prozent, 2005[1]

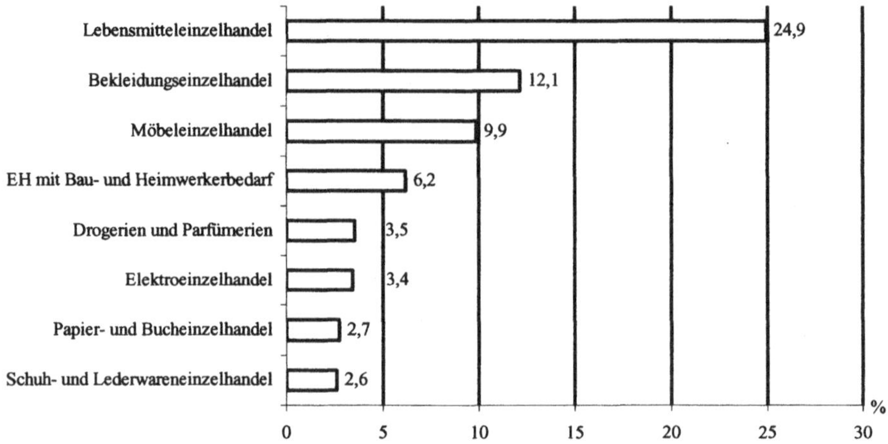

[1] Hochrechnung der KMU FORSCHUNG AUSTRIA
Quellen: Statistik Austria, KMU FORSCHUNG AUSTRIA

3.6.4 Bedeutung des Einzelhandelsumsatzes im EU-Vergleich

Im Vergleich zu anderen europäischen Ländern lag die Bedeutung des Einzelhandelsumsatzes in Österreich im Jahr 2003 mit rd. 11 % (der marktorientierten Wirtschaft) im oberen Mittelfeld. Höhere Anteile konnten beispielsweise für das Vereinigte Königreich und für Frankreich (Anteile über 12 %) festgestellt werden. Eine vergleichsweise geringe Bedeutung des Einzelhandelsumsatzes für die marktorientierte Wirtschaft fand sich zum Beispiel in den Niederlanden (Anteil von rd. 8 %).[153]

---

[153] Quelle: Eurostat 2006

Grafik 63 Anteil des Einzelhandelsumsatzes am Umsatz der marktorientierten Wirtschaft[1] in ausgewählten europäischen Ländern in Prozent, 2003

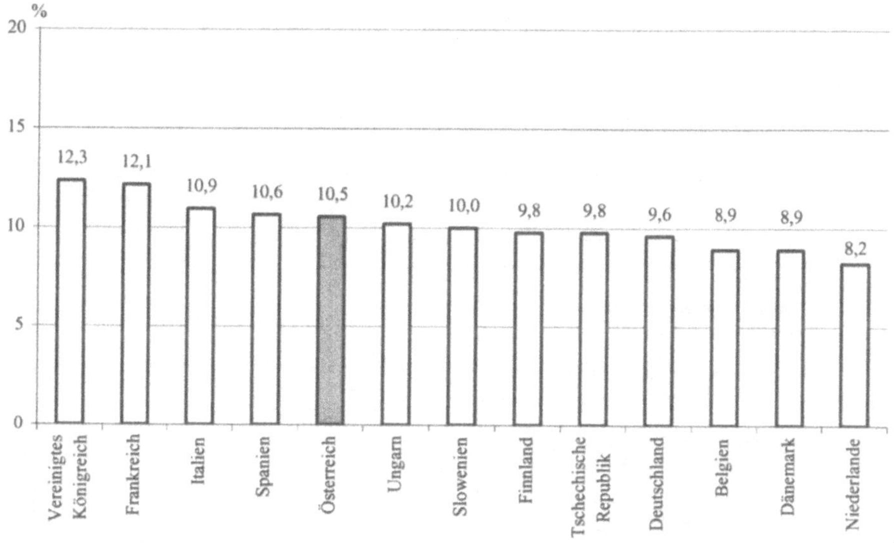

[1] ohne Land- und Forstwirtschaft, persönliche Dienstleistungen und Bankwesen (genauer: Abschnitte C - K ohne J der NACE)
Quelle: Eurostat

3.7 Der Output des Großhandels

Im Jahr 2005 beliefen sich die Betriebserlöse des heimischen Großhandels auf rd. € 99,7 Mrd. Die Bruttowertschöpfung betrug rd. € 12,4 Mrd.[154] In den folgenden Kapiteln wird die Verteilung des Umsatzes und der Wertschöpfung nach Branchen beschrieben. Des Weiteren wird ein Vergleich mit ausgewählten europäischen Ländern gezogen.

3.7.1 Umsatz im Großhandel nach Branchen

Den wichtigsten Beitrag zum heimischen Großhandelsumsatz leistete im Jahr 2005 mit einem Anteil von rd. 36 % der Großhandel mit Rohstoffen, Halbwaren und Altmaterial. Für rd. 20 % des Umsatzes war der Großhandel mit Gebrauchs- und Verbrauchsgütern verantwortlich. Einen Umsatzanteil von rd. 17 % hatte

[154] Quelle: Statistik Austria 2006

der Großhandel mit Maschinen, Ausrüstungen und Zubehör. Den geringsten Anteil am heimischen Umsatz erzielte der Bereich Handelsvermittlung mit rd. 1 %, obwohl rd. ein Drittel der Großhandelsunternehmen diesem Bereich zuzuordnen ist. Zurückzuführen ist dies auf die kleinbetriebliche Struktur dieses Großhandelsbereiches.[155]

Grafik 64 Umsatz (netto)[1] nach Großhandelsbranchen in € Mio, 2005[2]

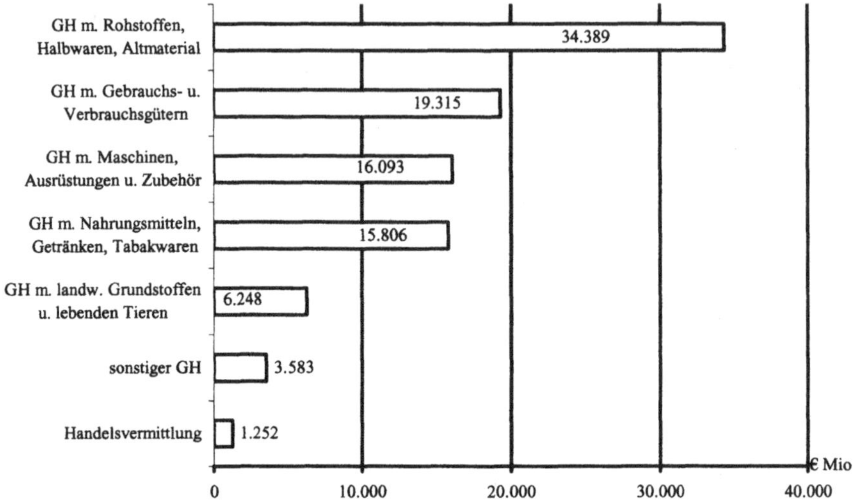

GH = Großhandel
[1] Betriebserlöse = Umsätze auf Betriebsebene
[2] Hochrechnung der KMU FORSCHUNG AUSTRIA
Quelle: Statistik Austria

Ein Langzeitvergleich (1995 - 2005) nach Branchengruppen zeigt, dass es absolut betrachtet im Großhandel mit Rohstoffen, Halbwaren und Altmaterial zum höchsten Umsatzplus kam (+ € 11,9 Mrd), gefolgt vom Großhandel mit Gebrauchs- und Verbrauchsgütern (+ € 5,2 Mrd). Auch in allen anderen Branchengruppen stiegen die Umsätze im Beobachtungszeitraum.

Prozentuell kam es in der Handelsvermittlung zum höchsten Umsatzanstieg (rd. +110 %), gefolgt vom sonstigen Großhandel (rd. +62 %), wobei das absolute Ausgangsniveau in diesen Branchen am geringsten war. Sowohl absolut als

---

155 Quellen: KMU FORSCHUNG AUSTRIA, Statistik Austria 2006

auch prozentuell (rd. +53 %) hohe Erlössteigerungen wies der Großhandel mit Rohstoffen, Halbwaren und Altmaterialien auf. [156]

Grafik 65 Umsatzveränderung[1] nach Großhandelsbranchen in € Mio, 1995/2005[2]

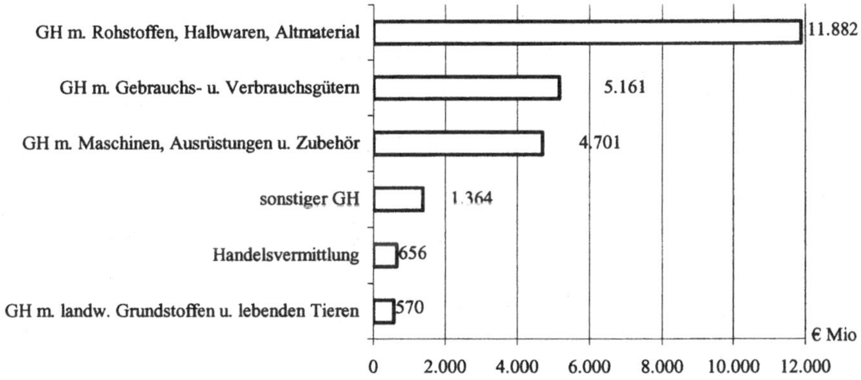

GH = Großhandel
Anmerkung: Für den GH mit Nahrungsmitteln, Getränken, Tabakwaren konnte kein Zeitvergleich auf Grund von methodischen Umstellungen in der Erhebung angegeben werden.
[1] Betriebserlöse = Umsätze auf Betriebsebene
[2] Hochrechnungen der KMU FORSCHUNG AUSTRIA
Quelle: Statistik Austria

3.7.2 Bruttowertschöpfung nach Großhandelsbranchen

Jeweils knapp ein Viertel der Bruttowertschöpfung des Großhandels waren im Jahr 2005 dem Großhandel mit Gebrauchs- und Verbrauchsgütern, dem Großhandel mit Rohstoffen, Halbwaren und Altmaterial sowie dem Großhandel mit Maschinen, Ausrüstungen und Zubehör zuzuschreiben.[157]

---

[156] Quelle: Statistik Austria 2006

[157] Quellen: KMU FORSCHUNG AUSTRIA, Statistik Austria 2006

Grafik 66 Anteil der Bruttowertschöpfung zu Faktorkosten der Großhandelsbranchen am Großhandel insgesamt in Prozent, 2005[1]

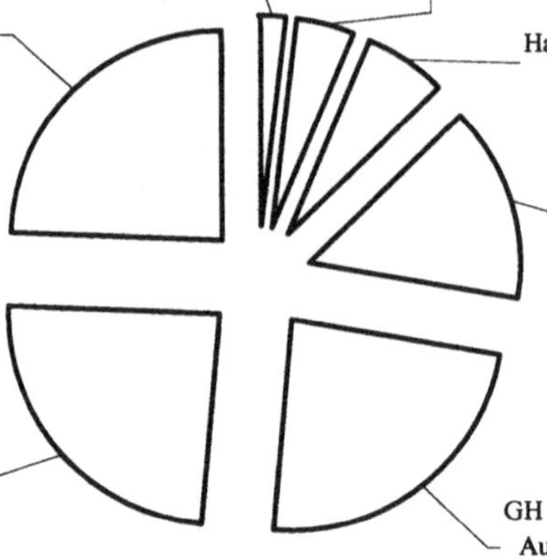

GH = Großhandel
[1] Hochrechnung der KMU FORSCHUNG AUSTRIA
Quellen: Statistik Austria, KMU FORSCHUNG AUSTRIA

3.7.3 Bedeutung des Großhandelsumsatzes im EU-Vergleich

Im Vergleich mit anderen europäischen Ländern lag 2003 der Anteil des Großhandelsumsatzes an der Gesamtwirtschaft im vorderen Mittelfeld. Eine besonders hohe Bedeutung hatte der Großhandel (gemessen am Umsatz) in den Niederlanden (rd. 29 %) und Dänemark (rd. 27 %). Geringe Anteile fanden sich in Italien und Slowenien (jeweils rd. 16 %).[158]

[158] Quelle: Eurostat 2006

Grafik 67 Anteil des Großhandelsumsatzes am Umsatz der marktorientierten Wirtschaft[1] in ausgewählten europäischen Ländern in Prozent, 2003

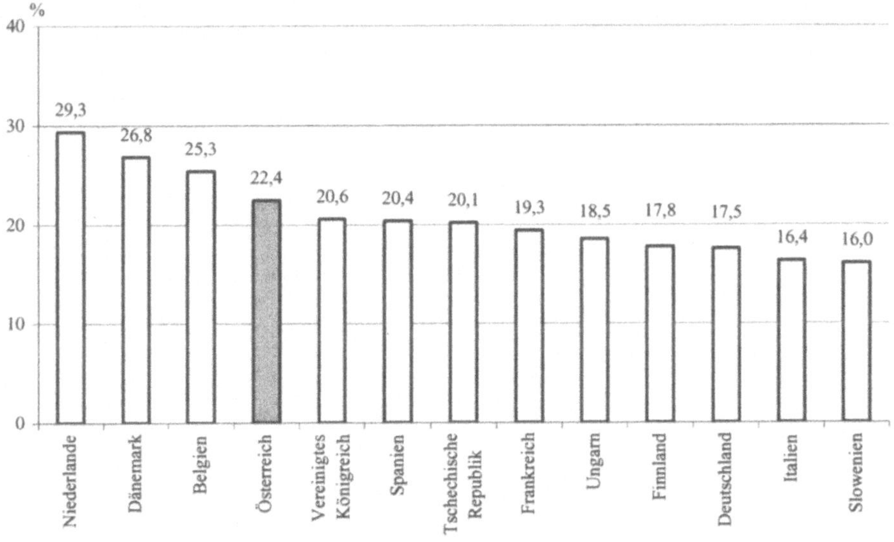

[1] ohne Land- und Forstwirtschaft, persönliche Dienstleistungen und Bankwesen (genauer: Abschnitte C - K ohne J der NACE)

Quelle: Eurostat

- **Betriebswirtschaftliche Position der Handelsunternehmen**
  - 10 % Top-Unternehmen
  - 23 % überschuldete Unternehmen in der Verlustzone
- **Bankverschuldung: 32 %** (des Gesamtkapitals)
- **Eigenkapitalquote: 21 %**
  - Verbesserung der Eigenkapitalausstattung im Langzeitvergleich
  - 38 % der Handelsunternehmen buchmäßig überschuldet
- **Umsatzrentabilität: 1,9 %**
  - Steigerung der Ertragskraft im Langzeitvergleich
  - 54 % der Handelsunternehmen in der Gewinnzone

  (Bilanzjahr 2004/05)
- **Ertragskraft der Handelsunternehmen im europäischen Mittelfeld**

Die Analyse der betriebswirtschaftlichen Situation im österreichischen Handel basiert auf Auswertungen der KMU FORSCHUNG AUSTRIA – Bilanzdatenbank.[159] Für das Basisjahr 2004/05[160] wurden insgesamt rd. 21.800 Bilanzen von Handelsunternehmen ausgewertet.

159 Quelle: KMU FORSCHUNG AUSTRIA-Bilanzdatenbank 2006 (Sofern nicht anders angegeben beziehen sich alle Daten im folgenden Kapitel auf diese Quelle.)

160 Sofern das Wirtschaftsjahr nicht dem Kalenderjahr entspricht, wurden Bilanzen bis zum Stichtag 30. Juni des Folgejahres berücksichtigt (d. h., alle Bilanzen mit Stichtag bis 30.06.2005 wurden dem Basisjahr 2004/05 zugeordnet).

Zur Erhöhung der Vergleichbarkeit z. B. von Unternehmen unterschiedlicher Rechtsform werden kalkulatorische Berichtigungen (Ansatz eines kalk. Unternehmerlohns und kalk. Eigenkapitalzinsen[161]) durchgeführt.

Die Einteilung der Größenklassen folgt einer, im Basisjahr 2004/05 gültigen Empfehlung der Europäischen Kommission (aus dem Jahr 1996[162]).

Tabelle 10 Größenklassen lt. EU-Definition

	Kleinst-unternehmen	Klein-unternehmen	Mittel-unternehmen
Max. Beschäftigtenzahl	< 10	< 50	< 250
Max. Umsatz (in € Mio)	-	7	40
Max. Bilanzsumme (in € Mio)	-	5	27

Quelle: Europäische Kommission

Zusätzlich werden die Ergebnisse der Großunternehmen mit einem Jahresumsatz unter € 100 Mio in die Durchschnittsberechnungen miteinbezogen und im Unternehmensgrößenvergleich ausgewiesen. Großunternehmen sind lt. EU-Definition Unternehmen mit mehr als 250 Beschäftigten oder mit mehr als € 40 Mio Umsatz und einer Bilanzsumme von mehr als € 27 Mio. Die Großunternehmen mit mehr als € 100 Mio Jahresumsatz fließen in die Durchschnittswerte nicht ein, um Verzerrungen, besonders auf Branchenebene, zu vermeiden. Auswertungen dieser Unternehmen werden jedoch im Vergleich der Größenklassen gesondert dargestellt.

161 Zur Erhöhung der Vergleichbarkeit von Unternehmen unterschiedlicher Rechtsform wurde ein kalkulatorischer Unternehmerlohn bei all jenen Rechtsformen angesetzt, bei denen der Unternehmer nicht als „unselbstständiger“ Mitarbeiter im Betrieb angestellt ist, weil kein Leistungsentgelt für seine Mitarbeit in den Personalaufwendungen berücksichtigt ist. Durch die Erfassung der kalkulatorischen Zinsen wird berücksichtigt, dass auch die Bereitstellung von Eigenkapital mit Kosten verbunden ist, da sich die Kapitalgeber eine gewisse Mindestverzinsung ihres gebundenen Kapitals erwarten.

162 Die überarbeitete EU-Definition aus dem Jahr 2005 kommt ab dem Bilanzjahr 2005/06 zur Anwendung.

4.1 Betriebswirtschaftliche Position

Insgesamt zählten im Bilanzjahr 2004/05 rd. 10 % der Handelsunternehmen zur (betriebswirtschaftlichen) Elite: diese hatten mehr als 20 % des Betriebsvermögens mit Eigenkapital finanziert und erwirtschafteten betriebswirtschaftliche Gewinne von mehr als 5 % der Betriebsleistung. Im Vergleich zum Bilanzjahr 2003/04 ist der Anteil der Top-Unternehmen leicht gestiegen.

Zentraler Erfolgsfaktor der Top-Unternehmen ist die größere Attraktivität. Die Attraktivitätsmerkmale betreffen ein branchenspezifisch unterschiedliches, jedenfalls aber sehr breites Spektrum. Beispiele reichen vom attraktiveren (moderneren, innovativeren, etc.) Erscheinungsbild (Shop-Gestaltung, Ladenbau, etc.) des gesamten Unternehmens, über die bessere Qualifikation und Motivation der Mitarbeiterinnen und Mitarbeiter, eine intensivere und professionellere Beratung und Betreuung der Kunden (Servicedienstleistungen, etc.) bis hin zu einem einzigartigen, unverwechselbaren Sortiment.

Rd. 10 % der Unternehmen verfügen bereits über gute Voraussetzungen für eine Neupositionierung im Spitzenfeld (Umsatzrendite über 2,5 %, Eigenkapitalquote über 10 %).

Rd. 28 % der Unternehmen hatten vor allem Ertragsprobleme; sie verfügten zwar über mehr als 10 % Eigenkapital, machten aber zu wenig Gewinn (0 % bis 2,5 % der Betriebsleistung) bzw. arbeiteten sogar mit Verlust. Die vorhandenen Ressourcen sollten hier zum Aufbau gewinnbringender Attraktivitätsmerkmale genutzt werden.

Rd. 12 % der Unternehmen erwirtschafteten zwar ausreichende Gewinne (über 2,5 % der Betriebsleistung), hatten aber zu wenig Eigenkapital (bis 10 % des Gesamtkapitals) oder das Betriebsvermögen wurde sogar zur Gänze mit Fremdkapital finanziert. Insbesondere im Hinblick auf „Basel 2" ist in dieser Gruppe die Qualität der Finanzierung zu verbessern.

Rd. 17 % der Handelsunternehmen hatten sowohl Finanzierungs- als auch Ertragsprobleme. Gewinne zwischen 0 % und 2,5 % bedeuten, dass real (nach Berücksichtigung der Ertragsteuern und der Geldentwertung) Substanz verloren geht.

Rd. 23 % der Unternehmen befanden sich in einer betriebswirtschaftlich katastrophalen Situation: sie waren überschuldet und konnten die Kosten nicht decken. Der Anteil dieser Unternehmen überstieg im Bilanzjahr 2004/05 deutlich den Anteil der Top-Unternehmen.

Grafik 68 Betriebswirtschaftlichen Position der bilanzierenden Handelsunternehmen, 2004/05[1]

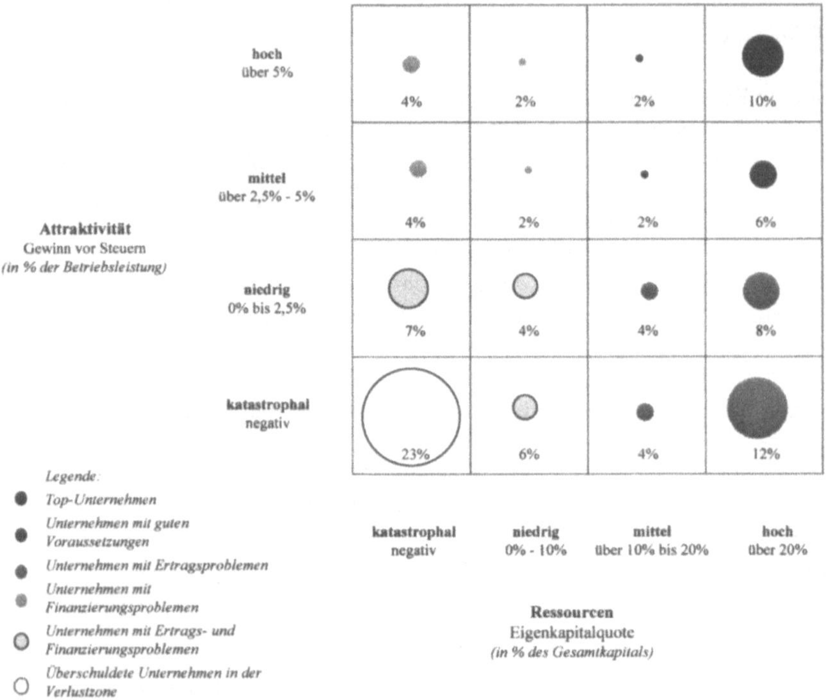

[1] Die Verteilung nach Prozent erfolgt anhand der Indikatoren Umsatzrentabilität (Gewinn vor Steuern in % der Betriebsleistung) und Eigenkapitalquote (Eigenkapital in % des Gesamtkapitals); Stichprobe: rd. 21.800 bilanzierende Handelsunternehmen (mit einem Jahresumsatz unter € 100 Mio); Rundungsdifferenzen nicht ausgeglichen

Quelle: KMU FORSCHUNG AUSTRIA, Bilanzdatenbank

Differenziert nach Handelsbereichen zeigte sich, dass insbesondere im Einzelhandel die buchmäßig überschuldeten Unternehmen in der Verlustzone deutlich die Top-Unternehmen überstiegen, während sich die jeweiligen Anteile im Großhandel annähernd die Waage hielten. Den höchsten Anteil an Top-Unternehmen verzeichnete im Bilanzjahr 2004/05 der Großhandel mit rd. 14 %, während im Einzelhandel und der Kfz-Wirtschaft rd. 8 % bzw. rd. 7 % zu diesen gezählt werden konnten.

Grafik 69 Anteil der Top-Unternehmen und der buchmäßig überschuldeten Unternehmen in der Verlustzone im Einzel-, Großhandel und Kfz-Wirtschaft in Prozent, 2004/05

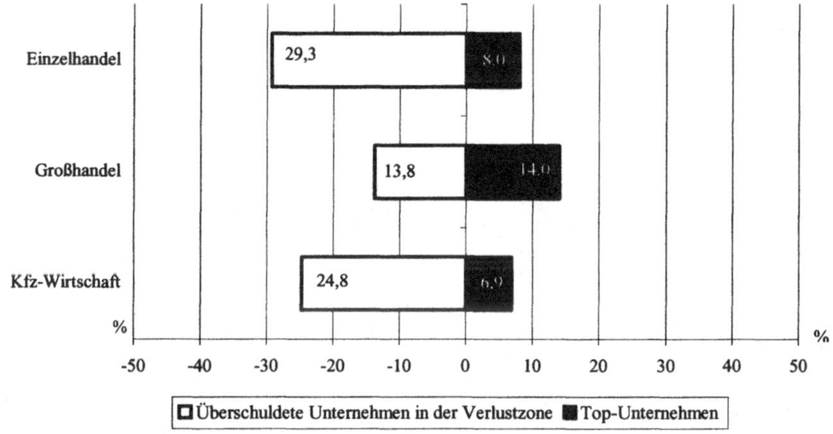

Quelle: KMU FORSCHUNG AUSTRIA, Bilanzdatenbank

Der Anteil der Handelsunternehmen, die sich im Bilanzjahr 2004/05 in einer betriebswirtschaftlich katastrophalen Lage befanden, nahm mit zunehmender Unternehmensgröße deutlich ab. Während rd. 28 % der Kleinstunternehmen sowohl buchmäßig überschuldet als auch in der Verlustzone waren, traf dies auf rd. 1 % der Großunternehmen (über € 100 Mio Jahresumsatz) zu. Diametral dazu verhielt sich der Anteil der Top-Unternehmen. Während rd. 9 % der Kleinstunternehmen zur betriebswirtschaftlichen Elite zählten, waren es bei den Großunternehmen (bis € 100 Mio Jahresumsatz) anteilsmäßig doppelt so viele (rd. 18 %).

Grafik 70 Anteil der Top-Unternehmen und der buchmäßig überschuldeten Unternehmen in der Verlustzone im Handel nach Größenklassen in Prozent, 2004/05

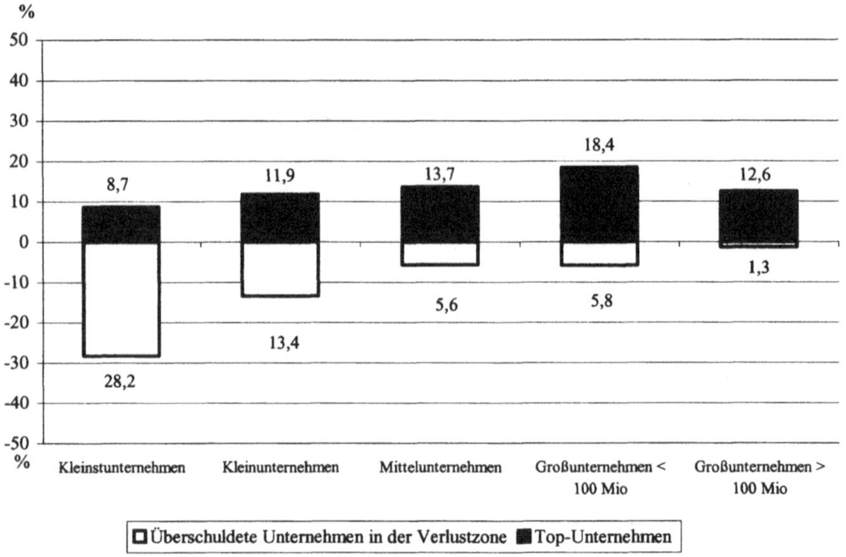

Quelle: KMU FORSCHUNG AUSTRIA, Bilanzdatenbank

Der Langzeitvergleich der Bilanzjahre 2000/01 bis 2004/05 zeigt bereits deutlich die Auswirkungen des Strukturwandels im Handel. Während die betriebswirtschaftlich „gefährdeten" Unternehmen (Verlust & negatives Eigenkapital) immer „schneller" aus dem Markt ausscheiden, steigt der Anteil der Top-Unternehmen nur sehr langsam. Während in einem 5-Jahres-Zeitraum der Anteil der betriebswirtschaftlich am wenigsten erfolgreichen Unternehmen um rd. 6,3 %-Punkte gesunken ist, stieg der Anteil der Top-Unternehmen lediglich um rd. 1,6 %-Punkte.

Die nachstehende Grafik zeigt sehr gut, dass die Schere zwischen betriebswirtschaftlichen Top-Unternehmen und den am wenigsten erfolgreichen Unternehmen im Zeitablauf zwar kleiner wird, die buchmäßig überschuldeten Unternehmen in der Verlustzone aber noch deutlich überwiegen.

Grafik 71 Entwicklung des Anteils der Top-Unternehmen und der buchmäßig überschuldeten Unternehmen in der Verlustzone im Handel in Prozent, 2000/01 – 2004/05

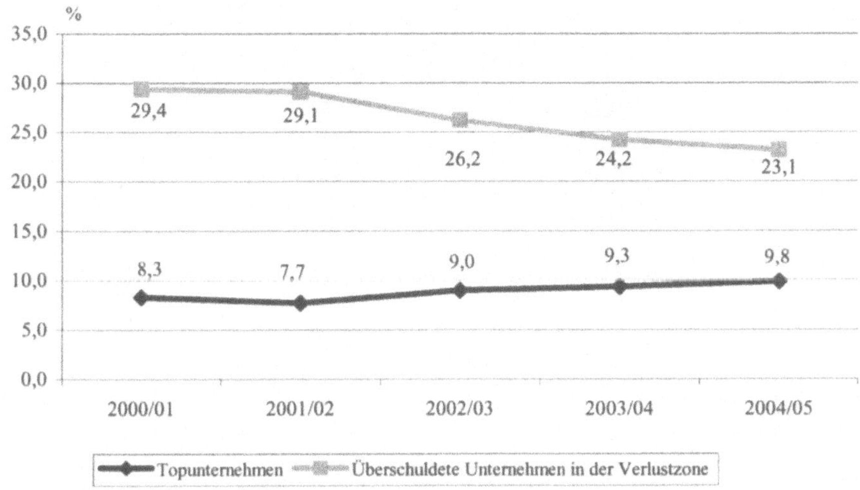

Quelle: KMU FORSCHUNG AUSTRIA, Bilanzdatenbank

4.2 Finanzierungsstruktur

Im Bilanzjahr 2004/05 finanzierten die Handelsunternehmen im Durchschnitt rd. 17 % des Betriebsvermögens mit langfristigem und rd. 59 % mit kurzfristigem Fremdkapital. Die Hauptlast der Finanzierung trugen die Banken, rd. 21 % wurden über Lieferantenkredite finanziert. Für künftige Ansprüche von Mitarbeiter/innen war in Form des Sozialkapitals im Ausmaß von rd. 4 % vorgesorgt.

Grafik 72 Finanzierungsstruktur im Handel in Prozent des Gesamtkapitals, 2004/05

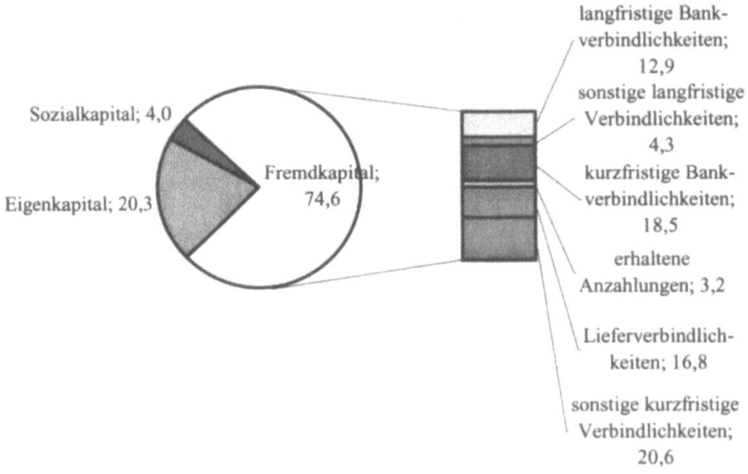

Quelle: KMU FORSCHUNG AUSTRIA - Bilanzdatenbank

4.3 Bankverschuldung

Die Kennzahl Bankverschuldung in Prozent des Gesamtkapitals gibt über das Ausmaß der Inanspruchnahme von Finanzierungen durch Banken Auskunft. Es werden sowohl kurzfristige (z. B. Kontokorrentkredit), wie auch langfristige Bankverbindlichkeiten (z. B. Darlehen) berücksichtigt.

Eventualverbindlichkeiten wie z. B. Bankgarantien oder Leasingverbindlichkeiten sind hierbei nicht berücksichtigt.

$$\text{Bankverschuldung in Prozent des Gesamtkapitals} = \frac{\text{Summe Bankverbindlichkeiten}}{\text{Gesamtkapital}} \times 100$$

Die durchschnittliche Bankverschuldung im österreichischen Handel betrug im Bilanzjahr 2004/05 rd. 32 % des Gesamtkapitals. Im Vergleich der Sektoren wies der Einzelhandel im Durchschnitt die höchste Inanspruchnahme von Finanzierungen durch die Banken auf.

Grafik 73 Bankverschuldung[1] im Handel in Prozent, 2004/05

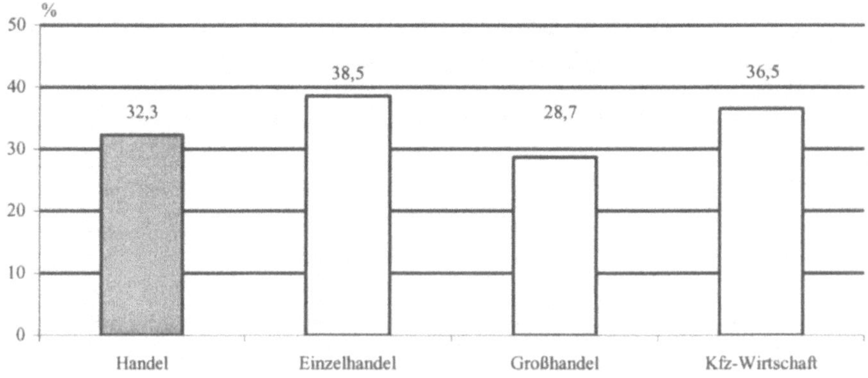

[1] Bankverschuldung = Bankverbindlichkeiten in Prozent des Gesamtkapitals
Quelle: KMU FORSCHUNG AUSTRIA, Bilanzdatenbank

Mit zunehmender Unternehmensgröße sinkt die Bankverschuldung. Während die Kleinstunternehmen eine Bankverschuldung von rd. 45 % aufwiesen, trugen die Banken rd. 19 % zur Finanzierung der Großunternehmen bei. Hohe Werte können auf falsche Verlustfinanzierung, zu geringe Eigenkapitalausstattung oder zu geringen Kapitalumschlag zurückzuführen sein.

Grafik 74 Bankverschuldung[1] im Handel nach Größenklassen in Prozent, 2004/05

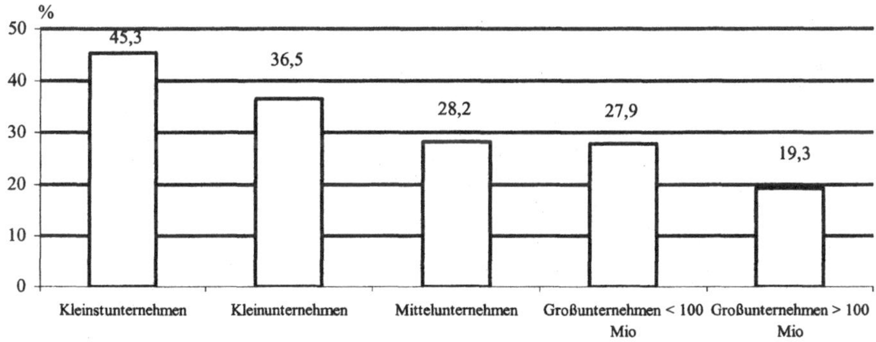

[1] Bankverschuldung = Bankverbindlichkeiten in Prozent des Gesamtkapitals
Quelle: KMU FORSCHUNG AUSTRIA, Bilanzdatenbank

4.4 Eigenkapitalquote

Die Eigenkapitalquote gibt an, mit welchem Anteil ein Unternehmen mit buchmäßigem Eigenkapital ausgestattet ist. Etwaige stille Reserven werden nicht berücksichtigt. Je höher der Eigenkapitalanteil ist, desto kreditwürdiger wird ein Unternehmen, besonders vor dem Hintergrund von Basel II beurteilt. Unternehmen mit einer hohen Eigenkapitalquote können darüber hinaus am Markt unabhängiger von Fremdkapitalgebern und dadurch konkurrenzfähiger agieren.

$$\text{Eigenkapitalquote} = \frac{\text{Eigenkapital}}{\text{Gesamtkapital}} \times 100$$

Die durchschnittliche Eigenkapitalquote der Handelsunternehmen betrug im Bilanzjahr 2004/05 rd. 20 % und erreichte damit den aus betriebswirtschaftlicher Sicht zu empfehlenden (Mindest-) Richtwert von 20 %.

Die Großhandelsunternehmen übertrafen im Durchschnitt mit rd. 23 % Eigenkapitalquote diesen Wert; der Einzelhandel wies eine Eigenkapitalquote von rd. 16 %, der Kfz-Handel von durchschnittlich rd. 15 % auf.

Grafik 75 Eigenkapitalquote[1] im Handel in Prozent, 2004/05

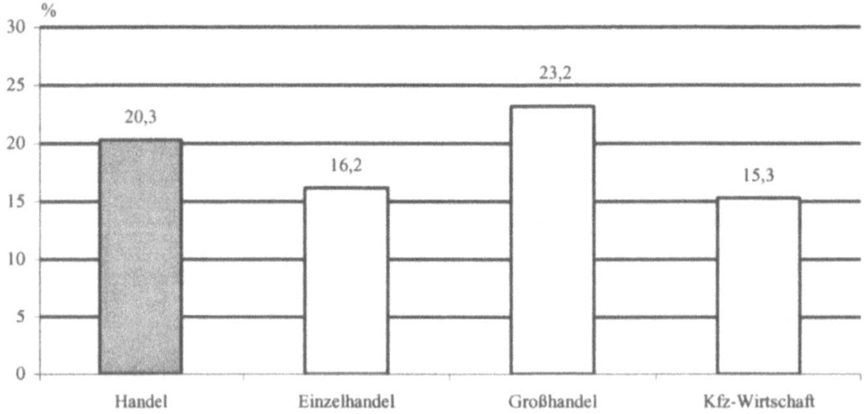

[1] Eigenkapitalquote = Eigenkapital in Prozent des Gesamtkapitals
Quelle: KMU FORSCHUNG AUSTRIA - Bilanzdatenbank

Tendenziell stieg die Eigenkapitalausstattung im Handel mit zunehmender Unternehmensgröße. Zu gering war die durchschnittliche Eigenkapitalausstattung der Kleinstunternehmen, die mehr als 90 % ihres Betriebsvermögens mit Fremdkapital finanzierten. Die Eigenkapitalquote der Großunternehmen mit einem Jahresumsatz über € 100 Mio betrug im Vergleich dazu rd. 28 %. Die höhere Eigenkapitalausstattung der Großunternehmen wirkte sich positiv auf die Finanzierungskosten und damit die Ertragskraft und Rentabilität der Unternehmen aus.

Grafik 76 Eigenkapitalquote[1] im Handel nach Größenklassen in Prozent, 2004/05

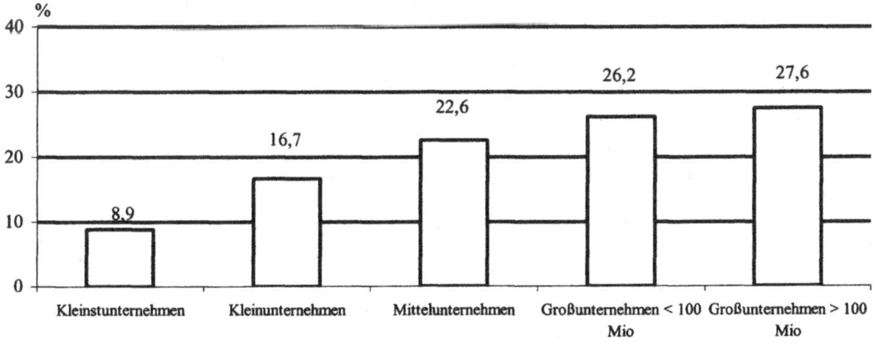

[1] Eigenkapitalquote = Eigenkapital in Prozent des Gesamtkapitals
Quelle: KMU FORSCHUNG AUSTRIA, Bilanzdatenbank

Lediglich zwei der untersuchten vierzehn Einzelhandelsbranchen erreichten im Bilanzjahr 2004/05 im Durchschnitt den betriebswirtschaftlichen (Mindest-) Richtwert von 20 % Eigenkapital. Die höchste Eigenkapitalausstattung wiesen im Durchschnitt der Einzelhandel mit Bau- und Heimwerkerbedarf, der Schuheinzelhandel und der Fotoeinzelhandel auf. Am unteren Ende des Branchenvergleichs liegen der Lebensmittel- und der Uhren- und Schmuckeinzelhandel.

Grafik 77 Eigenkapitalquote[1] im Einzelhandel nach Branchen in Prozent, 2004/05

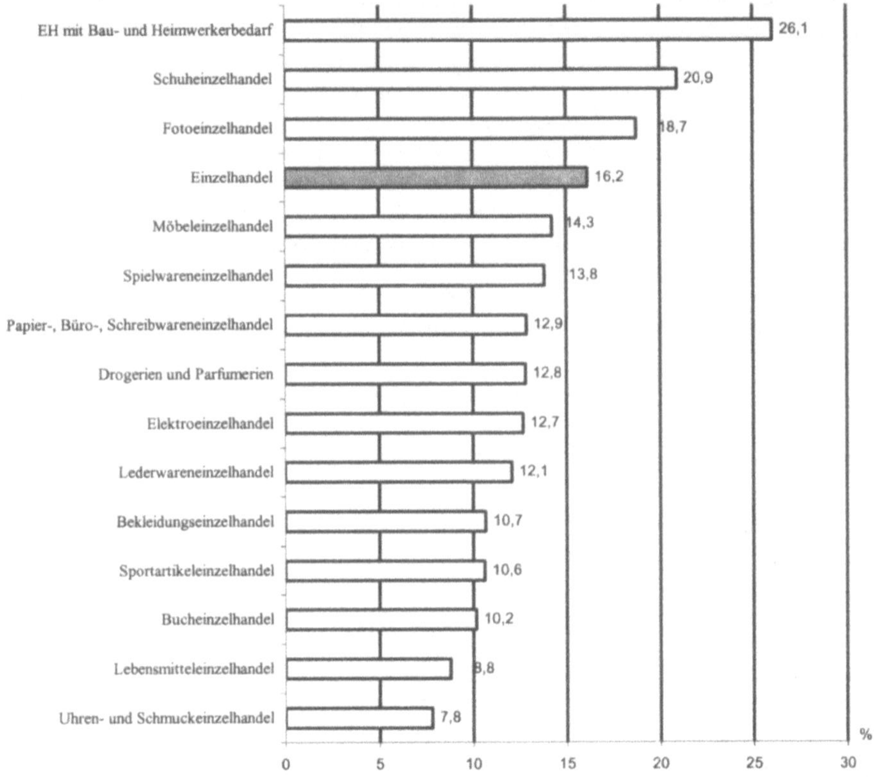

[1] Eigenkapitalquote = Eigenkapital in Prozent des Gesamtkapitals
Quelle: KMU FORSCHUNG AUSTRIA - Bilanzdatenbank

Im Gegensatz zum Einzelhandel übertrafen im Großhandel (mit Ausnahme der Handelsvermittlung) alle untersuchten Branchen im Durchschnitt den betriebswirtschaftlichen (Mindest-) Richtwert von 20 % Eigenkapital, wobei die durchschnittliche Eigenkapitalausstattung im Bereich Handelsvermittlung noch deutlich über dem Einzelhandelsdurchschnitt lag. Das Ranking führte der Großhandel mit Maschinen, Ausrüstungen und Zubehör an, gefolgt vom Großhandel mit Gebrauchs- und Verbrauchsgütern. Für diese Branchen konnte eine – gemessen am Großhandel insgesamt – überdurchschnittliche Eigenkapitalausstattung festgestellt werden.

Grafik 78 Eigenkapitalquote[1] im Großhandel nach Branchen in Prozent, 2004/05

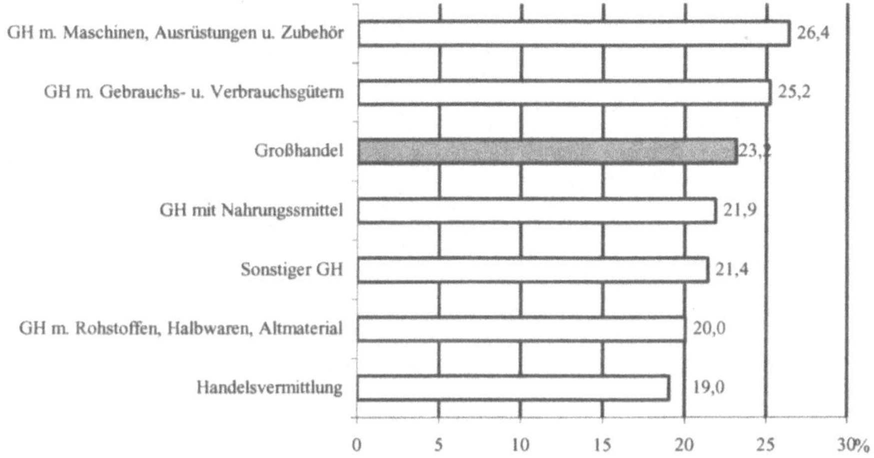

GH = Großhandel
[1] Eigenkapitalquote = Eigenkapital in Prozent des Gesamtkapitals
Quelle: KMU FORSCHUNG AUSTRIA – Bilanzdatenbank

Der Langzeitvergleich zeigt einen Anstieg der durchschnittlichen Eigenkapitalausstattung in allen Handelsbereichen. Die durchschnittliche Eigenkapitalquote lag im Großhandel in den Bilanzjahren 2000/01 bis 2004/2005 immer über dem betriebswirtschaftlichem Richtwert von 20 %, während für den Einzelhandel als auch für die Kfz-Wirtschaft deutlichere Verbesserungen der Eigenkapitalausstattung in der Höhe von rd. 5%-Punkten festgestellt werden konnten.

Grafik 79 Entwicklung der Eigenkapitalquote[1] im Handel in Prozent 2000/01 – 2004/05

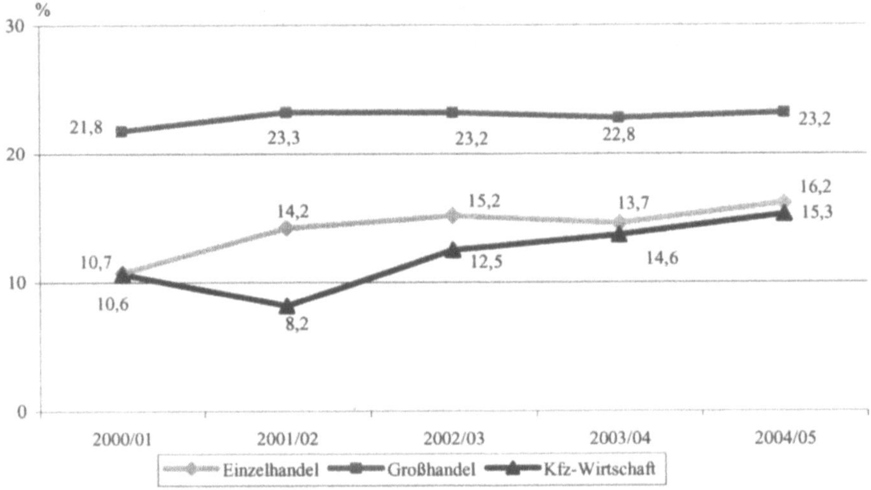

Bei diesem Langfristvergleich handelt es sich um eine Gesamtauswertung aller verfügbaren Bilanzdaten für die entsprechenden Jahre und somit um keinen Kohortenvergleich (Datenvergleich jener Unternehmen für die Bilanzen für alle Vergleichsjahre vorliegen). Die angegebenen Werte der Vorjahre entsprechen nicht den Werten der bisher veröffentlichten Berichte.
[1] Eigenkapitalquote = Eigenkapital in Prozent des Gesamtkapitals
Quelle: KMU FORSCHUNG AUSTRIA – Bilanzdatenbank

4.5 Anteil der Handelsunternehmen ohne buchmäßigem Eigenkapital

Insgesamt wiesen im Bilanzjahr 2004/05 rd. 62 % der Handelsunternehmen ein positives Eigenkapital auf – anders formuliert bedeutet dies, dass rd. 38 % der Unternehmen buchmäßig überschuldet waren, d. h., der buchmäßige Wert des Betriebsvermögens war geringer als das vorhandene Fremdkapital.

Der Anteil der buchmäßig überschuldeten Unternehmen ist im Vergleich der Handelsbereiche im Einzelhandel am größten.

Grafik 80 Anteil der Handelsunternehmen ohne buchmäßigem Eigenkapital in Prozent, 2004/2005

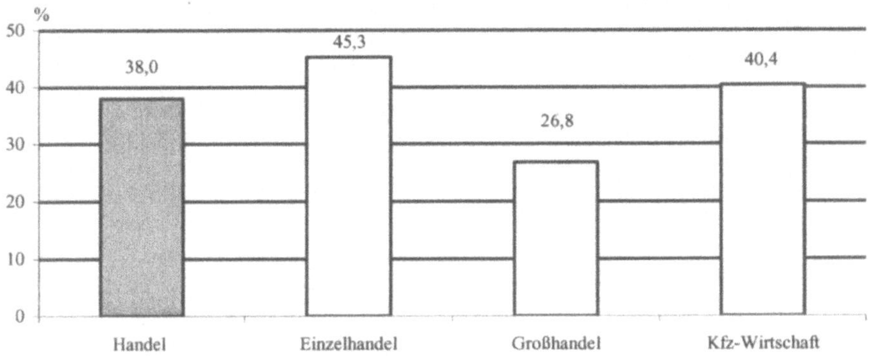

Quelle: KMU FORSCHUNG AUSTRIA - Bilanzdatenbank

Der Anteil der Handelsunternehmen ohne buchmäßigem Eigenkapital sank im Bilanzjahr 2004/2005 mit zunehmender Unternehmensgröße. Während fast die Hälfte der Kleinstunternehmen im Handel eine Überschuldung aufwiesen, waren es bei den Großunternehmen (über 100 Mio Jahresumsatz) „nur“ rd. 5 %.

Grafik 81 Anteil der Handelsunternehmen ohne buchmäßigem Eigenkapital nach Größenklassen in Prozent, 2004/2005

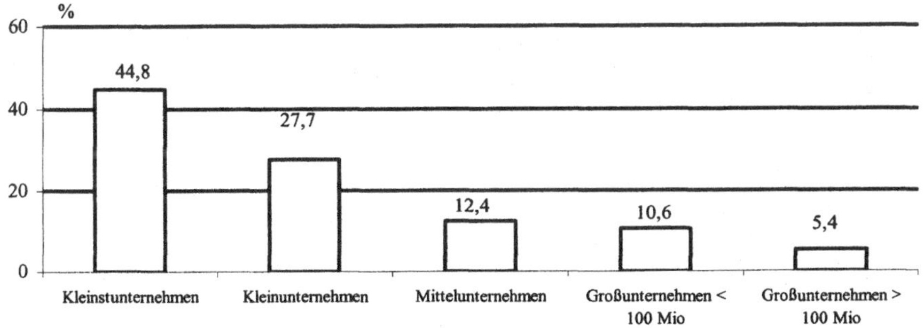

Quelle: KMU FORSCHUNG AUSTRIA - Bilanzdatenbank

Überschuldete Unternehmen sind - wenn nicht Sicherheiten aus dem privaten Vermögen vorhanden sind oder herangezogen werden - in ihrer Existenz gefährdet; insbesondere dann, wenn Verluste durch die Aufnahme zusätzlichen

Fremdkapitals finanziert werden müssen und die Fremdkapitalkosten ohnehin nicht mehr in der Kalkulation unterzubringen sind.

Der Anteil der überschuldeten Unternehmen ist im Langzeitvergleich der Bilanzjahre 2000/01 bis 2004/05 in allen Handelsbereichen in etwa gleich hohem Ausmaß (5-7 %-Punkte) gesunken.

Grafik 82 Entwicklung des Anteils der Handelsunternehmen ohne buchmäßigem Eigenkapital in Prozent, 2000/01 – 2004/05

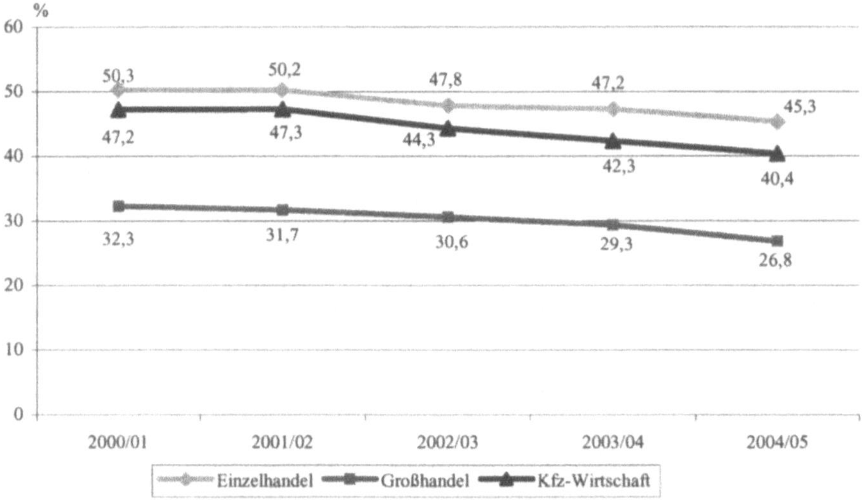

Bei diesem Langfristvergleich handelt es sich um eine Gesamtauswertung aller verfügbaren Bilanzdaten für die entsprechenden Jahre und somit um keinen Kohortenvergleich (Datenvergleich jener Unternehmen für die Bilanzen für alle Vergleichsjahre vorliegen). Die angegebenen Werte der Vorjahre entsprechen nicht den Werten der bisher veröffentlichten Berichte.
Quelle: KMU FORSCHUNG AUSTRIA, Bilanzdatenbank

4.6 Umsatzrentabilität

Die Umsatzrentabilität (nach Finanzergebnis) gibt Auskunft über die Ertragskraft der Unternehmen.

$$\text{Umsatzrentabilität} = \frac{\text{Ergebnis der gewöhnlichen Geschäftstätigkeit}}{\text{Betriebsleistung}} \times 100$$

Im Durchschnitt der österreichischen Handelsunternehmen betrug die Umsatzrentabilität im Bilanzjahr 2004/05 rd. 1,9 %. Das bedeutet, dass auf Basis der gewöhnlichen Geschäftstätigkeit ein Gewinn von rd. 1,9 % vom Umsatz erwirtschaftet wurde.

Im Vergleich der Handelsbereiche war die Ertragskraft der Großhandelsunternehmen mit rd. 2,2 % - wie in den letzten Jahren - am stärksten, während der Einzelhandel mit rd. 1,5 und der Kfz-Handel mit rd. 1,4 % unter dem Gesamtdurchschnitt des Handels lagen.

Grafik 83 Umsatzrentabilität (nach Finanzergebnis) [1] im Handel in Prozent, 2004/05

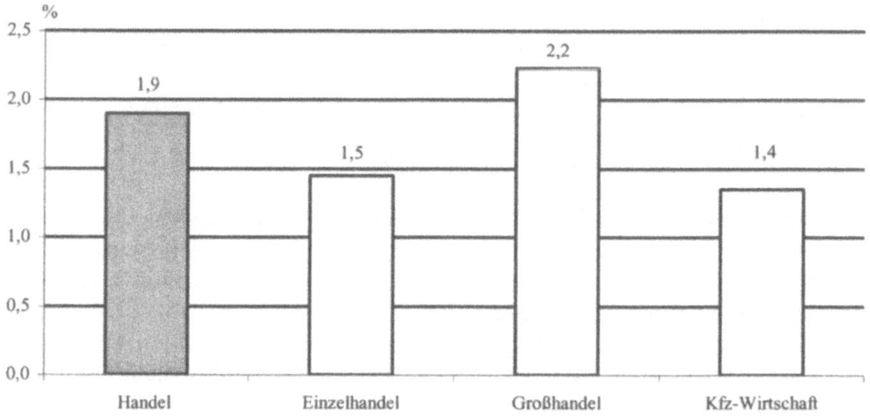

[1] Umsatzrentabilität (nach Finanzergebnis) = Ergebnis der gewöhnlichen Geschäftstätigkeit (EGT) in Prozent der Betriebsleistung

Quelle: KMU FORSCHUNG AUSTRIA - Bilanzdatenbank

Differenziert nach Unternehmensgrößenklassen zeigte sich, dass alle Größenklassen im Durchschnitt die Gewinnzone erreichten, wenn gleich die durchschnittliche Umsatzrentabilität mit zunehmender Unternehmensgröße deutlich stieg. Während die Kleinstunternehmen im Bilanzjahr 2004/05 eine durchschnittliche Ertragskraft von rd. 1,3 % der Betriebsleistung aufwiesen, lag die Umsatzrendite der Großunternehmen (über € 100 Mio Jahresumsatz) mit rd. 2,5 % deutlich darüber.

Grafik 84 Umsatzrentabilität (nach Finanzergebnis)[1] im Handel nach Größenklassen in Prozent, 2004/05

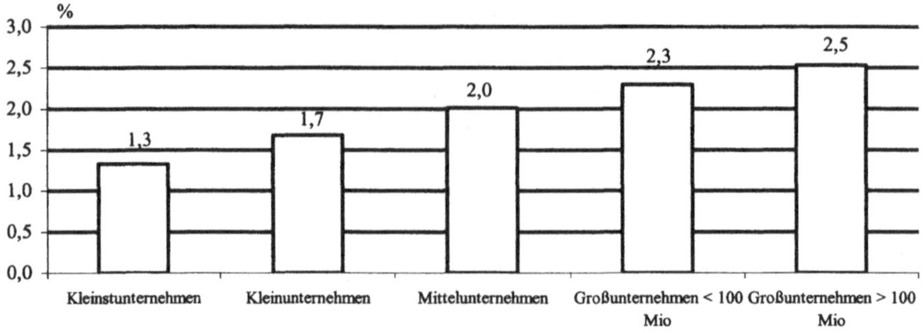

[1] Umsatzrentabilität (nach Finanzergebnis) = Ergebnis der gewöhnlichen Geschäftstätigkeit (EGT) in Prozent der Betriebsleistung

Quelle: KMU FORSCHUNG AUSTRIA - Bilanzdatenbank

Differenziert nach Einzelhandelsbranchen wies der Fotoeinzelhandel im Durchschnitt mit rd. 4,4 % die höchste Umsatzrentabilität auf. Am unteren Ende des Branchenrankings befanden sich der Papier-, Büro- und Schreibwareneinzelhandel, der im Durchschnitt einen Verlust in der Höhe von rd. 3,6 % der Betriebsleistung hinnehmen musste. Rote Zahlen schrieben im Bilanzjahr 2004/05 weiters der Spielwaren- sowie der Uhren- und Schmuckeinzelhandel.

Grafik 85 Umsatzrentabilität (nach Finanzergebnis)[1] im Einzelhandel nach Branchen in Prozent, 2004/05

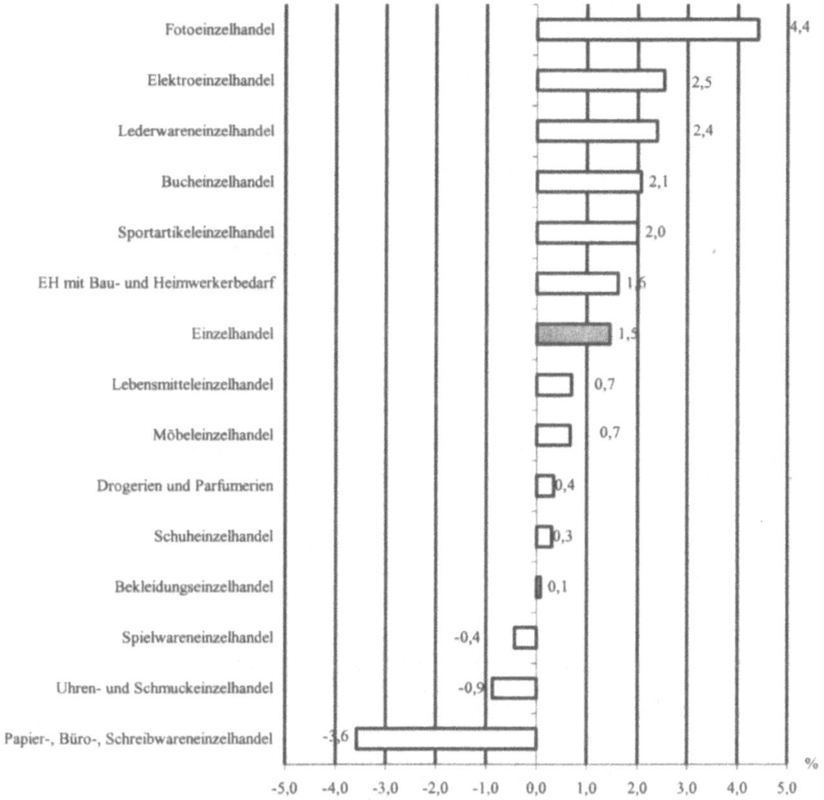

[1] Umsatzrentabilität nach Finanzergebnis = Ergebnis der gewöhnlichen Geschäftstätigkeit (EGT) in Prozent der Betriebsleistung

Quelle: KMU FORSCHUNG AUSTRIA - Bilanzdatenbank

Im Vergleich der Großhandelsbranchen verzeichnete im Bilanzjahr 2004/05 der Großhandel mit Maschinen, Ausrüstungen und Zubehör im Durchschnitt mit rd. 2,9 % die höchste Umsatzrentabilität. Ebenfalls überdurchschnittliche Gewinne (vor Steuern) – gemessen am Großhandel insgesamt – wiesen die Handelsvermittlung und der Großhandel mit Verbrauchs- und Gebrauchsgütern auf. Am unteren Ende der Rangliste lag der Großhandel mit landwirtschaftlichen Grundstoffen und lebenden Tieren mit einer durchschnittlichen Ertragskraft von lediglich rd. 0,5 % der Betriebsleistung.

Grafik 86 Umsatzrentabilität (nach Finanzergebnis)[1] im Großhandel nach Branchen in Prozent, 2004/05

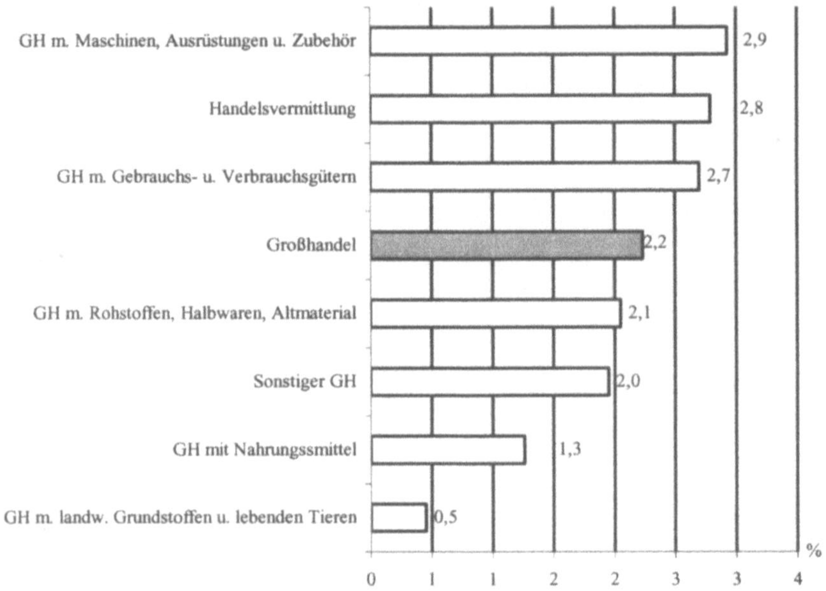

GH = Großhandel

[1] Umsatzrentabilität nach Finanzergebnis = Ergebnis der gewöhnlichen Geschäftstätigkeit (EGT) in Prozent der Betriebsleistung

Quelle: KMU FORSCHUNG AUSTRIA - Bilanzdatenbank

Ein Langzeitvergleich zeigt, dass die Ertragskraft im österreichischen Handel seit dem Bilanzjahr 2001/02 ausgehend von einem geringen Niveau kontinuierlich gestiegen ist. Trotz unbefriedigender konjunktureller Bedingungen konnte der Gewinn im Durchschnitt gesteigert werden, was zum Beispiel durch Rationalisierungsmaßnahmen zu erreichen war. Zudem spiegelt sich in der Entwicklung auch der Strukturwandel wider.

Grafik 87 Entwicklung der Umsatzrentabilität (nach Finanzergebnis)[1] im Handel in Prozent, 2000/01 – 2004/05

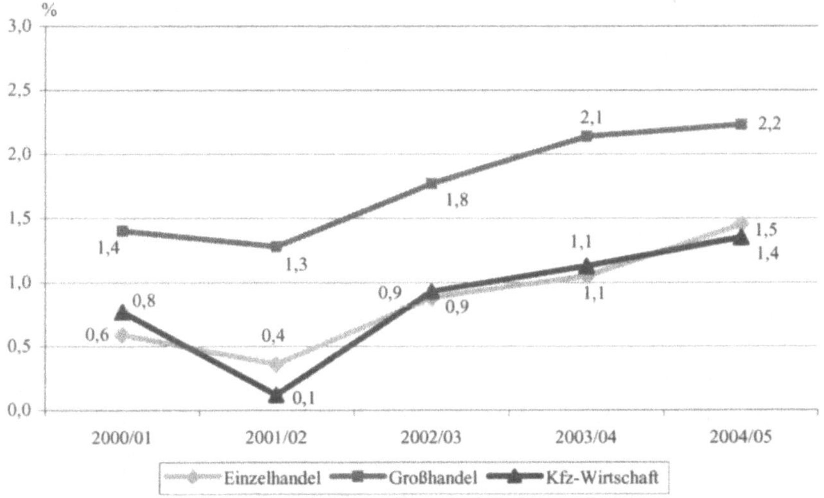

Bei diesem Langfristvergleich handelt es sich um eine Gesamtauswertung aller verfügbaren Bilanzdaten für die entsprechenden Jahre und somit um keinen Kohortenvergleich (Datenvergleich jener Unternehmen für die Bilanzen für alle Vergleichsjahre vorliegen). Die angegebenen Werte der Vorjahre entsprechen nicht den Werten der bisher veröffentlichten Berichte.

[1] Umsatzrentabilität nach Finanzergebnis = Ergebnis der gewöhnlichen Geschäftstätigkeit (EGT) in Prozent der Betriebsleistung

Quelle: KMU FORSCHUNG AUSTRIA, Bilanzdatenbank

4.7 Anteil der Handelsunternehmen in der Gewinnzone

Mehr als die Hälfte der Handelsunternehmen erwirtschaftete im Bilanzjahr 2004/05 ein positives Betriebsergebnis. Während im Großhandel zwei Drittel der Unternehmen die Gewinnzone erreichten, traf dies in der Kfz-Wirtschaft auf rd. 54 % und im Einzelhandel auf rd. 47 % zu.

Grafik 88 Anteil der Handelsunternehmen mit positivem Betriebsergebnis (EGT)[1] in Prozent, 2004/05

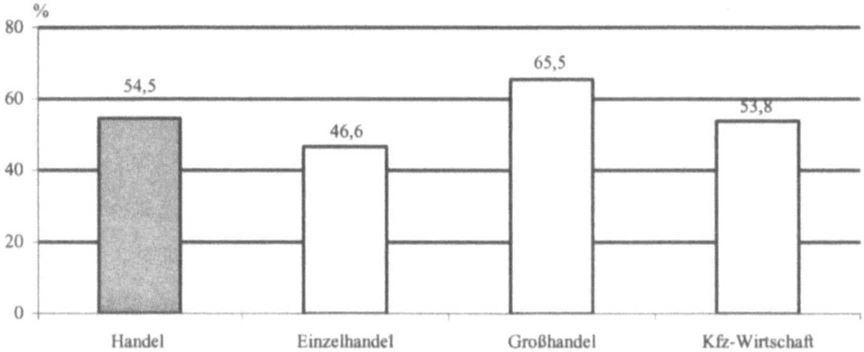

[1] EGT = Ergebnis der gewöhnlichen Geschäftstätigkeit
Quelle: KMU FORSCHUNG AUSTRIA - Bilanzdatenbank

Der Anteil der Handelsunternehmen in der Gewinnzone stieg mit zunehmender Unternehmensgröße. Während rd. die Hälfte der Kleinstunternehmen im Handel positiv bilanzierte, lag dieser Anteil bei den Großunternehmen (über € 100 Mio Jahresumsatz) bereits bei rd. drei Viertel.

Grafik 89 Anteil der Handelsunternehmen mit positivem Betriebsergebnis (EGT) [1] nach Größenklassen in Prozent, 2004/05

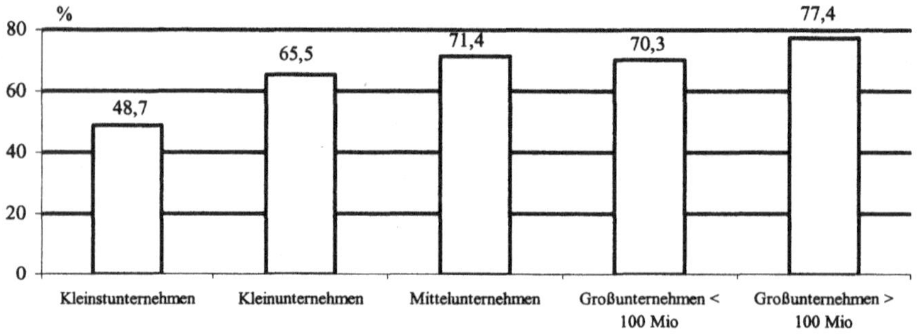

[1] EGT = Ergebnis der gewöhnlichen Geschäftstätigkeit
Quelle: KMU FORSCHUNG AUSTRIA - Bilanzdatenbank

Einen – gemessen am Einzelhandel insgesamt – überdurchschnittlich hohen Anteil an Unternehmen in der Gewinnzone wiesen im Bilanzjahr 2004/05 der Einzelhandel mit Bau- und Heimwerkerbedarf, der Foto- sowie der Elektroeinzelhandel auf. Im Gegensatz dazu bilanzierten in den Branchen Drogerie/Parfümerie, Spielwaren- sowie Uhren- und Schmuckeinzelhandel weniger als ein Drittel der Unternehmen positiv.

Grafik 90 Anteil der Einzelhandelsunternehmen mit positivem Betriebsergebnis (EGT)[1] nach Branchen in Prozent, 2004/05

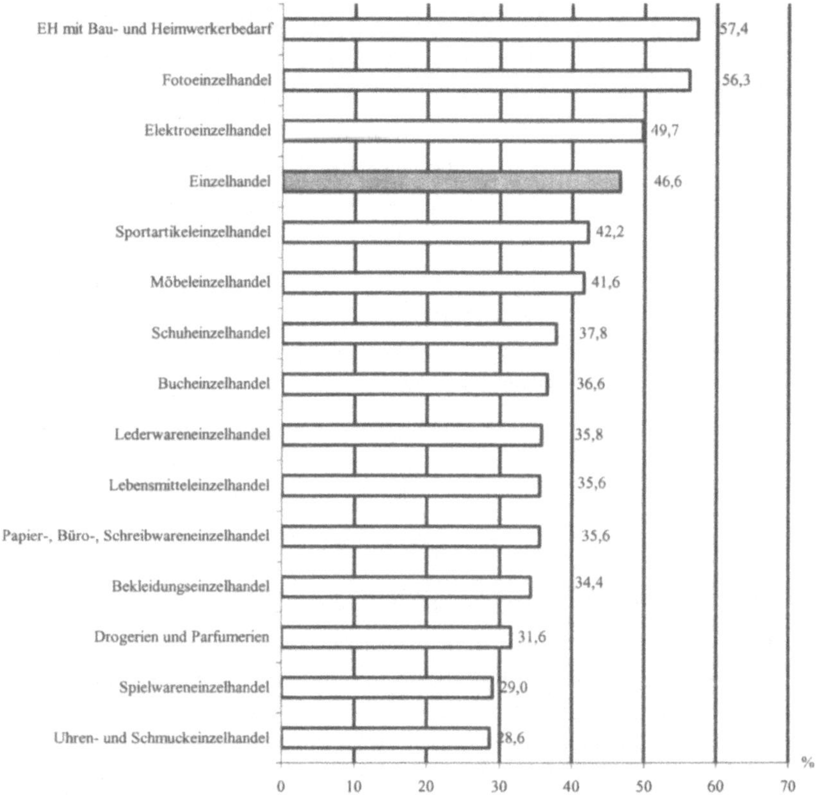

[1] EGT = Ergebnis der gewöhnlichen Geschäftstätigkeit
Quelle: KMU FORSCHUNG AUSTRIA, Bilanzdatenbank

Im Branchenranking wies der Großhandel mit Rohstoffen, Halbwaren und Altmaterial den höchsten Anteil an Unternehmen in der Gewinnzone auf, gefolgt vom sonstigen Großhandel und dem Großhandel mit Maschinen, Ausrüstungen und Zubehör. Am unteren Ende des Rankings befand sich im Bilanzjahr

2004/05 der Großhandel mit landwirtschaftlichen Grundstoffen. In dieser Branche bilanzierte knapp die Hälfte der Unternehmen positiv.

Grafik 91 Anteil der Großhandelsunternehmen mit positivem Betriebsergebnis (EGT)[1] nach Branchen in Prozent, 2004/05

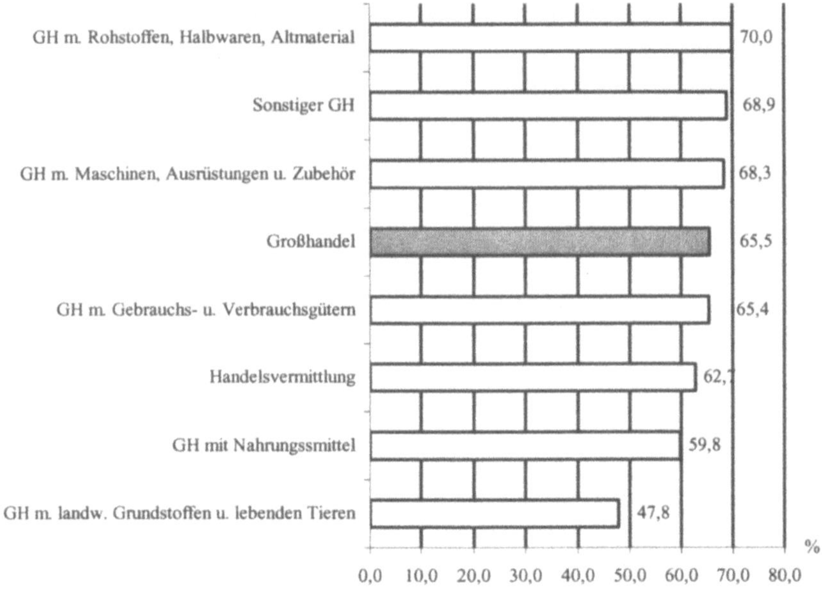

GH = Großhandel
[1] EGT = Ergebnis der gewöhnlichen Geschäftstätigkeit
Quelle: KMU FORSCHUNG AUSTRIA, Bilanzdatenbank

Im Vergleich der Bilanzjahre 2000/01 bis 2004/05 stieg der Anteil der Unternehmen in der Gewinnzone in allen drei Handelsbereichen kontinuierlich an, wobei der Einzelhandel die geringste Steigerungsrate aufwies. In der positiven Entwicklung spiegelt sich wiederum der Strukturwandel – besonders im Einzelhandel – wider.

Grafik 92 Entwicklung des Anteils der Handelsunternehmen mit positivem Betriebsergebnis (EGT)[1] in Prozent, 2000/01 - 2004/05

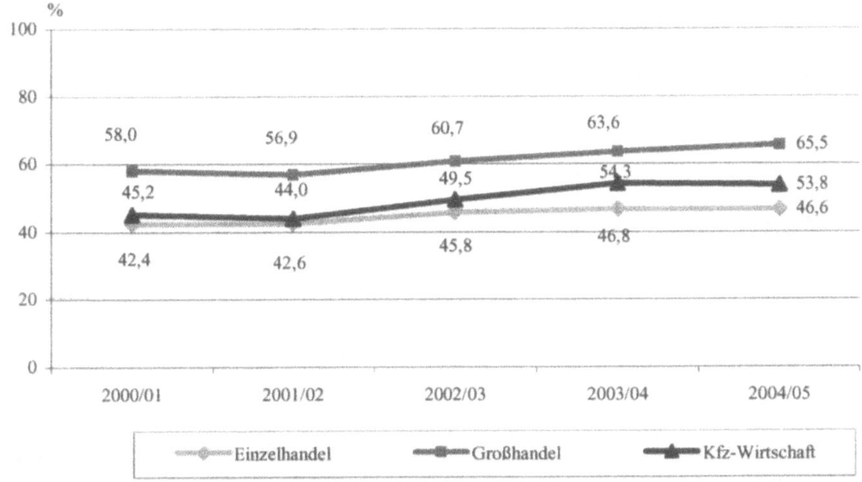

Bei diesem Langfristvergleich handelt es sich um eine Gesamtauswertung aller verfügbaren Bilanzdaten für die entsprechenden Jahre und somit um keinen Kohortenvergleich (Datenvergleich jener Unternehmen für die Bilanzen für alle Vergleichsjahre vorliegen). Die angegebenen Werte der Vorjahre entsprechen nicht den Werten der bisher veröffentlichten Berichte.
[1] EGT = Ergebnis der gewöhnlichen Geschäftstätigkeit
Quelle: KMU FORSCHUNG AUSTRIA, Bilanzdatenbank

4.8 Sektorenvergleich der betriebswirtschaftlichen Ertragskraft

Die Umsatzrentabilität des Handels (rd. 1,9 %) lag im Bilanzjahr 2004/05 über den Vergleichswerten der Sektoren Bauwesen, Verkehr und Tourismus, während die Unternehmen der Sachgütererzeugung und insbesondere der Wirtschaftsdienstleistungen im Durchschnitt höhere Gewinne erzielen konnten.

Grafik 93 Umsatzrentabilität (nach Finanzergebnis) [1] in ausgewählten Sektoren in Prozent, 2004/05

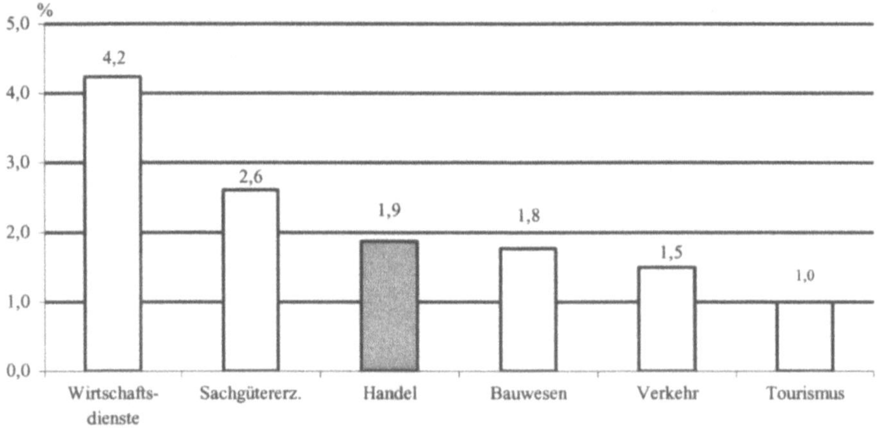

[1] Umsatzrentabilität nach Finanzergebnis = Ergebnis der gewöhnlichen Geschäftstätigkeit (EGT) in Prozent der Betriebsleistung

Quelle: KMU FORSCHUNG AUSTRIA, Bilanzdatenbank

Der Anteil der Handelsunternehmen mit positivem Betriebsergebnis lag im Bilanzjahr 2004/05 deutlich über dem Vergleichswert im Tourismus, während in den weiteren ausgewählten Sektoren der österreichischen Wirtschaft prozentuell gesehen mehr Unternehmen positiv bilanzierten.

Grafik 94 Anteil der Unternehmen mit positivem Betriebsergebnis (EGT)[1] in ausgewählten Sektoren in Prozent, 2004/05

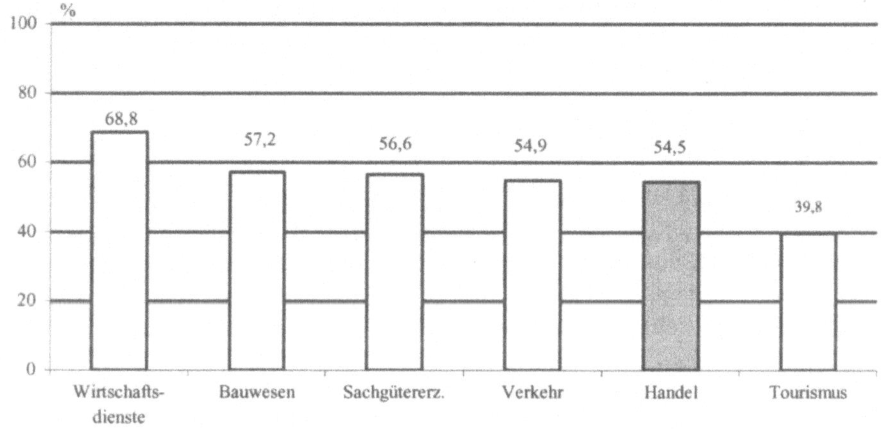

[1] EGT = Ergebnis der gewöhnlichen Geschäftstätigkeit
Quelle: KMU FORSCHUNG AUSTRIA, Bilanzdatenbank

4.9 EU-Vergleich der betriebswirtschaftlichen Ertragskraft

Die folgenden Auswertungen basieren auf der BACH-Datenbank[163] der Europäischen Kommission. Für den Vergleich im europäischen Kontext stehen insgesamt rd. 238.000 Bilanzen des Bilanzjahres 2003 von Handelsunternehmen (Einzelhandel rd. 84.000, Großhandel rd. 115.000, Kfz-Wirtschaft rd. 39.000) aus den Ländern Belgien, Deutschland, Finnland, Frankreich, Italien, Niederlande, Österreich, Spanien und Portugal zur Verfügung.

Der Vergleich der betriebswirtschaftlichen Ertragskraft im Durchschnitt der Handelsunternehmen dieser Länder wird anhand der Kennzahl „Profit or Loss on ordinary activities (before taxes)" bzw. Gewinn/Verlust aus normaler Geschäftstätigkeit (vor Steuern, in Prozent des Nettoumsatzes) dargestellt.

Da in der Bach-Datenbank keine betriebswirtschaftlichen Korrekturen der Bilanzen vorgenommen werden, sind die Werte für Österreich nicht direkt mit den Ergebnissen der KMU FORSCHUNG AUSTRIA-Bilanzdatenbank vergleichbar. Die Auswertungen erfolgen für die Bereiche „Retail trade" - Einzelhandel,

[163] Quelle: Europäische Kommission – BACH Datenbank 2006

„Wholesale“ – Großhandel und „Sale of motor vehicles“ – Kfz-Wirtschaft, wobei die Definition „Sale of motor vehicles“ nicht exakt der Kfz-Wirtschaft nach NACE-Systematik entspricht. Zudem wurde die Entwicklung in den einzelnen Handelsbereichen bzw. Ländern (mit Ausnahme von Belgien) anhand von Kohortenauswertungen analysiert.

4.9.1 EU-Vergleich - Einzelhandel

Der österreichische Einzelhandel lag im Bilanzjahr 2003 mit einem Gewinn aus normaler Geschäftstätigkeit (vor Steuern) von rd. 3,2 % vom Nettoumsatz im Ländervergleich vor Italien, Belgien und Deutschland, während insbesondere die Einzelhandelsunternehmen in den Niederlanden und in Finnland im Durchschnitt eine deutlich höhere Ertragskraft aufwiesen.

Grafik 95 Gewinn/Verlust aus normaler Geschäftstätigkeit (vor Steuern) im Einzelhandel in Prozent des Nettoumsatzes, 2003

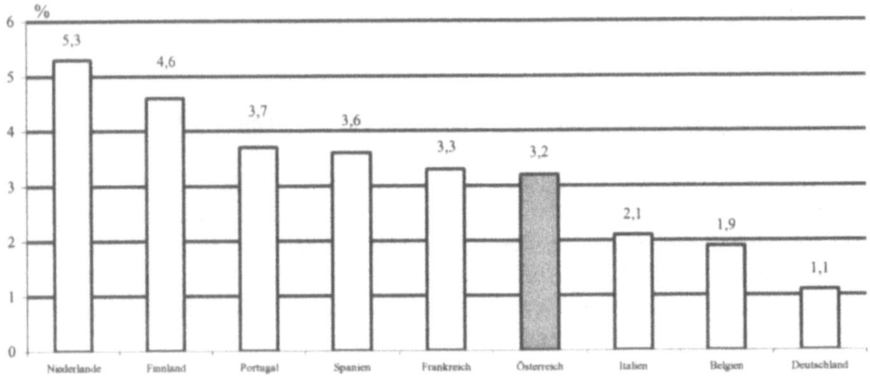

Quelle: Europäische Kommission, BACH Datenbank

Die durchschnittliche Ertragskraft der Einzelhandelsunternehmen stieg im Vergleichszeitraum 2002 – 2003 in den Ländern Frankreich, Deutschland, Niederlande, Spanien, Österreich und Portugal an und blieb in Italien konstant.

4.9.2 EU-Vergleich - Großhandel

Der österreichische Großhandel lag im Ländervergleich mit einem Gewinn aus normaler Geschäftstätigkeit von rd. 3,3 % im oberen Drittel. Eine höhere Ertragskraft im Durchschnitt konnten lediglich die Großhandelsunternehmen in Italien und Finnland erzielen.

Grafik 96 Gewinn/Verlust aus normaler Geschäftstätigkeit (vor Steuern) im Großhandel in Prozent des Nettoumsatzes, 2003

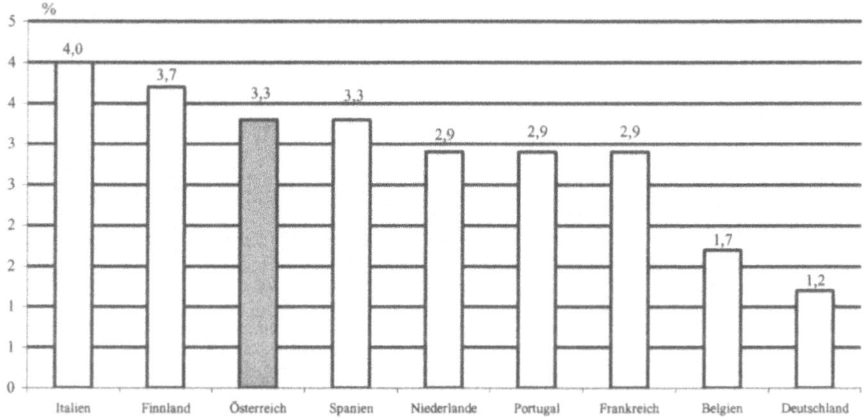

Quelle: Europäische Kommission, BACH Datenbank

Im Vergleich der Bilanzjahre 2002 – 2003 konnte für Frankreich, Spanien, und Österreich ein Anstieg der durchschnittlichen Ertragskraft der Großhandelsunternehmen festgestellt werden, während diese in Deutschland unverändert geblieben ist. Einen rückläufigen Wert wiesen im Großhandelsdurchschnitt die Länder Italien, Niederlande und Portugal auf.

4.9.3 EU-Vergleich - Kfz-Wirtschaft

Der Gewinn aus normaler Geschäftstätigkeit (vor Steuern) in der Kfz-Wirtschaft lag im Jahr 2003 in Österreich hinter den Durchschnittswerten aus Finnland und den Niederlanden im Ländervergleich an dritter Stelle. Eine im Durchschnitt geringe Ertragskraft wies die Kfz-Wirtschaft insbesondere in den Ländern Portugal und Belgien auf.

Grafik 97 Gewinn/Verlust aus normaler Geschäftstätigkeit (vor Steuern) in der Kfz-Wirtschaft in Prozent des Nettoumsatzes, 2003

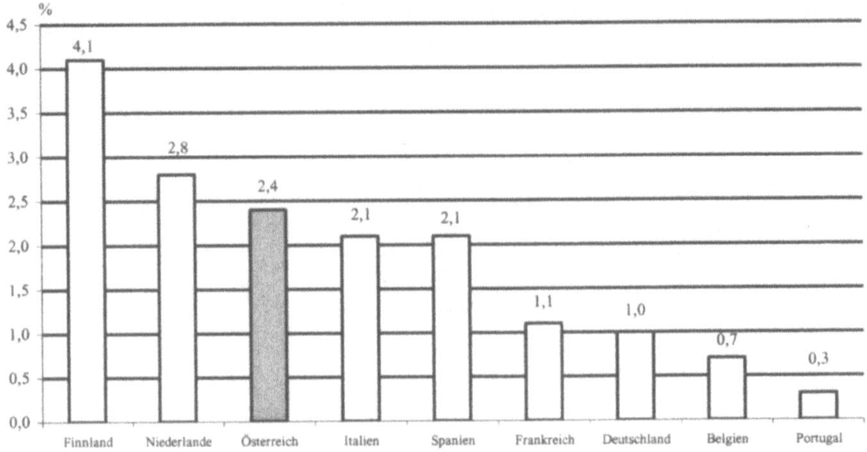

Quelle: Europäische Kommission, BACH Datenbank

Die Entwicklung der Kfz-Wirtschaft wies zwischen 2002 und 2003 in Deutschland, den Niederlanden und in Österreich eine Steigerung des Gewinns aus normaler Geschäftstätigkeit (vor Steuern) auf, während dieser in Frankreich, Spanien und Portugal rückläufig war. In Italien konnten keine Veränderungen im Vergleich zum Jahr 2002 festgestellt werden.

5 Die Nachfrageseite im Handel

Nachfrageseite im Einzelhandel

- Wohnbevölkerung in Österreich: 8,266 Mio *
  - Überproportionale Zunahme der Einpersonen-Haushalte
  - Verschiebung der Altersstruktur
- Beschäftigungsquote: 69 %
  - *EU-25-Durchschnitt: 64 %*
- Arbeitslosenquote: 5,2 %
  - *EU-25-Durchschnitt: 8,8 %*
- Monatliches Bruttoeinkommen *(Median)*: € 2.008
- Sparquote: 9,5 % *
- Steigende Kaufkraft (je Einwohner/in): nominell +2,9 % *(gegenüber 2004)*
- Steigende Konsumausgaben: real +1,9 % *(gegenüber 2005)**

Nachfrageseite im Großhandel

- Umsatzanteile der wichtigsten Kundengruppen *
  - Einzelhandel: 32 %
  - Gewerbe & Handwerk: 28 %
  - Industrie: 20 %
- Hoher Einfluss der konjunkturellen Entwicklung im Gewerbe & Handwerk auf den Großhandel

Daten: Jahr 2005
** Daten: Jahr 2006*

Dieses Kapitel gibt einen Überblick sowohl über die Nachfrageseite des Einzel- als auch über die Nachfrageseite des Großhandels. Während auf der einen Seite die Endverbraucher/innen und hier v.a. die Themengebiete sozioökonomische Entwicklungen und Konsumentenverhalten im Mittelpunkt der Betrachtung stehen, wird auf der anderen Seite die wirtschaftliche Entwicklung der Großhandelskunden (Gewerbe & Handwerk, Industrie, etc.) analysiert.

5.1 Die Nachfrageseite im Einzelhandel

Die sozioökonomischen Gegebenheiten (z. B. Bevölkerungsentwicklung, Altersstruktur der Bevölkerung, Haushaltsgröße, etc.) haben maßgeblichen Einfluss auf das Konsumentenverhalten (Sparquote, Konsumausgaben, etc.) und diese beeinflussen wiederum maßgeblich die Entwicklung im Einzelhandel. Dabei muss der Einzelhandel immer schneller auf die veränderten sozioökonomischen Bedingungen der Gesellschaft reagieren.[164]

5.1.1 Wohnbevölkerung

Zu Jahresbeginn 2006 lebten in Österreich rd. 8,3 Mio Einwohner/innen, wobei wie auch in den vorangegangen Jahren, der Anteil der Frauen mit rd. 51 % geringfügig höher war. Die österreichische Wohnbevölkerung verzeichnete seit dem Jahre 1991 einen Anstieg um rd. 6 %.

Tabelle 11 Wohnbevölkerung in Österreich , 1991 - 2006

	1991[1]	2001[1]	2002	2003	2004	2005	2006
Männer	3.753.989	3.889.189	3.907.153	3.929.244	3.949.825	3.986.296	4.019.354
Frauen	4.041.797	4.143.737	4.157.993	4.172.931	4.190.297	4.220.228	4.246.571
Gesamt	7.795.786	8.032.926	8.065.146	8.102.175	8.140.122	8.206.524	8.265.925

[1] Volkszählung, Stichtag 15.5
Quelle: Statistik Austria

Auch in den nächsten Jahren wird die Bevölkerungszahl basierend auf Zuwanderung stetig zunehmen. Die Zuwachsraten werden jedoch sukzessive geringer ausfallen. 2050 sollte der Höhepunkt mit rd. 9 Mio Einwohner/innen erreicht sein. Nach 2050 ist – aus heutiger Sicht – damit zu rechnen, dass die Geburtendefizite durch die Zuwanderungen nicht mehr kompensiert werden können und die Bevölkerungszahl konstant bleibt.[165]

164 Quelle: Eggert 1999

165 Quelle: Statistik Austria 2006

Grafik 98 Entwicklung der Wohnbevölkerung, 2006-2050[1] (Index: 2006=100)

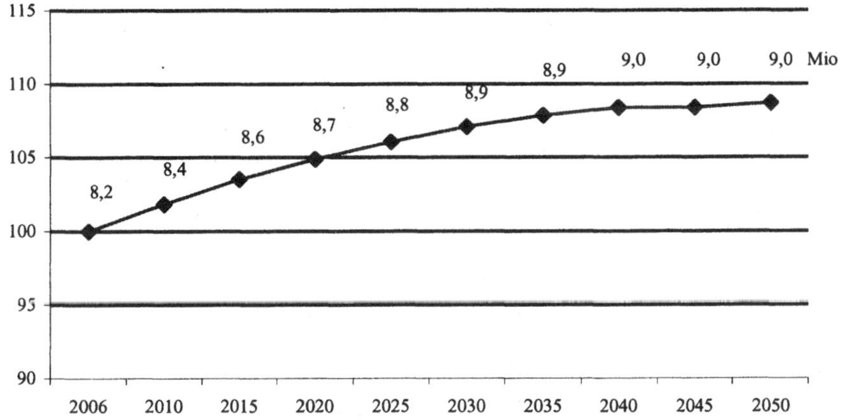

[1] Bevölkerungsprognose 2006: Hauptszenario (mittlere Fertilität, Lebenserwartung, Zuwanderung)
Quelle: Statistik Austria

Die Prognosen für die Europäische Union sprechen von einem Bevölkerungswachstum von rd. 2,4 % bis zum Jahr 2030. Für Österreich wird eine deutlich höhere Steigerungssrate prognostiziert. Mit einer überdurchschnittlich hohen Bevölkerungsentwicklung wird insbesondere in den Ländern Schweden, Niederlande und Vereinigtes Königreich gerechnet, während vor allem in osteuropäischen Ländern wie Ungarn, Tschechische Republik, Polen und Slowakei von einem Bevölkerungsrückgang in den nächsten Jahren auszugehen ist.[166]

---

[166] Quelle: Eurostat 2006

Grafik 99 Bevölkerungsentwicklung in ausgewählten europäischen Ländern, Veränderung 2005 - 2030[1] in Prozent

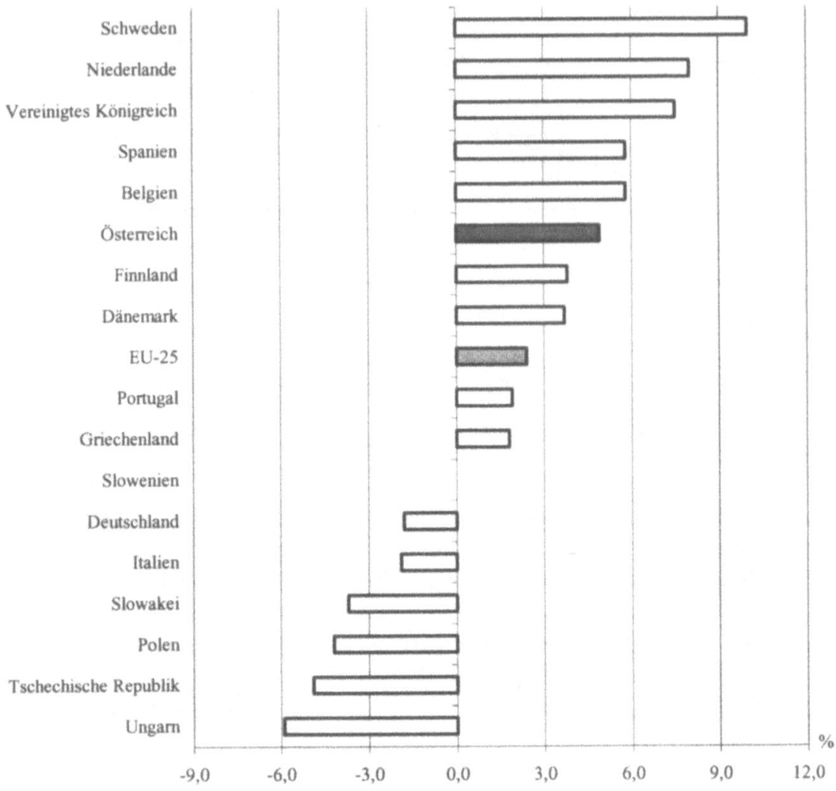

Anmerkung: Die Prognosemethode von Eurostat ist nicht direkt vergleichbar mit den Berechnungen der Statistik Austria.
[1] Prognose: Basis 2005; Stand per 1. Jänner
Quelle: Eurostat

5.1.2 Haushalte

Im Jahr 2005 gab es in Österreich rd. 3,5 Mio Haushalte. Ein Drittel der Haushalte waren Singlehaushalte, deren Anteil in den letzten Jahren kontinuierlich anstieg. Dies spiegelt sich auch in der durchschnittlichen Haushaltsgröße wider, die in Österreich von rd. 2,7 Personen pro Haushalt im Jahr 1971 auf rd. 2,3 Personen im Jahr 2005 gesunken ist.[167]

Tabelle 12 Anzahl der Privathaushalte, 1991, 2004, 2005

	1991[1]	2004[2]	2005[2]
Einpersonenhaushalt	893.529	1.169.459,5	1.198.978,5
Mehrpersonenhaushalt	2.119.477	2.260.040,5	2.276.321,5
Privathaushalte gesamt	3.013.006	3.429.500	3.475.300

[1]Volkszählung, Stichtag 15.5
[2]Mikrozensus
Quelle: Statistik Austria

Durch die zunehmende Individualisierung und das Zurückdrängen der traditionellen Familie wird die Gesellschaft vor neue Herausforderungen gestellt.[168] Die Bedürfnisse ändern sich und der Markt reagiert sehr schnell darauf, wie z. B. der Lebensmittelhandel, der mit kleineren Einkaufsmengen auf die geänderten Einkaufsgewohnheiten der Singlehaushalte reagiert. Auch alternative Vertriebskanäle wie Kioske, Buffets, Tankstellen, Rasthäuser und spezialisierte Fachgeschäfte gewinnen immer mehr an Bedeutung.[169]

Auch in den nächsten Jahren werden die Ein- und Mehrpersonenhaushalte in Österreich kontinuierlich zunehmen, wobei die Singlehaushalte einen stärkeren Anstieg verzeichnen werden. Ab 2040 werden Rückgange bei den Mehrpersonenhaushalten prognostiziert, während die Einpersonenhaushalte bis 2045 weiter ansteigen werden.[170]

167 Quelle: Statistik Austria 2006

168 Quelle: Hehenberger 1997

169 Quelle: Maurer 2002

170 Quelle: Statistik Austria 2006

Grafik 100 Entwicklung der Ein- und Mehrpersonenhaushalte, 2005-2050[1]

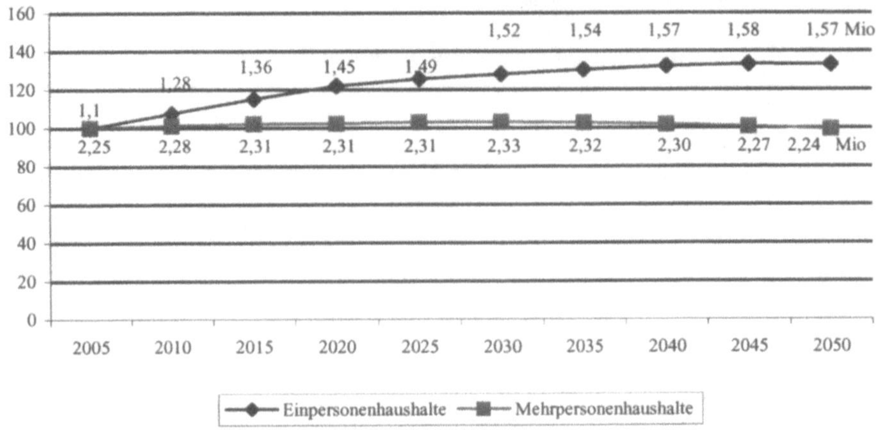

[1] Prognose Jahresdurchschnitt
Quelle: Statistik Austria

5.1.3 Altersstruktur

Die Weltbevölkerung wird zusehends älter und diese Entwicklung beeinflusst sowohl soziale als auch wirtschaftliche Parameter in hohem Ausmaß. Die Weltgesundheitsorganisation (WHO) bezeichnet diese Entwicklung als „stille Revolution“, die auf die sinkende Geburtenrate und die steigende Lebenserwartung zurückzuführen ist.

Die Entwicklung des Alters der Gesellschaft gilt im Gegensatz zu anderen Prognosen über die Zukunft, als vorhersehbar. Die Beschäftigten des Jahres 2025 sind bereits geboren und die Pensionäre von 2050 sind heute schon Beitragszahler.[171]

In Österreich zeichnet sich wie auch schon in den letzten Jahren eine Verschiebung der Alterstruktur ab. Die Bevölkerungsgruppe der über 60-jährigen wird in den nächsten 50 Jahren am stärksten wachsen. Während 1991 noch jede/r Fünfte dieser Gruppe zuzurechnen war, wird dies 2050 bereits auf jede/n Dritte/n zutreffen. Der Anteil der Altersgruppe 45-59 Jahre an der Gesamtbe-

[171] Quelle: Wallace 2005

völkerung wird nahezu konstant bleiben, die Bevölkerung unter 45 Jahren anteilsmäßig kontinuierlich sinken.[172]

Grafik 101 Anteil der Altersgruppen an der Wohnbevölkerung in Prozent, 1991-2050[1]

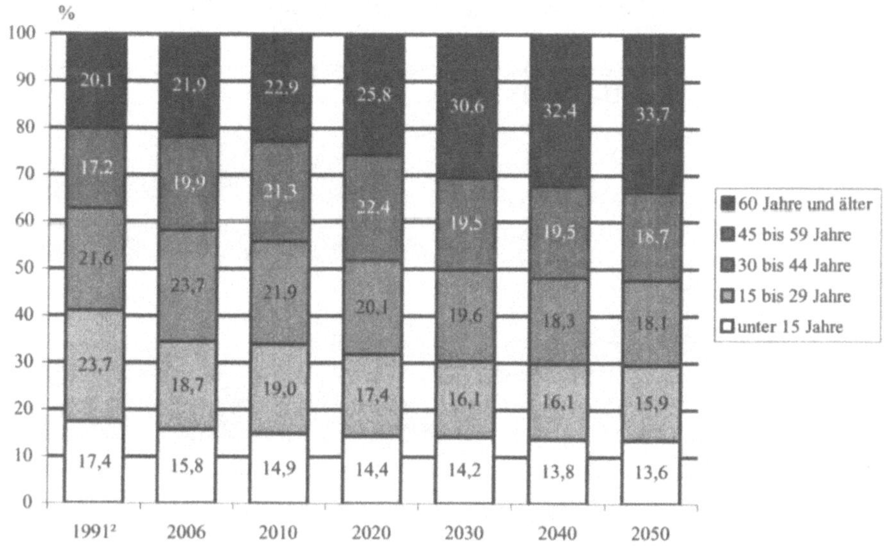

[1] Werte 2006 - 2050: Prognose Hauptszenario (mittlere Fertilität, Lebenserwartung, Zuwanderung), Jahresdurchschnitt
[2] Volkszählung, Stichtag 15. 5.
Quelle: Statistik Austria

Auch die Wirtschaft hat bereits begonnen, sich auf die veränderte Altersstruktur einzustellen,[173] da die über 60-jährigen die Nachfragestruktur nachhaltig beeinflussen.[174] Ältere Konsument/innen legen besonderen Wert auf Sicherheit, Wohlbefinden, Orientierung sowie umfassende Information in Bezug auf ein Produkt.[175] Gemeinsam ist der Schicht der älteren Konsument/innen, dass sie nach einem erkennbaren Mehrwert, der hohe Geldausgaben rechtfertigt,

[172] Quelle: Statistik Austria 2006

[173] Quelle: Hehenberger 1997

[174] Quelle: Burger 2004

[175] Quelle: Kaapke/Schäfer 2002

suchen.[176] Dabei gilt die „ältere“ Bevölkerung als weniger preissensibel[177] und verfügt zudem über das höchste frei verfügbare Einkommen.[178]

Im Vergleich entspricht die österreichische Alterstruktur dem Durchschnitt der EU-25-Länder, wobei für das Jahr 2030 in Österreich ein geringfügig höherer Anteil an Personen über 60 Jahren zu verzeichnen sein wird.[179]

Grafik 102 Anteil der Bevölkerung nach Altersgruppen in Prozent, Österreich und EU-25, 2005/2030[1]

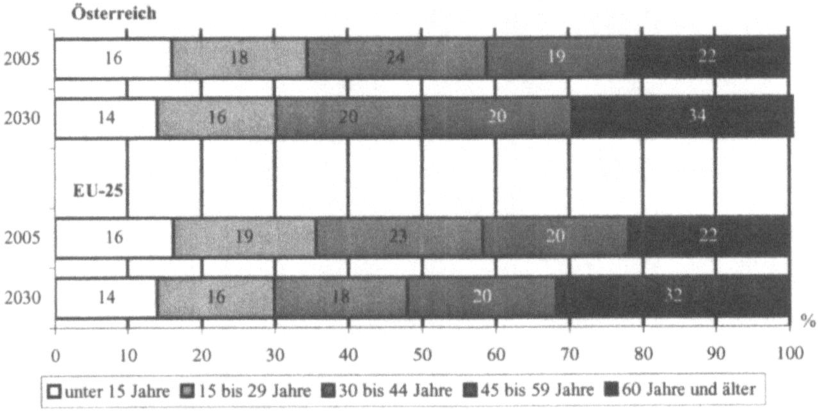

Anmerkung: Die Prognosemethode von Eurostat ist nicht direkt vergleichbar mit den Berechnungen der Statistik Austria.
[1] Prognose: Basis 2005; Basisvariante (Stand per 1. Jänner)
Quelle: Eurostat

5.1.4 Bildungsniveau

Im Jahr 2005 hatten rd. 29 % der österreichischen Bevölkerung als höchste abgeschlossene Ausbildung eine Pflichtschule vorzuweisen, weitere rd. 34 % eine Lehre.

---

[176] Quelle: FfH Berlin 2000

[177] Quelle: FfH Berlin 2000

[178] Quelle: Maurer 2002

[179] Quelle: Eurostat 2006

Betrachtet man das österreichische Bildungsniveau der letzten 25 Jahre, so stellt man fest, dass der Anteil an Personen mit einer Pflichtschulausbildung als höchste abgeschlossene Schulbildung rückgängig ist, während die Anteile in höheren Bildungsniveaus stetig steigen. Bereits rd. 9,6 % der Bevölkerung verfügten 2005 über einen Hochschulabschluss.[180]

Grafik 103 Anteil der Wohnbevölkerung (15 Jahre und älter) nach der höchsten abgeschlossenen Ausbildung in Prozent, 1981 – 2005[1]

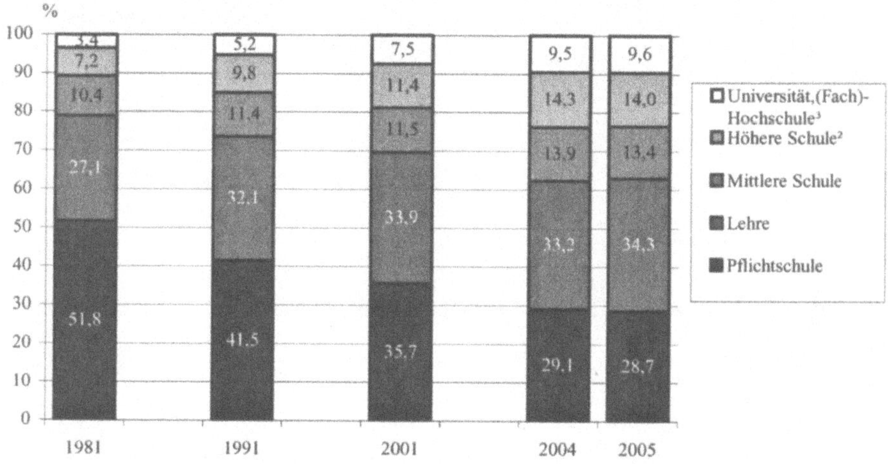

[1] Hochrechnung der KMU FORSCHUNG AUSTRIA auf Basis Statistik Austria, Mikrozensus (aktuellste verfügbare Daten)
[2] Höhere Schule = Allgemein bildende und berufsbildende höhere Schulen
[3] Universität, (Fach-)Hochschule = inkl. hochschulverwandte Lehranstalten
Quelle: Statistik Austria

5.1.5 Berufstätigkeit

Im Jahr 2005 waren mehr als zwei Drittel der Österreicher/innen zwischen 15 und 64 Jahren erwerbstätig.

Der Langzeitvergleich zeigt, dass die Erwerbsquote bei den Männern ab dem Jahre 2000 rückläufig war. Die Erwerbstätigkeit der Frauen steigt jedoch seit

[180] Quelle: Statistik Austria 2006

dem Jahre 1997 kontinuierlich an. Insgesamt gibt es einen leichten Aufwärtstrend bei der Erwerbsquote.[181]

Grafik 104 Beschäftigungsquote[1], Österreich 1997-2005

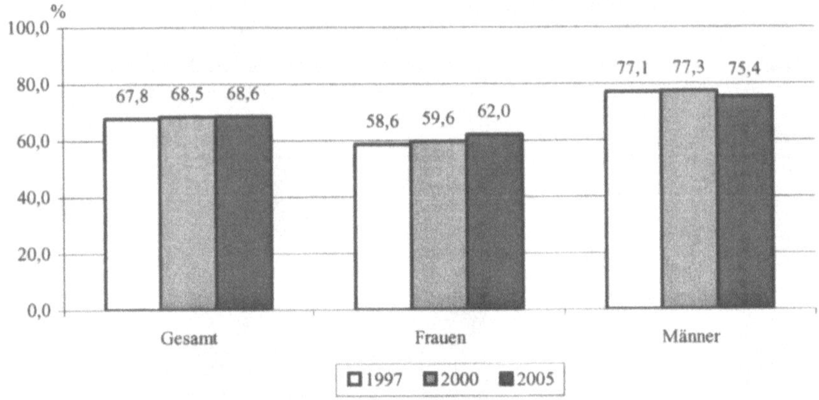

[1] Anteil der Erwerbstätigen im Alter zwischen 15 und 64 Jahren an der Gesamtbevölkerung derselben Altersgruppe
Quelle: Eurostat

Die Beschäftigungsquote in Österreich war 2005 höher als im EU-25 Durchschnitt. Der Anteil der erwerbstätigen Frauen lag in Österreich sogar um rd. 6 %-Punkte höher.

Innerhalb der EU-25 war 2005 die Bandbreite sehr groß, während Dänemark, Niederlande, Schweden und Norwegen Erwerbsquoten über 70 % verzeichneten, waren in der Slowakei, Italien, Ungarn und Polen weniger als 60 % der Bevölkerung erwerbstätig.[182]

[181] Quelle: Eurostat 2006

[182] Quelle: Eurostat 2006

Grafik 105 Beschäftigungsquote[1] in ausgewählten europäischen Ländern, 2005

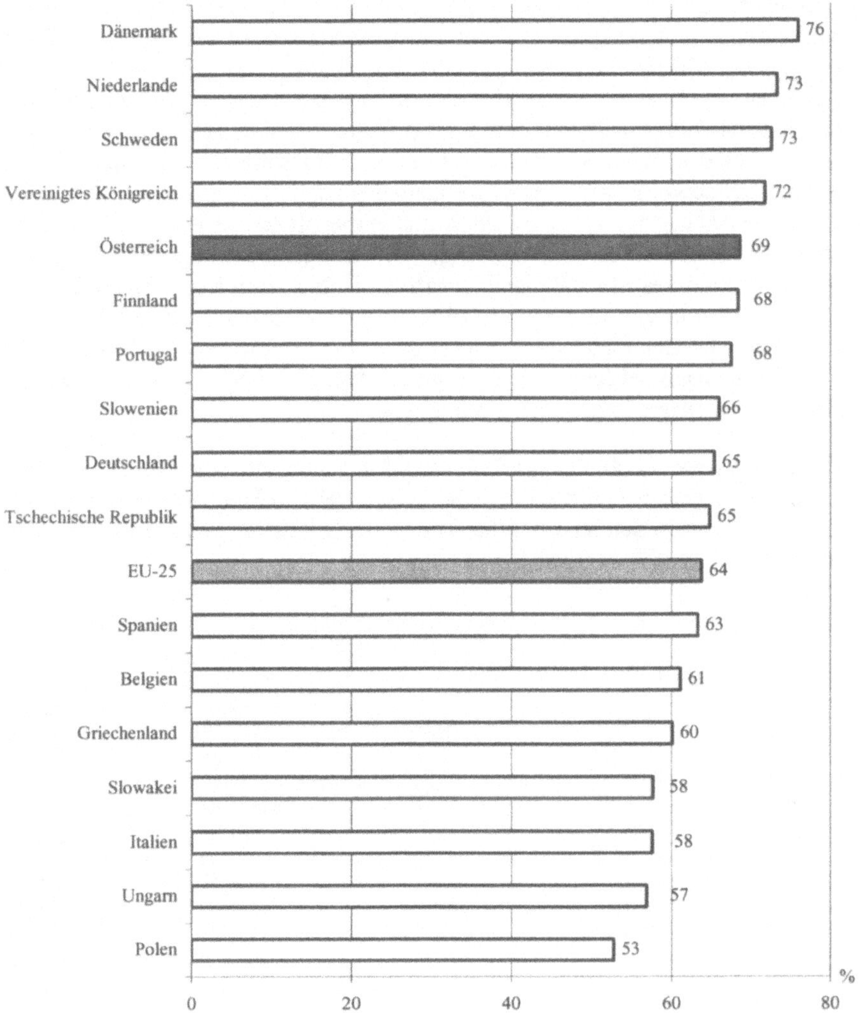

[1] Anteil der Erwerbstätigen im Alter zwischen 15 und 64 Jahren an der Gesamtbevölkerung derselben Altersgruppe
Quelle: Eurostat

5.1.6 Arbeitslosenquote

Studien für Deutschland stellten fest, dass ein reziproker Zusammenhang zwischen der Arbeitslosigkeit und der Entwicklung der Einzelhandelsumsätze besteht. Eine Erklärung dieser statistischen Korrelation liegt in dem mit der Arbeitslosigkeit verbundenen Einkommensverlust der Betroffenen. Die sich dadurch ergebende Einschränkungen im privaten Bereich schlagen sich wiederum in sinkenden Einzelhandelsumsätzen nieder. Ein statistisch messbarer Einfluss ergibt sich sowohl zwischen Einzelhandelsumsatz und privatem Verbrauch als auch zwischen privatem Verbrauch und Arbeitslosenzahlen. Je höher der Anstieg der Arbeitslosen umso geringer die Steigerungsraten des privaten Verbrauchs sowie des Einzelhandelsumsatzes. Zu beachten ist hier jedoch, dass der private Konsum und in weiterer Folge die Umsatzentwicklung im Einzelhandel nicht nur von der Höhe der Arbeitslosenquote beeinflusst wird, sondern auch von der Konsumneigung, der Sparquote, dem privatem Vermögen, den staatlichen Transferleistungen, etc. abhängig ist.[183]

Die Arbeitslosenquote in Österreich (rd. 5,2 %) lag im Jahr 2005 deutlich unter dem EU-25-Durchschnitt (rd. 8,8 %). Trotz der niedrigen Arbeitslosenquote in Österreich war in den letzten Jahren ein stetiger Anstieg des Anteils der Arbeitslosen an den Erwerbspersonen zu verzeichnen.[184]

Grafik 106 Arbeitslosenquote[1], Österreich und EU-25 in Prozent, 2000-2005

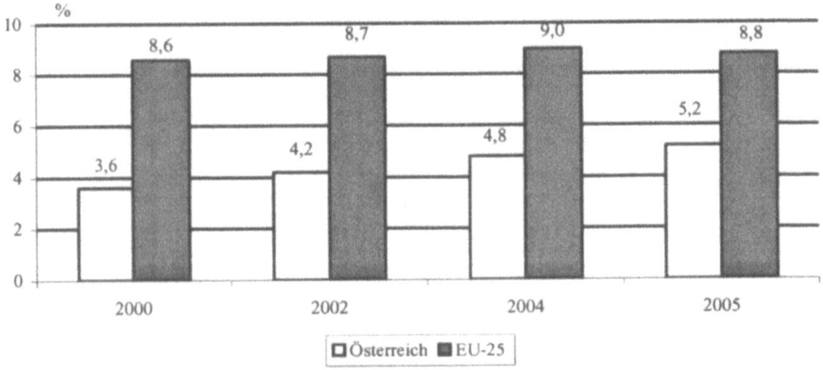

[1] Anteil der Arbeitslosen zwischen 15 und 74 Jahren an den Erwerbspersonen in Prozent
Quelle: Eurostat

---

[183] Quelle: Schuckel 1997

[184] Quelle: Eurostat 2006

Mit einer durchschnittlichen Arbeitslosenquote im Jahr 2005 von unter 5 % wiesen die Niederlande, Dänemark und das Vereinte Königreich die geringste Arbeitslosigkeit im EU-25-Raum auf. In der Slowakei und in Polen waren hingegen mehr als 10 % der Erwerbsbevölkerung arbeitslos.[185]

185 Quelle: Eurostat 2006

Grafik 107 Arbeitslosenquote[1] in ausgewählten europäischen Ländern in Prozent, 2005

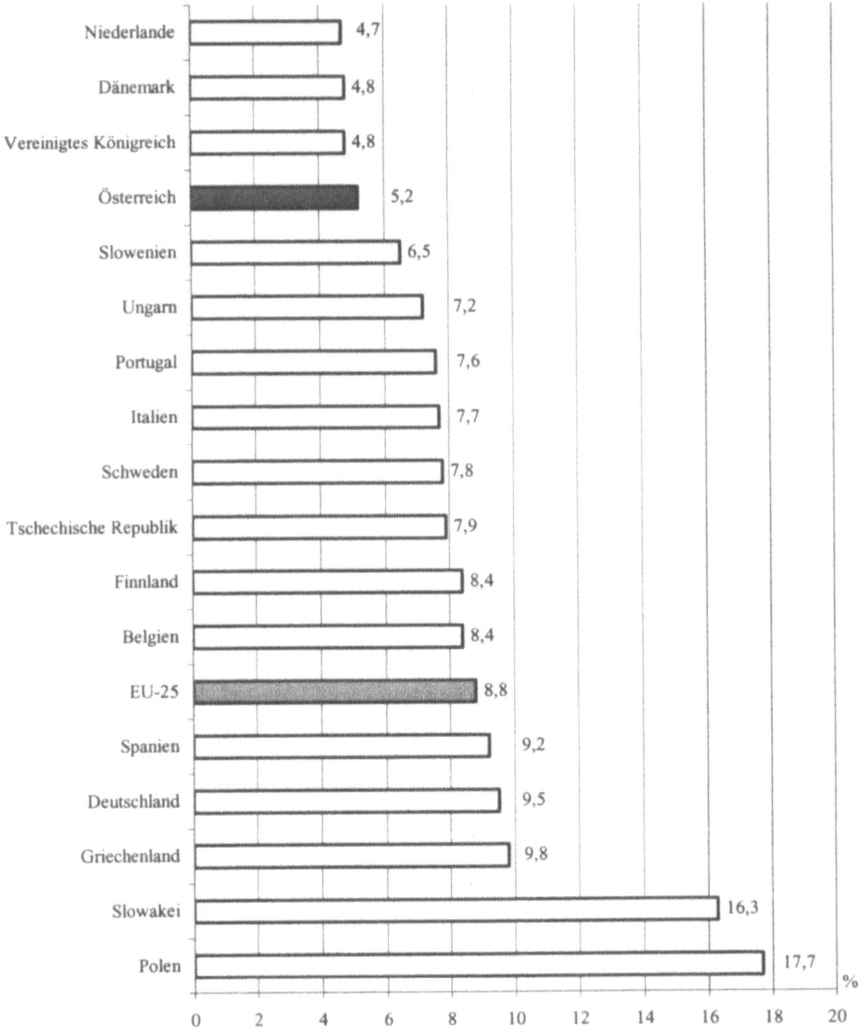

[1] Anteil der Arbeitslosen zwischen 15 und 74 Jahren an den Erwerbspersonen in Prozent
Quelle: Eurostat

Laut nationaler Definition[186] stieg die durchschnittliche Arbeitslosenrate in Österreich im Jahr 2005 auf rd. 7,3 %.[187] Das österreichische Institut für Wirtschaftsforschung prognostizierte für 2006 einen Rückgang der Arbeitslosenrate auf rd. 6,9 % und für 2007 auf rd. 6,8 %.[188]

5.1.7 Einkommen

Für die effektive Kaufkraft der privaten Haushalte ist die sozioökonomische Größe des verfügbaren Einkommens entscheidend. Das verfügbare Haushaltseinkommen wird für den privaten Verbrauch bzw. zum Sparen verwendet und ist somit die entscheidende Basis für die Gesamtnachfrage innerhalb einer Volkswirtschaft und damit der Verkaufsmöglichkeiten von Industrie und Handel.[189]

In den letzten Jahren ist ein kontinuierlicher Anstieg des Medians des Bruttogehalts der Österreicher/innen zu beobachten. Im Jahr 2005 betrug das monatliche Medianeinkommen der Österreicher/innen rd. € 2.008,-. Das Brutto-Einkommen der Frauen lag dabei mit rd. € 771,- deutlich unter dem Durchschnittsgehalt der Männer. Dies kann vor allem auf die steigende Teilzeitbeschäftigung bei Frauen zurückgeführt werden.[190]

---

186 Arbeitslose in Prozent der unselbständig Erwerbspersonen

187 Quelle: Arbeitsmarktservice Österreich 2005

188 Quelle: Österreichisches Institut für Wirtschaftsforschung 2006

189 Quelle: Eggert 1999

190 Quelle: Hauptverband der österreichischen Sozialversicherungsträger 2006

Grafik 108 Median des monatlichen Brutto-Einkommens[1] in €, 2000-2005

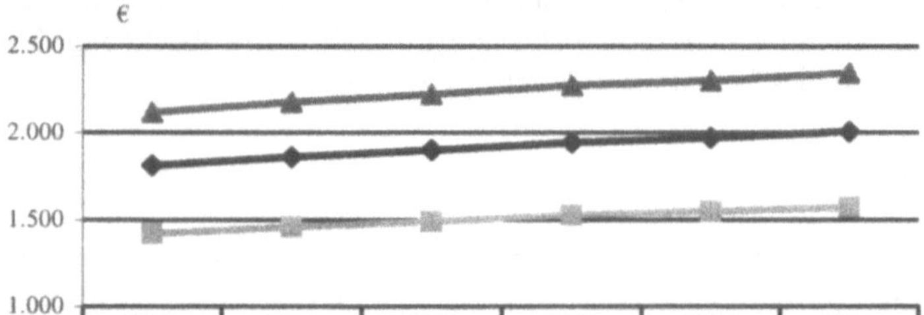

	2000	2001	2002	2003	2004	2005
Arbeiter/Angestellte	1.812	1.860	1.901	1.944	1.972	2.008
Frauen	1.420	1.460	1.492	1.528	1.549	1.573
Männer	2.118	2.177	2.221	2.273	2.302	2.344

[1] Mittleres Monatseinkommen (einschließlich Sonderzahlungen, 12x jährlich); ohne Lehrlinge und geringfügig Beschäftigte
Quelle: Hauptverband der österreichischen Sozialversicherungsträger

Die nachfolgende Grafik zeigt, dass ein Viertel der Erwerbstätigen mit einem monatlichen Einkommen von höchstens € 1.390,- auskommen müssen, hingegen ein Viertel der Österreicher/innen mehr als € 2.762,- monatlich verdient. Trotz der steigenden monatlichen Brutto-Einkommen in Österreich haben sich die Einkommensunterschiede weiter vergrößert.[191]

Grafik 109 Monatliche Brutto-Einkommen[1] nach Quartilen in €, 2000 - 2005

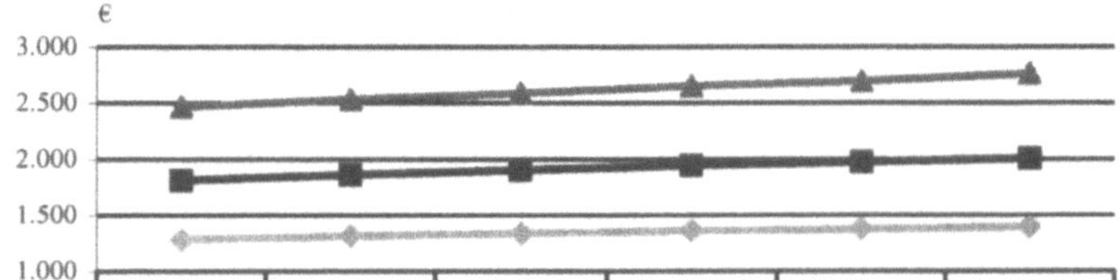

	2000	2001	2002	2003	2004	2005
Quartil 25	1.285	1.312	1.337	1.356	1.371	1.390
Median	1.812	1.860	1.901	1.944	1.972	2.008
Quartil 75	2.469	2.536	2.589	2.655	2.698	2.762

[1] Mittleres Monatseinkommen (einschließlich Sonderzahlungen, 12x jährlich), ohne Lehrlinge und geringfügig Beschäftigte
Quelle: Hauptverband der österreichischen Sozialversicherungsträger

[191] Quelle: Österreichisches Institut für Wirtschaftsforschung 2006

5.1.8 Sparquote

Die Sparquote der privaten Haushalte ist seit dem Jahre 2002 in Österreich kontinuierlich angestiegen. Prognosen für das Jahr 2006 gehen von einem weiteren Anstieg der Sparquote auf rd. 9,5 % aus.[192]

Gründe für den Anstieg der Sparquote liegen zum einen beim Vorsichtssparen der Österreicher/innen und zum anderen beim Zunehmen der Anlage von eigener Altersvorsorge.[193]

Grafik 110 Sparquote der privaten Haushalte[1] in Prozent des verfügbaren Einkommens, 2002 - 2007

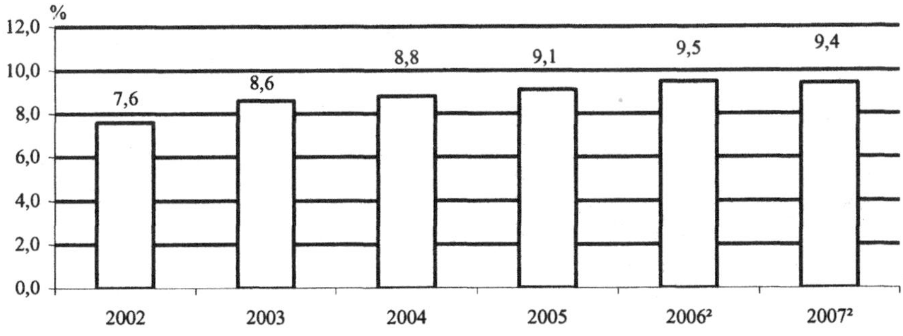

[1] einschließlich Zunahme betrieblicher Versorgungsansprüche
[2] Prognose für 2006 und 2007
Quelle: Österreichisches Institut für Wirtschaftsforschung

Im Jahr 2006 wuchs das Geldvermögen der Österreicher/innen auf rd. € 367 Mrd an und verzeichnete damit einen Anstieg von rd. 6 % gegenüber dem Vorjahr. Die Hälfte des privaten Vermögens in Österreich verteilte sich auf Sparbücher bzw. auf Bargeld. Rd. 85 % aller Haushalte hatten 2006 Sparbücher, auf die in Summe Einlagen in Höhe von rd. € 132 Mrd entfielen.

Im Sparverhalten der Österreicher/innen spiegelt sich ein Sicherheitsdenken wider. Trotzdem konnte in den letzten zwei Jahren eine Trendwende beobachtet werden – die Nachfrage am Wertpapiermarkt stieg kontinuierlich an.[194]

192 Quelle: Österreichisches Institut für Wirtschaftsforschung 2006

193 Quelle: Österreichische Nationalbank 2006

194 Quelle: Österreichische Nationalbank 2006

Grafik 111 Geldvermögen der privaten Haushalte in Österreich in Prozent, Stand 30.6.2006

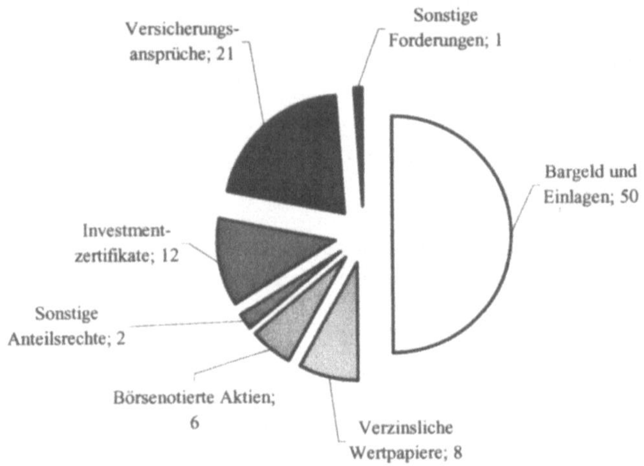

Quelle: Österreichische Nationalbank

Im Vergleich mit ausgewählten EU-Ländern wies Österreich 2005 den höchsten Anteil von Bargeld und Einlagen am gesamten Vermögen der privaten Haushalte auf. Auch in Deutschland war der Anteil von Bargeld und Einlagen relativ hoch im Vergleich zu den anderen Ländern, jedoch spielte die private Altersvorsorge (Versicherungsansprüche) bereits eine bedeutendere Rolle. In Schweden dominierten bereits Aktien und Investmentzertifikate als Anlageformen.[195]

---

[195] Quelle: Österreichische Nationalbank 2006

Grafik 112 Unterschiede des Geldvermögens der privaten Haushalte im Ländervergleich in Prozent, 2005

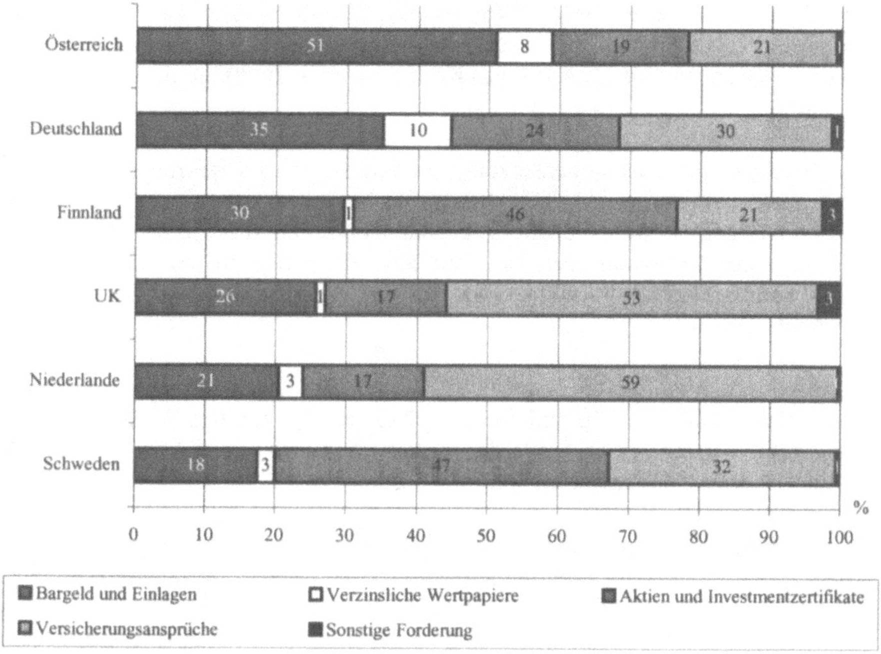

Anmerkung: Rundungsdifferenzen nicht ausgeglichen
Quelle: Österreichische Nationalbank

Auf der anderen Seite stieg die Zahl der Privatkonkurse im Jahr 2006 um rd. 20 % weiter an. In den ersten drei Quartalen 2006 wurden in Summe rd. 4.700 Insolvenzverfahren eröffnet. Auffällig war laut Kreditschutzverband von 1870, dass die Zahlungsunfähigkeit bei jungen Leuten zwischen 20 und 30 Jahren besonders stark anstieg. Trotz des enormen Anstiegs der Fälle insgesamt (rd. 20 %) erhöhte sich die Gesamtverschuldung in Österreich um rd. 5 %, was einen Rückgang der durchschnittlichen Schulden pro Fall bedeutet.[196]

196 Quelle: Kreditschutzverband von 1870 2006

5.1.9 Kaufkraft

Im Jahr 2005 belief sich das nominelle Kaufkraftvolumen der österreichischen Bevölkerung auf rd. € 116 Mrd. Im Vergleich zum Vorjahr kam es zu einer Steigerung von rd. 3,7 %. Die Kaufkraft je Einwohner/in erhöhte sich dabei um rd. 2,9 % und betrug rd. € 14.100 pro Kopf bzw. rd. € 16.800 je Einwohner/in ab 15 Jahren.

Eine Analyse der Zusammensetzung der Kaufkraft in Österreich zeigt, dass diese zum überwiegenden Teil (rd. 87 %) aus Einkünften aus nichtselbstständiger Arbeit (Löhne, Gehälter, Pensionen) besteht. Weitere rd. 6 % machen Einkünfte aus selbstständiger Tätigkeit aus. Rd. 5 % sind Transferleistungen (z. B. Familienbeihilfe) und jeweils rd. 1 % machen Arbeitslosengeld und Notstandshilfe aus.

Im Bundesländervergleich liegt Wien mit einem Kaufkraftindex von 110,2 (Österreich = 100) mit Abstand an der Spitze, gefolgt von Niederösterreich und Vorarlberg. An der vierten Stelle der Reihung befindet sich Salzburg, den fünften Platz nimmt Oberösterreich ein.

Die stärksten Steigerungen je Einwohner/in konnte 2005 gegenüber dem Vorjahr das gleichzeitig einkommensschwächste Bundesland Kärnten erzielen (rd. 3,8 %). Ein Kaufkraftwachstum von jeweils rd. 3,5 % gab es in Tirol, Oberösterreich und Niederösterreich. Zur geringsten Steigerung kam es demgegenüber im vergleichsweise einkommensstarken Wien. [197]

[197] Quelle: KMU FORSCHUNG AUSTRIA – Regionaldatenbank 2006

Grafik 113 Kaufkraftindex in den österreichischen Bundesländern, 2005 (Österreich = 100)

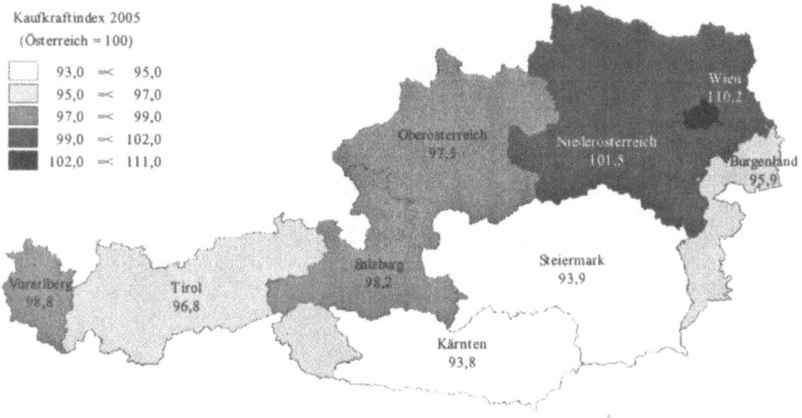

Quelle: KMU FORSCHUNG AUSTRIA-Regionaldatenbank

Eine Betrachtung der Veränderung des Kaufkraftindex (Österreich = 100) zwischen 2004 und 2005 zeigt folgendes Bild: Der Indexwert verbesserte sich in allen Bundesländern mit zwei Ausnahmen. In Salzburg blieb der Index konstant und in der Bundeshauptstadt Wien verringerte er sich. Zu beachten ist hier allerdings, dass die Kaufkraft in Wien absolut betrachtet einen Anstieg von rd. 3,1 % aufwies. Da die Kaufkraft im gesamten Bundesgebiet jedoch um rd. 3,7 % anstieg, verringerte sich der Index-Wert für Wien.

Des Weiteren fiel die Pro-Kopf-Erhöhung in Wien im Vergleich zu den anderen Bundesländern bedingt durch das stärkere Bevölkerungswachstum zwischen 2004 und 2005 in der Bundeshauptstadt (rd. 1,7 %) geringer aus.[198]

[198] Quelle: KMU FORSCHUNG AUSTRIA – Regionaldatenbank 2006

Grafik 114 Kaufkraft je Einwohner/in nach Bundesländern 2005, Index 2004 – 2005 (Österreich = 100)

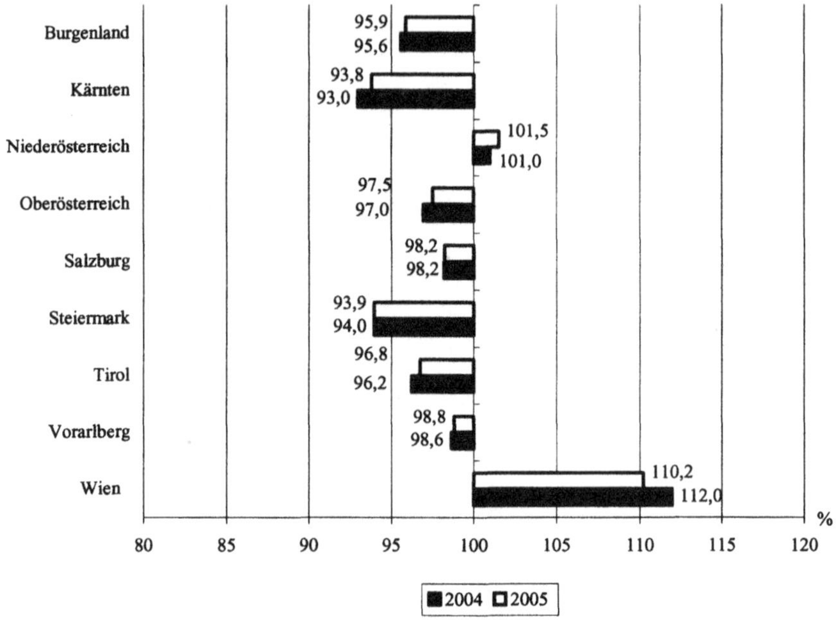

Quelle: KMU FORSCHUNG AUSTRIA-Regionaldatenbank

Im Vergleich zu ausgewählten europäischen Ländern lag die Kaufkraft 2005 in Österreich (preisbereinigt) hinter Liechtenstein, Luxemburg und der Schweiz an vierter Stelle und um rd. 23 % über der durchschnittlichen Kaufkraft der EU-25. Die durchschnittliche Kaufkraft aller europäischen Länder lag mit einem Indexwert von 69 (Index: EU-25=100) deutlich unter dem EU-25-Durchschnitt. Die geringste Kaufkraft wiesen 2005 die osteuropäischen Länder auf.[199]

[199] Quelle: Fessel-Gfk 2005

Grafik 115 Kaufkraftindex (preisbereinigt[1]) in ausgewählten europäischen Ländern (Index: EU-25 = 100), 2005

[1] Kaufkraft nach Europaritäten: unterschiedliche Preisniveaus und Lebenshaltungskosten bereits berücksichtigt
Quelle: Fessel-Gfk

5.1.10 Konsumausgaben

Die Konsumausgaben der Österreicher/innen verzeichneten 2005 mit einem Plus von rd. 1,7 % einen geringeren Anstieg als im Jahr davor (rd. 1,9 %). Für die Jahre 2006 und 2007 werden weitere Steigungen der Konsumausgaben in Höhe von rd. 1,9 % bzw. rd. 2,1 % prognostiziert.[200]

Grafik 116 Veränderung der privaten Konsumausgaben in Prozent zum Vorjahr (real), 2001 – 2007

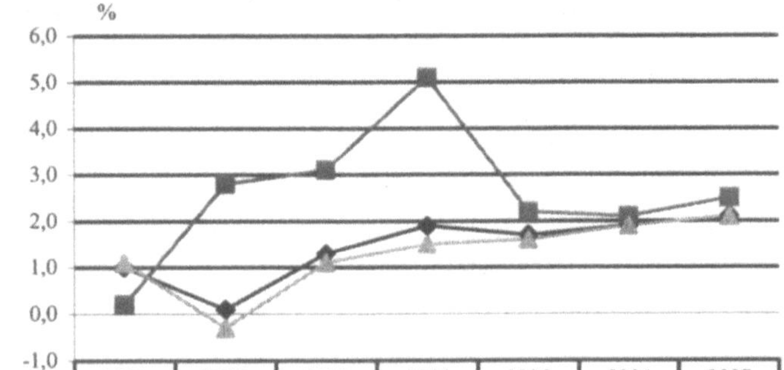

	2001	2002	2003	2004	2005	2006	2007
Private Konsumausgaben	1,0	0,1	1,3	1,9	1,7	1,9	2,1
Dauerhafte Konsumgüter	0,2	2,8	3,1	5,1	2,2	2,1	2,5
Nichtdauerhafte Konsumgüter	1,1	-0,3	1,1	1,5	1,6	1,9	2,1

Quelle: Österreichisches Institut für Wirtschaftsforschung

Die monatlichen durchschnittlichen Verbrauchsausgaben aller privaten Haushalte betrugen laut aktueller Konsumerhebung 2004/2005 der Statistik Austria rd. € 2.540 pro Haushalt. Der größte Anteil der Verbrauchsausgaben entfiel dabei auf den Bereich Wohnen (rd. 22 %). Für Verkehr/Kommunikation tätigten die Österreicher/innen Ausgaben in Höhe von rd. 16 % ihrer Gesamtausgaben. Die einzelhandelsrelevanten Ausgabenkategorien Ernährung (inkl. alkoholfreier Getränke), Bekleidung, alkoholische Getränke und Wohnungsausstattung kumulierten sich auf rd. 28 % der Gesamtausgaben.[201] Zu berücksichtigen ist hierbei jedoch einerseits, dass Produkte aus diesen Kategorien nicht zwingend im

---

[200] Quelle: Österreichisches Institut für Wirtschaftsforschung 2006

[201] Quelle: Statistik Austria 2006

Einzelhandel gekauft und andererseits, dass u. a. in die Kategorie Freizeit/Sport/ Hobby einzelhandelsrelevante Artikel miteinbezogen wurden.

Grafik 117 Monatliche Verbrauchsausgaben der privaten Haushalte, 2004/2005

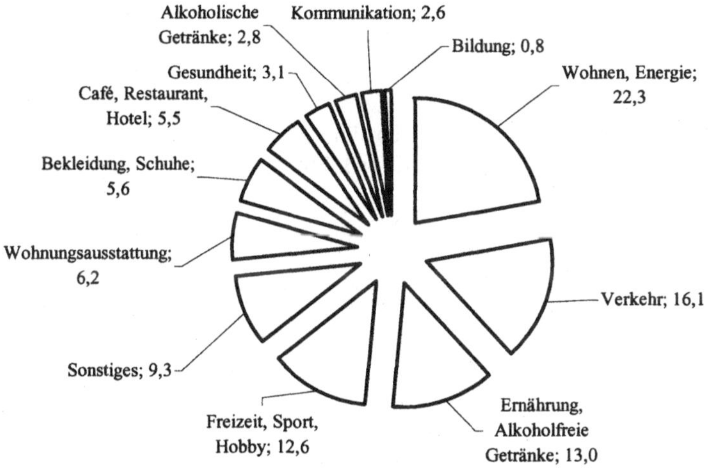

Quelle: Statistik Austria

Im Vergleich zur Konsumerhebung 1999/2000 stiegen die durchschnittlichen Haushaltsausgaben nominell um rd. 4,3 % (von rd. € 2.440 auf rd. € 2.540). Unter Berücksichtigung der Inflationsraten bedeutet dies einen realen Rückgang um rd. 5,7 %.

Der Anteil der einzelhandelsrelevanten Ausgaben an den Gesamtausgaben verzeichnete im Langfristvergleich einen Rückgang. Während diese im Untersuchungszeitraum 1993/1994 noch rd. 35 % ausmachten, betrugen diese 1999/2000 rd. 30 % und 2004/2005 rd. 28 %.[202]

5.2 Die Nachfrageseite im Großhandel

Die Kunden des Großhandels sind generell andere Handelsunternehmen, Weiterverarbeiter, gewerbliche Verbraucher oder behördliche Großverbraucher und nicht - wie es im Einzelhandel der Fall ist - private Haushalte.[203] Zum Teil

---

[202] Quelle: Statistik Austria 2006

[203] Quelle: Nieschlag/Dichtl/Hörschgen 2002

kann der Kundenstamm des Großhandels auch aus privaten Abnehmern bestehen, schon weil der Großhändler beim Verkauf zwar eine Unterscheidung zwischen gewerblichen und privaten Kunden trifft, die Verwendung der Waren aber tatsächlich durch den Großhändler nicht überprüft werden kann.[204]

5.2.1 Kundenstruktur

Mit rd. 32 % des Umsatzvolumens stellte 2006 der Einzelhandel die größte Kundengruppe des österreichischen Großhandels dar, gefolgt vom Gewerbe & Handwerk (rd. 28 %) und der Industrie (rd. 20 %).[205]

Grafik 118 Umsatzverteilung nach Kundengruppen im Großhandel in Prozent, 2006

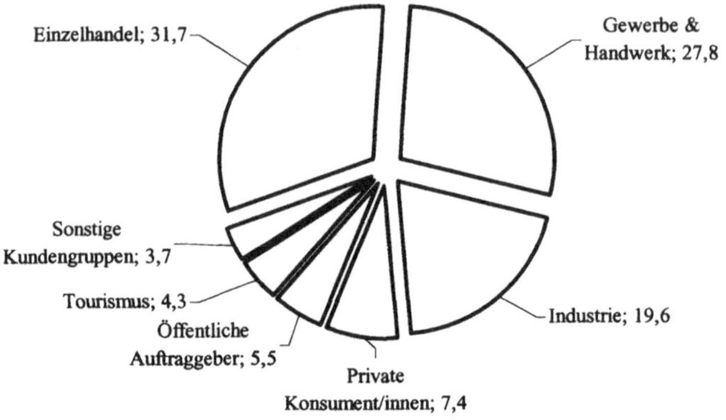

Quelle: KMU FORSCHUNG AUSTRIA

Eine überdurchschnittlich hohe Bedeutung hatte der Einzelhandel 2006 für den Großhandel mit Nahrungsmitteln, Getränken und Tabakwaren (rd. 58 % des Umsatzes) und für den Großhandel mit Gebrauchs- und Verbrauchsgütern (Anteil rd. 49 %). Das Gewerbe & Handwerk war hingegen im Großhandel mit Rohstoffen, Halbwaren und Altmaterialien mit einem Umsatzanteil von rd. 45 % die wichtigste Kundengruppe. Industrieunternehmen wiesen für den Großhandel mit Maschinen, Ausrüstung und Zubehör einen überdurchschnittlich hohen Umsatzanteil (rd. 35 % des Gesamtumsatzes) aus.

---

204 Quelle: Fiala 2001

205 Quelle: KMU FORSCHUNG AUSTRIA 2006b

Mit den Top-10-Kunden erwirtschafteten die Großhandelsunternehmen 2006 im Durchschnitt rd. 45 % ihres Umsatzes, wobei dieser Wert nach Größenklassen stark differiert. Während in Kleinstunternehmen (bis zu 9 unselbstständig Beschäftigte) durchschnittlich rd. 60 % des Umsatzes mit den Top-10-Kunden erzielt wurden, waren es bei den Kleinunternehmen (bis 49 Beschäftigte) rd. 46 % und bei den Mittel- und Großunternehmen (50 und mehr unselbstständig Beschäftigte) rd. 38 %.

Der rückläufige Umsatzanteil der Top-10-Kunden bei steigender Unternehmensgröße spiegelt sich auch in den unterschiedlichen Strukturen der Großhandelsbranchen wider. Während der kleinbetrieblich organisierte Bereich der Handelsvermittlung im Durchschnitt rd. 70 % des Umsatzes 2006 mit den Top-10-Kunden erwirtschaftete, war die „Abhängigkeit" von den größten Kunden im Großhandel mit landwirtschaftlichen Grundstoffen und lebenden Tieren - der Branche mit der größten durchschnittlichen Unternehmensgröße – am geringsten (Umsatzanteil der Top-10-Kunden: rd. 39 %).[206]

5.2.2 Wirtschaftliche Situation der Kundensektoren

Die wirtschaftliche Entwicklung der einzelnen Kundensektoren zeigte in den Vergleichsjahren 1999-2005 eine nahezu parallele Entwicklung zum Großhandel, wobei das konjunkturelle Wachstum im Großhandel stärker ausgefallen ist.

Die stärkste statistische Korrelation besteht zwischen der konjunkturellen Entwicklung im Großhandel und der im Gewerbe & Handwerk - neben dem Einzelhandel der zweitwichtigste Kundensektor des österreichischen Großhandels. Hier kann gefolgert werden, dass je höher das Wachstum im Gewerbe & Handwerk ausfällt, desto höher auch der Anstieg im Großhandel ist.

Im Gegensatz dazu weisen die Entwicklungen im Groß- und Einzelhandel eine schwache Korrelation auf. Dies liegt u. a. darin begründet, dass zwar der Einzelhandel für den Großhandel eine wichtige Kundengruppe (wenn auch nicht in allen Branchen) darstellt, jedoch daraus nicht gefolgert werden kann, dass der Großhandel auch für den Einzelhandel der wichtigste Lieferant ist, da z. B. große filialisierte Einzelhandelsunternehmen ihre Waren zum Teil direkt vom Hersteller beziehen.

---

206 Quelle: KMU FORSCHUNG AUSTRIA 2006b

Die konjunkturelle Entwicklung im Tourismus „beeinflusst" den Großhandel weniger stark, da der durchschnittliche Umsatzanteil dieser Kundengruppe gering ist.[207]

Grafik 119 Konjunkturelle Entwicklung der Kundensektoren des Großhandels 1999-2005 (Index 100=1999)

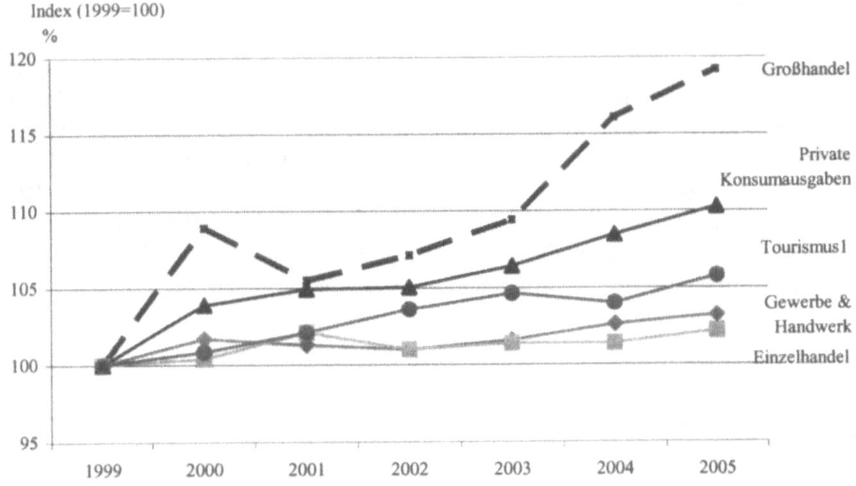

[1] Tourismus: Entwicklung der Nächtigungszahlen
Anmerkung: Für die Industrie standen keine vergleichbaren Daten zur Verfügung.
Quellen: KMU FORSCHUNG AUSTRIA, Statistik Austria

[207] Quelle: Berechnungen der KMU FORSCHUNG AUSTRIA 2006

6 Schwerpunkt Großhandel

- **Dienstleistungsangebot als größtes Profilierungspotenzial des Großhandels**
  - 88 % der Unternehmen erbringen Beratungsleistungen
  - 81 % der Unternehmen bieten Kundenbetreuung durch Außendienstmitarbeiter an
- **Logistik als zentrale Aufgabe des Großhandels**
  - 38 % der Unternehmen verfügen über eigenen Logistik-Fuhrpark
- **Optimierungsmöglichkeiten durch Internetnutzung**
  - 83 % der Unternehmen nutzen Internet für Bankgeschäfte
  - 68 % für Warenbeschaffung
  - 67 % für Werbung bzw. Warenpräsentation
- **Konkurrenz auch branchenfremd durch Vorwärts- und Rückwärtsintegration**
  - 48 % bewerten Konkurrenz durch Hersteller als stark
  - 27 % bewerten Konkurrenz durch Einzelhandel als stark
- **Internationalisierung der Unternehmen zur Generierung ökonomischen Nutzens**
  - Import: 64 % der Waren (wertmäßig)
  - Export: 20 % der Waren (wertmäßig)

Daten: Jahr 2006

Der Funktion und Bedeutung des Großhandels wird in der Öffentlichkeit wenig Beachtung geschenkt. Anders, als dies beim Einzelhandel der Fall ist, prägt der Großhandel nur in Ausnahmefällen das Stadtbild und seine Bedeutung kann nicht anhand von z. B. Verkaufsflächen festgemacht werden, weshalb der Großhandel z. T. als „unbekannte Branche" bezeichnet wird.[208]

So existierte über den österreichischen Großhandel bis dato nur wenig an detaillierten Daten und Fakten. Um diese Forschungslücke zu schließen, werden im folgenden Kapitel sowohl die relevante Forschungsliteratur als auch die Ergebnisse einer umfangreichen Primärerhebung der KMU FORSCHUNG AUSTRIA im Herbst 2006 unter 638 österreichischen Großhändler/innen präsentiert.

6.1 Leistungs- insbesondere Dienstleistungsangebot

Eine vordergründige Funktion des Großhandels stellt die Sortimentsfunktion dar. Hersteller können in der Regel nur ein begrenztes Warenprogramm herstellen bzw. anbieten, durch die Distributionsstufe des Großhandels haben die Kunden zu Warengruppen und Produkten mehrerer Hersteller Zugriff.[209]

Weitere wichtige Funktionen, die der Großhandel im Distributionskanal übernimmt, sind die so genannten Zeit- und Raumüberbrückungsfunktion. Darunter werden Lagerhaltung und Transport der Waren verstanden. Eine entsprechend umfangreiche Lagerhaltung und der Transport der Waren wären für Einzelhandelsunternehmungen in „Eigenregie" aufgrund des dafür nötigen Zeit-, Personal- und Kosteneinsatzes zumeist (insbesondere für Klein- und Mittelunternehmen) nicht effizient. Die Ausnahme stellen hier natürlich große filialisierte Einzelhandelsunternehmen dar, die den Großteil der Logistikaufgaben unternehmensintern abwickeln.

Eine im Großhandel zunehmend wichtiger werdende Funktion stellt die Informations-, Service- und Beratungsfunktion dar.[210] Für den Großhandel – insbesondere für Klein- und Mittelunternehmen aufgrund ihrer geringen Marktmacht - sind gute Lieferanten- und Kundenbeziehungen eine wichtige Grund-

---

208 Quelle: Spannagel 2003

209 Quellen: Müller-Hagedorn/Spork 2000, Sonderhof 2002

210 Quelle: Sonderhof 2002

lage der Beschaffungs- und Absatzposition, weshalb dem Beziehungsmarketing ein besonderer Stellenwert zukommt.[211]

Serviceleistungen als Teilbereich des Dienstleistungsangebots des Großhandels werden vermehrt als Zusatzleistungen zum Zwecke der Förderung der Hauptleistung angeboten, um die Produktnachfrage durch sowie den Produktnutzen für die Kunden zu erhöhen.[212] Im Angebot von besonderem Dienstleistungs- und Serviceangebot liegen demnach die größten Profilierungspotenziale eines Großhandelsunternehmens.

Die nachfolgende Aufzählung soll einen Überblick über mögliche Serviceleistungen von Großhandelsunternehmen geben, wobei nicht alle Serviceleistungen in allen Branchen bzw. bei allen Kundengruppen sinnvoll einsetzbar sind (z. B. verlängerte Öffnungszeiten sinnvoll für Cash & Carry Märkte).[213]

Tabelle 13 Mögliche Serviceleistungen im Großhandel

➢ Außendienstbetreuung ➢ Montage- und Reparaturdienst ➢ Technische Beratung ➢ Übernahme von Entsorgungsaufgaben ➢ Marketingberatung ➢ Besonderer Lieferservice ➢ EDV-Beratung ➢ Garantieleistungen ➢ Verlängerte Öffnungszeiten	➢ Finanzierungsberatung ➢ Kundenmanagement (fixe Ansprechpartner) ➢ Kommissionsweise Warenzusammenstellung ➢ Logistikberatung- und vernetzung ➢ Sonderartikelbeschaffung ➢ Fachliche bzw. betriebswirtschaftliche Schulungen ➢ Ladenbau-Beratung

Quelle: Tietz 2002

Zusätzliche Serviceleistungen von Großhandelsunternehmen sind vor allem in Hinblick auf die Kundenbindung entscheidend. Allerdings spielt im Sinne von Beziehungsmarketing nicht nur die Anzahl unterschiedlicher vom Großhandelsunternehmen erbrachter Serviceleistungen eine Rolle, sondern vor allem die

211 Quellen: Rößl 1995, Tietz 1993a

212 Quellen: Algermissen 1981, Tietz 2002

213 Quelle: Tietz 2002

individuelle Ausrichtung und bedarfsgerechte Zusammenstellung auf konkrete Kundenbedürfnisse.[214]

Im österreichischen Großhandel ist man sich einig, dass sich Unternehmen zur Stärkung der Wettbewerbsstellung und zum Aufbau bzw. zur Verstärkung der Kundenbindung über den üblichen Kundendienst hinaus um weitere Dienstleistungen für ihre Kunden bemühen müssen.

Am häufigsten wurden in der KMU FORSCHUNG AUSTRIA-Erhebung 2006 von den befragten Großhandelsunternehmen Beratungen in technischer und marketingpolitischer Hinsicht (rd. 73 % der Unternehmen, Mehrfachnennung möglich) sowie Kundenbetreuung durch den Außendienst (rd. 73 %) als sehr bedeutungsvoll eingestuft. Erhebliche Relevanz weisen im Großhandel zudem Produktschulungen und Logistikdienstleistungen auf, wobei unter Logistikdienstleistungen zusätzliche Leistungen, die über die reine Lagerungs- und Transportfunktion hinausgehen und dem Kunden in diesem Sinne einen höheren Servicegrad z. B durch Logistikberatung und –vernetzung bieten, verstanden werden. Produktschulungen und Logistikdienstleistungen wurden von jeweils rd. der Hälfte der befragten Großhandelsunternehmen als hoch bedeutend eingestuft. Mit deutlichem Abstand folgen Kommunikationsdienstleistungen im weiteren Sinn (z. B. Messen), Marktforschung, Entsorgung bzw. Mehrwegkonzepte und Finanzierungsdienstleistungen. Einzelhandelsrelevante Dienstleistungen für den Point of Sales, wie die Auszeichnung des Endpreises und Regalbetreuungsservices, kommt insgesamt noch eine geringe Bedeutung zu.[215]

214 Quelle: Tietz 2002

215 Quelle: KMU FORSCHUNG AUSTRIA 2006b

Grafik 120 Bedeutung von Dienstleistungen für den österreichischen Großhandel aus Sicht der Großhändler/innen in Prozent, 2006

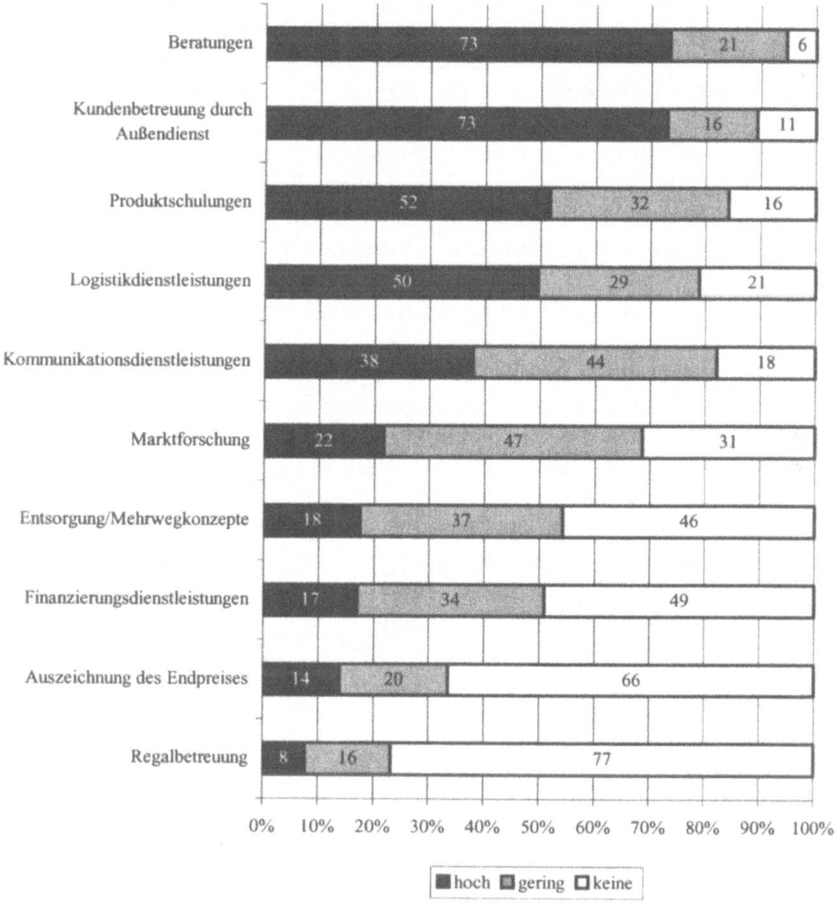

Anmerkung: Rundungsdifferenzen nicht ausgeglichen
Quelle: KMU FORSCHUNG AUSTRIA

Betrachtet man die von den Großhandelsunternehmen tatsächlich erbrachten Dienstleistungen für ihre Kunden, so bietet ein sehr hoher Anteil (rd. 88 %) der befragten Unternehmen Beratungen an. Rd. 81 % der Unternehmen betreuen ihre Kunden durch Außendienstmitarbeiter/innen, rd. zwei Drittel führen Produktschulungen durch und mehr als die Hälfte erbringen Kommunikationsdienstleistungen (z. B. in Form von Messen). Zusätzliche Logistikdienstleistungen werden von rd. 44 % der österreichischen Großhandelsunternehmen angeboten. Besonders im Großhandel mit Nahrungs- und Genussmitteln, Getränken und Tabakwaren wird diese zusätzliche Dienstleistungsform besonders häufig angeboten: Zwei Drittel der Unternehmen dieser Branche bieten ihren Kunden z. B. einen höheren Logistikservicegrad, da die Frische der Waren in dieser Branche von besonderer Wichtigkeit ist.

Auszeichnungen des Endpreises und Regalbetreuung werden zumeist nur vereinzelt angeboten. Im Branchenvergleich wird der Service der Regalbetreuung am häufigsten vom Großhandel mit Nahrungs- und Genussmitteln, Getränken und Tabakwaren angeboten (rd. 22 % der befragten Unternehmen).

Auch die Entsorgung von Produkten bzw. Mehrwegkonzepten wird vom Großhandel mit Nahrungs- und Genussmitteln, Getränken und Tabakwaren im Branchenvergleich besonders häufig übernommen. Mehr als 36 % der Großhandelsunternehmen dieser Branche bieten diesen Service an. Hier spielt vor allem im Sortimentsgroßhandel mit Lebensmitteln im weiteren Sinne, als auch im Spezialgroßhandel mit Getränken die Rücknahme von Leergut eine wichtige Rolle.

Tendenziell planen wenige Unternehmen des Großhandels die Einführung von zusätzlichen Dienstleistungen. Am häufigsten ist die Erweiterung der Servicepalette noch in den Bereichen Marktforschung, Kommunikationsdienstleistungen und Produktschulungen geplant.[216]

---

[216] Quelle: KMU FORSCHUNG AUSTRIA 2006b

Grafik 121 Erbrachte Dienstleistungen des österreichischen Großhandels in Prozent, 2006

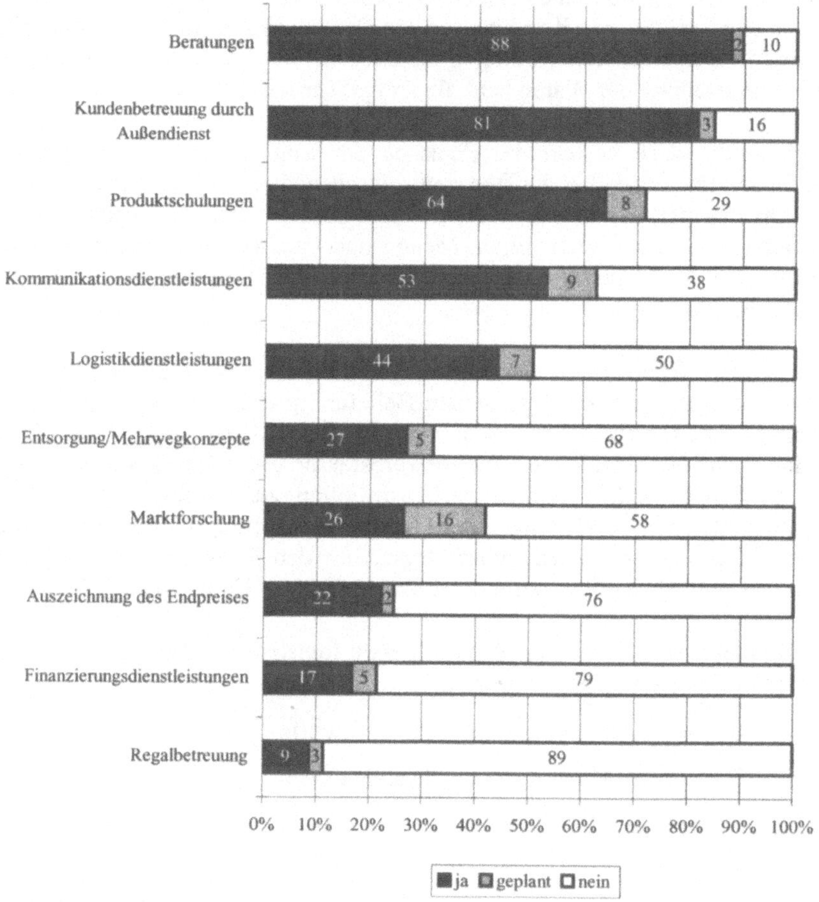

Quelle: KMU FORSCHUNG AUSTRIA

6.2 Logistik

„Die zentrale Aufgabe eines Handelsunternehmens besteht darin, von anderen produzierte Sachgüter in Kombination mit Dienstleistungen an Abnehmer abzusetzen.“[217] Dementsprechend stellen die Beschaffung von Waren und die physische Bereitstellung der Waren zentrale Aufgabenbereiche dar.

Traditionellerweise besteht die Funktion der Logistik in der Überbrückung räumlicher und zeitlicher Differenzen zwischen dem Ort der Erzeugung und dem Ort des Verbrauchs von Waren. Hinzu kommt, dass die richtige Leistung am richtigen Ort in der richtigen Menge und Qualität zur Verfügung gestellt wird, wobei der Dimension Zeit in der betrieblichen Logistik zunehmend eine größere Rolle zuteil wird.[218]

In Form der Sicherstellung der Verfügbarkeit der Ware (Vermeidung von Out-of-Stock-Situationen), einer schnellen Belieferung und der schnellen Reaktion auf bzw. der Anpassung an Sonderwünsche des Kunden wird eine effiziente Logistik zum entscheidenden Wettbewerbsfaktor eines Handelsunternehmens. Darüber hinaus stehen Fragen der Distribution zunehmend im Mittelpunkt handelspolitischer Überlegungen der Unternehmenspraxis, da die Distributionskosten in den vergangenen Jahren gegenüber den Produktionskosten ständig gestiegen sind. Dies gilt in besonderer Weise für den Großhandel.[219]

Ein Handelsunternehmen hat über folgende logistische Themenbereiche bzw. Parameter Entscheidungen zu treffen:

- Investitionen in Läger (Lagerhaussystem)
- Bestandsmanagement (Lagerbestände)
- Abwicklung der Transporte
- Auftragsabwicklung
- sonstige Entscheidungsparameter (z. B. Verpackung und Kommissionierung).[220]

---

217 Quelle: Müller-Hagedorn 1998

218 Quelle: Kuhn 1998

219 Quelle: Müller-Hagedorn 1998

220 Quelle: Pfohl 1996

Zu den Entscheidungen über das Lagerhaussystem eines Handelsunternehmens zählt die Überlegung der geeigneten Zahl der unterschiedlichen Lagerstufen (Zentrallager, Regionallager, Werkslager), die Auswahl der dazugehörigen Standorte, der Regalsysteme, der innerbetrieblichen Beförderungsmittel und der Einteilung der Lagerfläche in so genannte Funktionszonen (z. B. für Warenannahme, Lagerung, Kommissionierung, Warenausgang, artikelgerecht für Schnelldreher bzw. Langsamdreher).

Das Bestandsmanagement von Waren hat seit der Einführung von Warenwirtschaftssystemen in Handelsunternehmen eine Erleichterung und Effizienz erfahren. So kann der Durchfluss der Ware von der Bestellung bis zum Verkauf der Ware erfasst und verfolgt werden.

Das Entscheidungsfeld der Abwicklung der Transporte betrifft sowohl Transporte von Herstellern zu Handelslägern bzw. Distributionszentren als auch Transporte von Handelslägern zu z. B. Verkaufsstellen des Einzelhandels. Hier eröffnen sich für ein Großhandelsunternehmen unterschiedliche Möglichkeiten, was die Transportmittel sowie den Transportprozess betrifft. Der Transportprozess kann grundsätzlich mittels eigenen Fuhrparks erfolgen oder aber auch an Hersteller sowie Logistikdienstleister ausgelagert werden.

Rd. 38 % der Großhandelsunternehmen verfügten 2006 über einen eigenen Logistik-Fuhrpark[221]; rd. 14 % mit zum Teil LKW (über 3,5 Tonnen), rd. 24 % ausschließlich mit Kleinlastkraftwagen (unter 3,5 Tonnen).

Differenziert nach Unternehmensgrößenklassen zeigt sich, dass v.a. große Großhandelsunternehmen einen eigenen Logistik-Fuhrpark aufgebaut haben. Während rd. 35 % der Kleinstunternehmen (1-9 Beschäftigte) im Großhandel 2006 über einen Logistik-Fuhrpark – der zum Großteil aus Kleinlastkraftwagen bestand – verfügten, traf dies auf rd. 55 % der Kleinunternehmen (10 bis 49 Beschäftigte) und auf rd. 63 % der Mittel- und Großunternehmen (50 und mehr Beschäftigte) – hier v. a. mit Lastkraftwagen über 3,5 Tonnen – zu.

Die Zahl der Lastkraftwagen (über 3,5 Tonnen) ist dabei abhängig von der Unternehmensgröße bzw. dem Tätigkeitsfeld des Großhandelsunternehmens

221 Unter einem Logistik-Fuhrpark sind Kleinlastkraftwagen (unter 3,5 Tonnen höchstzulässiges Gesamtgewicht) und Lastkraftwagen (über 3,5 Tonnen), mit denen Waren beschafft bzw. zum Kunden transportiert werden, zu verstehen. PKW z. B. für leitende Angestellte zählen nicht zum Logistik-Fuhrpark.

und differiert hier erwartungsgemäß sehr stark. Im arithmetischen Mittel kann ein Bestand von rd. 3 LKW angegeben werden.

Die Warenbeschaffung erfolgt im österreichischen Großhandel (wertmäßig) zu rd. 7 % durch Abholung mittels eigener LKW der Großhandelsunternehmen, weitere rd. 64 % werden mittels Logistikdienstleister transportiert, während die Lieferung der beschafften Waren zu rd. 29 % durch den Hersteller erfolgt .

Rd. 30 % der Waren (wertmäßiger Anteil) werden den Kunden mittels eigenen Fuhrparks der Großhandelsunternehmen zugestellt. Rd. 61 % der Kunden werden mittels Logistikdienstleister beliefert, während rd. 9 % der Waren von den Großhandelskunden selbst abgeholt werden.

Rd. 32 % der Umsätze werden dabei mit dem Einzelhandel, rd. 28 % mit dem Gewerbe & Handwerk, rd. 20 % mit der Industrie, rd. 7 % mit Endverbrauchern, rd. 6 % mit öffentlichen Auftraggebern, rd. 4 % mit dem Tourismus und rd. 4 % mit sonstigen Abnehmern erzielt (siehe Kapitel 5.2).[222]

Grafik 122 Warenbeschaffung und Belieferung der Kunden im Großhandel in Prozent (wertmäßig), 2006

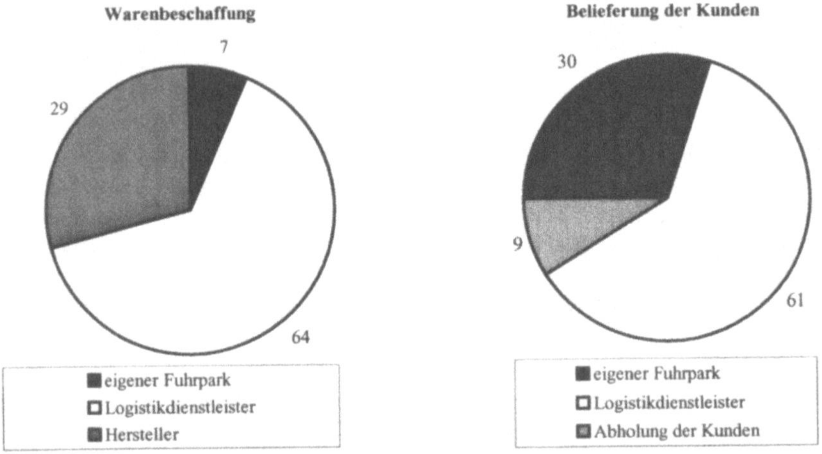

Quelle: KMU FORSCHUNG AUSTRIA

[222] Quelle: KMU FORSCHUNG AUSTRIA 2006b

Als Zielgröße der Logistik werden alle Kosten eines Handelsunternehmens, welche der Logistik zugerechnet werden können (Steuerungskosten, Warenbestandskosten, Lagerhauskosten, Transportkosten und Handlingkosten) den Leistungen der Logistik (Lieferzeit, Lieferzuverlässigkeit, Lieferflexibilität und Lieferbeschaffenheit) gegenüber gestellt.[223]

Die nachfolgende Grafik zeigt den Zusammenhang der Einflussfaktoren, der Entscheidungsparameter und der Zielgrößen der Logistik eines Handelsunternehmens.

[223] Quelle: Müller-Hagedorn 1998

Grafik 123 Entscheidungsparameter, Einflussfaktoren und Zielgrößen bei der Gestaltung eines Logistiksystems

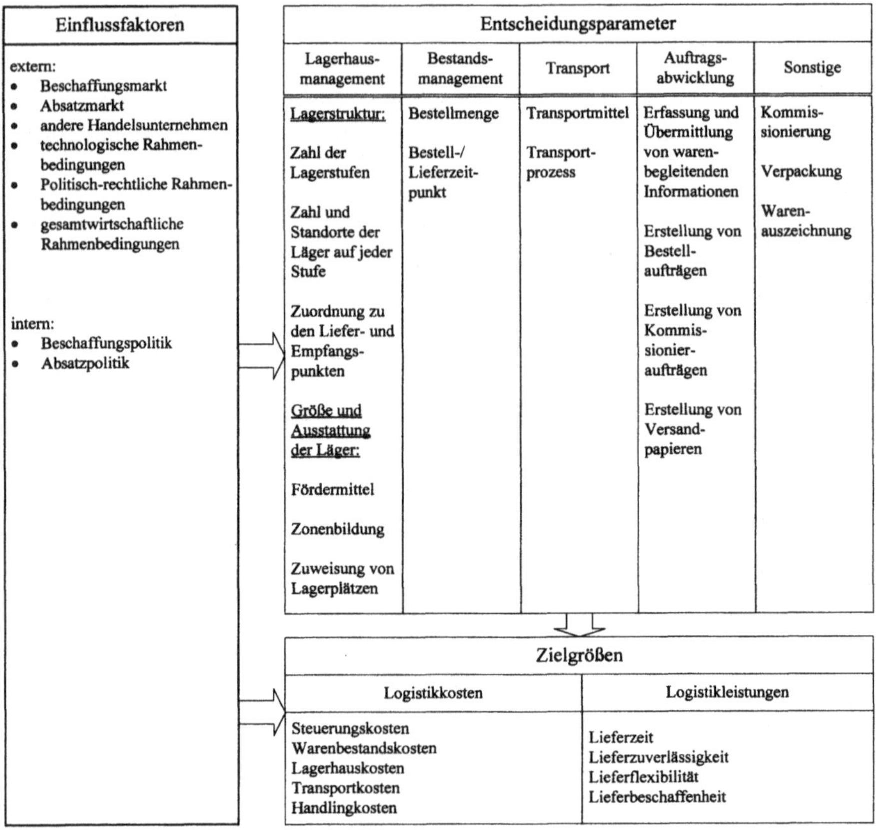

Quelle: Toporowski 1996

Ein effizientes Distributionssystem verfolgt folgende Ziele:[224]

- Niedrigere Lagerbestände
- Verbesserte Lagerabläufe
- Bessere Auslastung der Transportressourcen

---

[224] Quelle: Glavanovits/Kotzab 2002

- Frische der Ware
- Minimierung von Out-of-Stock-Situationen
- schnelle Reaktion auf Marktveränderungen
- weniger Retouren und Rechnungsdifferenzen

Strategien zur effizienten Gestaltung von Nachschubprozessen werden in der aktuellen Forschungsliteratur unter dem Begriff „Efficient Replenishment“ subsumiert. Darunter werden Maßnahmen verstanden, die das Ziel haben, durch Optimierung der gesamten Lieferkette vom Hersteller bis zum Einzelhändler Lager- und Transportkosten zu senken und gleichzeitig den Servicegrad der Logistik zu erhöhen.[225]

6.3 Informations- und Kommunikationstechnologien

Der kontinuierliche Fortschritt und der Bedeutungsgewinn moderner Informations- und Kommunikationstechnologien ermöglichen eine elektronische Abwicklung von Geschäftsprozessen und führen zu sog. virtuellen Märkten.[226]

Der Begriff Informations- und Kommunikationstechnologien (IuK-Technologien) fasst all jene Technologien zusammen, welche der Informationserhebung, -verarbeitung und dem –austausch dienen. Im Einzelnen zählen zu den Informationstechnologien u. a. Scannerkassen, mobile Datenerfassungsgeräte, Electronic Cash, Computersysteme, der elektronische Datenaustausch sowie die RFID[227]-Technologie.[228] Zu den Kommunikationstechnologien zählen insbesondere die Dienste des Telefax, von E-Mail, EDI[229], WWW[230] und WAP.[231] [232]

---

[225] Quelle: Glavanovits/Kotzab 2002

[226] Quelle: Zentes 2006a

[227] RFID: Radio Frequency Identification (Verfahren zur automatischen Identifizierung von Objekten über Funk)

[228] Quelle: Toporowski 1997

[229] EDI: Electronic Data Interchange (Standard für Datenübertragung)

[230] WWW: World Wide Web

[231] WAP: Wireless Application Protocol (Übertragungsstandard für drahtlose Kommunikation)

[232] Quelle: Kotzab 1997

Eine bedeutende Veränderung im Prozess der Leistungserstellung von Unternehmen, welche durch den Gebrauch einer technischen Neuerung entsteht, stellt das Internet dar.

Durch die Existenz des Internet als Kommunikations- und Absatzkanal ergibt sich einerseits eine erhöhte Markttransparenz für alle Marktteilnehmer vom Hersteller bis hin zum Endverbraucher. Zudem haben Hersteller die Möglichkeit, ihre Produkte via Internet direkt ohne die Einschaltung des stationären Handels an die Endverbraucher abzusetzen (E-Commerce).

Andererseits bestehen auch für den Absatzkanal von E-Commerce einige Barrieren:[233]

- Serviceintensität: (Erklärungspflichtige) Produkte, die eine entsprechende Beratungsleistung erfordern, können nur sehr schwer bzw. gar nicht ohne den stationären Einzelhandel und Großhandel abgesetzt werden.
- Distributionspolitik: Für viele Unternehmen ist ein zusätzlicher Absatzkanal via Internet nicht mit z. B. der Exklusivität von Produkten, einer entsprechenden Platzierung im Fachhandel oder der angestrebten Preispolitik vereinbar.
- Transportkosten: Für viele Unternehmen lohnt sich der Vertrieb und Absatz von Produkten über das Internet nicht, da die Transportkosten schnell den Warenwert der Produkte übersteigen könnten.
- Logistikexpertise: Ein Großteil der Hersteller kann auf keine Erfahrungen mit der Logistik von kleinen Mengen zurückgreifen bzw. die Umstellung der Logistik wäre mit zu hohen Kosten verbunden.

Für Großhandelsunternehmen eröffnen sich durch den Einsatz des Kommunikationsmediums Internet Optimierungsmöglichkeiten in den verschiedensten Bereichen.[234] Die nachfolgende Tabelle soll diese in übersichtlicher Form aufzeigen:

---

233 Quelle: Toth 2000

234 Quelle: Hudetz 2002

Tabelle 14 Optimierungsmöglichkeiten durch das Internet

Bereich	Optimierungsmöglichkeiten
Warenbeschaffung	➢ Suche nach neuen Lieferanten
	➢ Möglichkeit umfangreicher Preisvergleiche
	➢ Bestellmöglichkeiten rund um die Uhr
Datenrecherche	➢ Informationsabruf rund um die Uhr
	➢ Sammlung umfangreichen Datenmaterials direkt am Arbeitsplatz
Datenaustausch	➢ Möglichkeiten schnellen und umfangreichen Datenaustausches
Bankgeschäfte	➢ zeit- und ortsunabhängige Erledigung von Bankgeschäften
Schriftverkehr	➢ schnelle Übertragungsmöglichkeit
Kundenservice	➢ Einsatz des Internet-Auftritts zur Kundeninformation
	➢ Elektronische Anfrage- und Beschwerdemöglichkeit
Werbung	➢ Einfachheit der Verknüpfung von Information und Werbung durch Internet-Auftritt
	➢ Weltweite Verfügbarkeit der Werbung durch Internet-Auftritt
	➢ Einfachheit der Aktualisierbarkeit
	➢ Möglichkeit von Mailingaktionen über E-Mail-Verteilerlisten
Warenabsatz	➢ Distribution von Gütern über das Medium Internet
	➢ Verknüpfung von Werbung mit Bestellmöglichkeiten

Quelle: Hudetz 2000

Im österreichischen Großhandel kommt der Nutzung des Internet für Bankgeschäfte die größte Bedeutung zu. Rd. 83 % der befragten Großhandelsunternehmen nutzen das Internet zur Erledigung von Bankgeschäften, weitere rd. 4 % der Unternehmen planen dies für die Zukunft. Das Internet spielt auch für die Zwecke der Warenbeschaffung (rd. 68 % der Unternehmen), der Werbung bzw. Warenpräsentation (rd. 67 % der Unternehmen) eine zunehmend wichtiger werdende Rolle. Rd. 59 % der österreichischen Großhandelsunternehmen haben ein Online-Kundenservice für ihre Kunden eingerichtet, knapp die Hälfte der Großhandelsunternehmen verkauft seine Waren bereits im Internet. Weitere rd. 15 % der Unternehmen haben dieses Bestreben bereits geplant. Während beinahe ein Drittel der österreichischen Großhandelsunternehmen Marktforschung über das Medium Internet betreibt, erledigen nur etwas mehr als 15 % ihre Rechnungslegung online.[235]

Grafik 124 Nutzung des Internet im Großhandel in Prozent, 2006

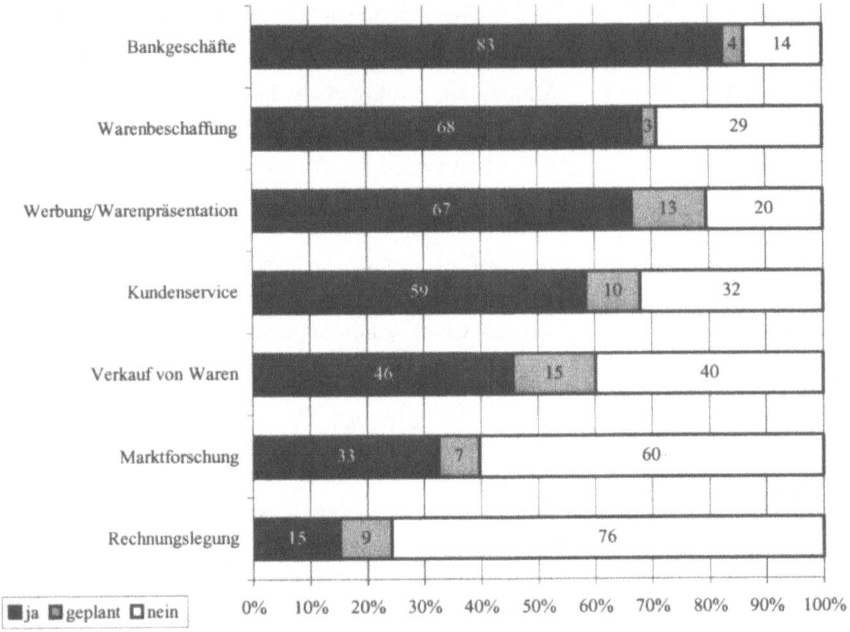

Anmerkung: Rundungsdifferenzen nicht ausgeglichen
Quelle: KMU FORSCHUNG AUSTRIA

Nach Branchen differenziert nutzen Unternehmen der Branche Großhandel mit Maschinen, Ausrüstungen und Zubehör das Internet im Bereich der Warenbeschaffung mit mehr als 80 % am häufigsten, während etwa jedes zweite Unternehmen aus dem Großhandel mit landwirtschaftlichen Grundstoffen und lebenden Tieren seine Waren auch über das Internet beschafft.

Die Möglichkeit zum Verkauf der Waren über das Medium Internet nutzen Großhandelsunternehmen mit Nahrungs- und Genussmitteln, Getränken und Tabakwaren verglichen mit anderen Branchen am stärksten: Mehr als jedes

235 Quelle: KMU FORSCHUNG AUSTRIA 2006b

zweite Unternehmen dieser Branche verkauft seine Waren auch schon auf elektronischem Wege über das Internet. Außerdem bietet ein Viertel der Unternehmen der Branche Großhandel mit Nahrungs-, Genussmitteln, Getränken und Tabakwaren seinen Kunden die Möglichkeit der elektronischen Rechnungslegung.

Die Nutzung des Internet für Werbe- und Warenpräsentationszwecke ist in fast allen Großhandelsbranchen weit verbreitet: Jeweils zwischen 70 % und 80 % der Unternehmen der Branchen Großhandel mit Nahrungs- und Genussmitteln, Getränken und Tabakwaren, Großhandel mit Gebrauchs- und Verbrauchsgütern, Großhandel mit Rohstoffen, Halbwaren, Altmaterialien und Reststoffen, Großhandel mit Maschinen, Ausrüstungen und Zubehör und sonstiger Großhandel bewerben ihre Unternehmen bzw. ihre Waren im Internet.

Im Branchenvergleich bieten insbesondere die Unternehmen der Handelsvermittlung (rd. 64 %) sowie des sonstigen Großhandels (rd. 74 %) am häufigsten Kundenservice über das Internet an.

Für Marktforschungszwecke wird das Internet von Großhandelsunternehmen mit Rohstoffen, Halbwaren, Altmaterialien und Reststoffen sowie vom sonstigen Großhandel mit rd. 39 % bzw. rd. 46 % der Unternehmen am häufigsten genutzt.[236]

6.4 Konkurrenz

Der Großhandel, als traditioneller Sektor innerhalb der Wertschöpfungskette, wird durch Phänomene wie Globalisierung, Deregulierung und Digitalisierung geprägt.[237]

---

236 Quelle: KMU FORSCHUNG AUSTRIA 2006b

237 Quelle: Zentes 2006b

Grafik 125 Herausforderungen der Zukunft für den Großhandel

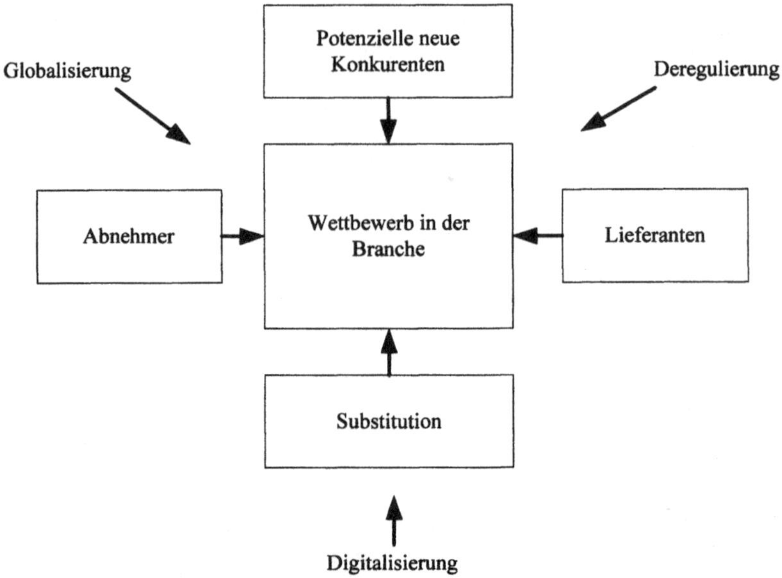

Quelle: Zentes 2006b

Die Diskussion um die Ein- und Ausschaltung des Großhandels geht mit der Akzeptanz desselben einher. So entscheiden die vor- und nachgelagerten Wirtschaftsstufen über die Einschaltung des Großhandels in den Distributionskanal. Nur wenn aus Sicht der beteiligten Wirtschaftsstufen bestimmte Voraussetzungen und Bedingungen seitens des Großhandels gegeben sind, wird dieser in den Absatzweg eingebunden.[238] Dazu zählen vor allem die Marktbearbeitungskraft (Leistungsfähigkeit des Außendienstes, Beratungskompetenz, etc.), effiziente Logistiklösungen, der technische Fortschritt und gegebenenfalls der Internationalisierungsgrad.[239]

Der Austausch von Waren und Dienstleistungen zwischen Unternehmen kann grundsätzlich sowohl mit als auch ohne die Einschaltung von Handelsunternehmen erfolgen.[240] Seit mehreren Jahrzehnten wird in der einschlägigen

238 Quelle: Tietz 1993b

239 Quelle: o. V. 1993

240 Quelle: Tietz 1993a

wissenschaftlichen Literatur die These vertreten, traditionelle Wirtschaftsstrukturen, welche sowohl der Industrie, dem Großhandel und dem Einzelhandel klare, voneinander abgegrenzte Aufgabenbereiche zuweisen, würden sich nach und nach auflösen. So komme es zu einem so genannten Phasenübergang auf dem Weg zur Dienstleistungsgesellschaft, welcher vor allem das Bild des Großhandels nachhaltig verändern würde.[241] Die Diskussionen um die Strukturveränderung im Handel gehen sogar soweit, dass sich mancherorts Stimmen erheben, welche besagen, die Großhandelsstufe habe sich überlebt. Diese so genannte Exklusionsthese geht von der Umgehung des Großhandels bis zu dessen vollständigen Ausschaltung aus.

Die lange Zeit vertretene Meinung - eine gute, effizient funktionierende Versorgungskette integriere die verschiedenen Distributionsstufen vom Produzenten der Rohmaterialien über die Industrie, den Großhandel bis hin zum Einzelhandel – könnte ins Schwanken geraten.[242]

Gefährdet wird die Existenz des Großhandels durch direkte Kontakte zwischen Industrie und Einzelhandel, eine Tendenz, welche vor allem durch die steigende Konzentration im Einzelhandel und die daraus resultierende Marktmacht der Einzelhandelsunternehmen (sog. „Gate Keeper") hervortritt.[243] Das Rollenverständnis des Handels hat sich gewandelt: Handelsunternehmen streben neben der Logistikführerschaft - Einzelhändler managen zunehmend auch Lager und Logistik, große Güterverteilzentren in eigener Regie[244] - auch die Marketingführerschaft im Distributionskanal an. Der Einzelhandel versteht sich in vermehrtem Maße als Integrator und nicht mehr als reiner Absatzmittler. Zunehmend kaufen bestimmte Betriebsformen des Einzelhandels, besonders jene, welche auf schnellen Absatz ausgerichtet sind, durch einen hohen Lagerumschlag gekennzeichnet sind und große Volumina benötigen, direkt bei Herstellern ein.

---

[241] Quelle: Kapell 1997

[242] Quelle: Tietz 2002

[243] Quelle: Glavanovits/Kotzab 2002

[244] Quelle: Kapell 1997

Während Einzelhandelsunternehmen also immer häufiger „Vorstufen des Wertschöpfungsprozesses im Sinne einer beschaffungsmarktorientierten Vertikalisierung an sich binden“[245], findet andererseits Handel immer häufiger ohne „den“ Handel statt.[246]

Hersteller versuchen den Handel zu „umgehen“, um ihre Produkte zum Letztverbraucher zu transferieren und so eine direkte Beziehung auf individueller Basis zwischen Marke und Kunden aufzubauen.[247] Die Erscheinungsformen dieser so genannten vorwärts gerichteten Vertikalisierung der Industrie sind vielfältig und beinhalten eine ganze Reihe gängiger Direktvertriebsformen, wie E-Commerce, Shop-in-Shop-Systeme, Rack Jobbing (vermietete Regalflächen bzw. Displays in Einzelhandelsgeschäften), industrieeigene und –geführte Geschäfte sowie ganze Agglomerationen, sog. Factory Outlet Center.[248]

Beschwerden, die produzierende Unternehmen an den Großhandel richten bzw. Gründe der Hersteller für die Umgehung der Distributionsstufe des Großhandels sind:

- Trägheit bei der Vermarktung von Produkten
- reine Mittlertätigkeit
- kein professionelles Lagermanagement mit häufig vorkommenden Out-of-Stock-Situationen
- schleppende Übermittlung von Abverkaufsdaten an die Industrie
- keine Weitergabe von Marktinformation
- hohe Margen[249]

---

245 Quelle: Zentes 2006a

246 Quelle: Zentes/Schramm-Klein/Neidhart 2005

247 Quelle: Maurer 2002

248 Quellen: KMU FORSCHUNG AUSTRIA/Wirtschaftsuniversität Wien/Wirtschaftskammer Österreich/Institut für höhere Studien 2003, Maurer 2002

249 Quelle: Kotler 1997

Für produzierende Unternehmen ergibt sich idealtypisch durch die Direktbelieferung des Einzelhandels gegenüber der Einschaltung des Großhandels eine Reihe an Vorteilen:

- bessere Kontrolle über die Qualität der Waren
- mögliche Einflussnahme auf die Exklusivität der Marke
- Durchsetzung einer konsequent ausgerichteten Preispolitik auf Einzelhandelsebene
- intensive Beratung des Einzelhandels
- Kosten- und Zeitvorteile[250]

Der Großhandel befindet sich somit in einer sog. Patt-Stellung: Auf der einen Seite stehen die Tendenzen der Rückwärtsintegration des Einzelhandels (unter Ausschaltung des Großhandels), auf der anderen Seite setzen Hersteller direkt an die Endverbraucher ab. In diesem Falle spricht man von Vorwärtsintegration (ebenfalls unter Ausschaltung des Großhandels).[251]

Im österreichischen Großhandel wird die horizontale Konkurrenz durch andere Großhandelsunternehmen nach wie vor am stärksten eingestuft. So bewerten rd. 60 % der befragten Großhandelsunternehmen die Konkurrenz durch andere Großhandelsunternehmen als stark. Allerdings scheint der vertikale Wettbewerb im Großhandel durch branchenfremde Konkurrenten bzw. durch Marktpartner anderer Wertschöpfungsstufen immer stärker zu werden, als produzierende Unternehmen von annähernd der Hälfte der befragten Unternehmen als ernst zu nehmende Konkurrenten eingeschätzt und Einzelhandelsunternehmen von rd. 27 % als starke Konkurrenz eingestuft werden.[252]

---

[250] Quelle: Tietz 1993b

[251] Quelle: o. V. 2003

[252] Quelle: KMU FORSCHUNG AUSTRIA 2006b

Grafik 126 Beurteilung der Konkurrenz durch Großhandel, Hersteller und Einzelhandel aus Sicht des Großhandels in Prozent, 2006

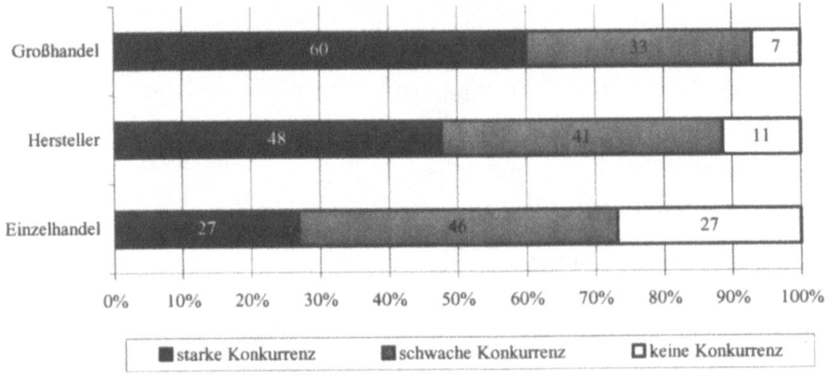

Quelle: KMU FORSCHUNG AUSTRIA

In der nachfolgenden Tabelle werden mögliche Formen der Umgehung des Großhandels bzw. die Aktivitätenverlagerung auf andere Stufen des Distributionskanals aufgezeigt:

Tabelle 15 Formen der Umgehung des Großhandels

Art der Aktivitätenverlagerung	Ausgewählte Aktivitäten
völlige Übernahme der Aktivitäten durch den Hersteller	➢ Technischer Kundendienst ➢ Abrufaufträge[1] ➢ Streckengeschäfte[2] ➢ Regalpflege bei Regalmiete (Rack Jobbing)
Aufteilung der Ausführung der Aktivitäten	➢ Einschaltung von Vertragshändlern und Werkstätten zur Kundendienstabwicklung ➢ Lagerung und Übernahme von Lagerrisiken ➢ Gemeinsame Logistiksysteme ➢ Unterstützung bei der Regalpflege ➢ Gemeinsam entwickelte Handelsmarken
völlige Übernahme der Aktivitäten durch den Handel	➢ volle Übernahme des technischen Kundendienstes ➢ Abholung der Waren ➢ volle Übernahme der Regalpflege ➢ Eigenproduktion

1 Mit dem Abruf erfolgen die Verfügbarkeitsprüfung und die Kennzeichnung der Verfügbarkeit.

2 „Unter Streckengeschäft [...] versteht man den Handel, bei dem die Handelsware vom Vorlieferanten zum Abnehmer befördert wird, ohne daß sie von der Handelsunternehmung eingelagert wird" (Quelle: Institut für Handelsforschung an der Universität zu Köln 1995).

Quelle: Tietz/Greipl 1994

6.5 Kooperation

Eine Reaktion auf drohende Ausschaltungstendenzen stellt das Eingehen von Kooperationen der Großhandelsunternehmen untereinander bzw. mit vor- und nachgelagerten Wirtschaftsstufen dar.[253]

„Unter Kooperation versteht man jede vertraglich geregelte Zusammenarbeit von Unternehmen auf freiwilliger Basis. Dabei behalten die Unternehmen weitgehend ihre wirtschaftliche und rechtliche Selbstständigkeit."[254]

253 Quelle: Tietz 1993b

254 Quelle: Nolden/Bizer 1992

Vertikale bzw. horizontale Kooperationen zu Lieferanten, Kunden, Wettbewerbern und sonstigen Stufen entlang der Wertschöpfungskette rücken zusehends in den Mittelpunkt der Betrachtungen, da erfolgreiche Außenbeziehungen eines Unternehmens eine Verbesserung der Wettbewerbssituation ermöglichen.[255]

Unternehmen verfolgen mit der Bildung von Kooperationen folgende Ziele:

- Erweiterung der beschaffungs- bzw. absatzseitigen Machtstellung, mittels Steigerung des Marktanteils durch neue Absatzwege und/oder –märkte
- Senkung der Kosten in den Bereichen Beschaffung, Lagerung, Absatz, Verwaltung z. B. über das Nutzen von gemeinsamen Fuhrparks, gemeinsamen Lägern und die Bildung von Einkaufsgemeinschaften zur Erzielung besserer Konditionen
- Umsatzsteigerung aufgrund gemeinsamer Werbeaktivitäten und gemeinsamer Handelsmarke(n)
- Risikoreduktion aufgrund „neuer Größe" (durch vertragliche Bindungen mit Hauptabnehmern)[256]

Kooperationsbeziehungen sind von vielfältiger Natur und die Kooperationsform leitet sich weitgehend aus dem verfolgten Ziel der Unternehmung ab. Kooperationen können entsprechend der verfolgten Richtung (vertikal, horizontal, kooperative Netzwerke), des Funktionsbereichs der Kooperation (Beschaffung, Produktion, Absatz, etc.) des betrachteten Gegenstandes (einzelne Objekte – Produkte, Dienstleistungen; bestimmte Funktionen – Marktbeobachtung, Entwicklung, Produktion, etc.) der Intensität, der Funktionsaufteilung (Funktionsteilung, -spezialisierung, Funktions- und Projektgemeinschaft) auf die jeweiligen Partner, der Bindungsart (nicht-vertraglich, vertraglich, kapitalmäßige Verflechtung), des räumlichen (lokal, regional, national, international) bzw. zeitlichen (sporadisch, begrenzt, unbegrenzt) Aspekts sowie nach der Zutrittsmöglichkeit der Kooperation (offen, geschlossen) gestaltet sein.[257]

Aufgrund der Fülle der möglichen Einteilung der Kooperationsformen konzentrieren sich die folgenden Ausführungen im Speziellen auf Kooperationen nach dem Merkmal der verfolgten Richtung.

---

[255] Quelle: Hudetz 2000

[256] Quelle: Nolden/Bizer 1992

[257] Quelle: Hudetz 2000

Unter vertikalen Kooperationen werden Beziehungen von Unternehmen verschiedener Wertschöpfungsstufen, insbesondere zwischen Industrie, Großhandel und Einzelhandel verstanden.[258]

Zu den Formen vertikaler Kooperation zwischen Groß- und Einzelhandel zählen u. a. integrierte Handelssysteme bzw. Filialsysteme, wo die auf Einzelhandelsstufe agierenden Betriebsstätten an die Weisungen regionaler bzw. nationaler Großhandelszentren gebunden sind. Unternehmen auf der Stufe des Einzelhandels können in diesem Fall nur begrenzt eigenständige Entscheidungen treffen. Bei dieser theoretischen Form der vertikalen Kooperation agiert die Filialzentrale als Systemkopf, die Geschäftsstätten stellen Filialen dar.[259] Idealtypisch beziehen Betriebsstätten auf Einzelhandelsstufe ihre Waren ausschließlich von den kooperierenden Großhandelszentren.

Im Falle kooperierender Handelssysteme bzw. Verbundgruppen sind Einzelhandelsunternehmen zwar rechtlich und wirtschaftlich autonom, arbeiten aber mehr oder weniger eng mit regional und national operierenden Großhandelsunternehmen zusammen. Die kooperierenden Unternehmen auf Einzelhandelsstufe sind zwar keinem Bezugszwang unterworfen, es besteht jedoch ein gemeinsames Marketingkonzept sowie eine gemeinschaftliche Bestellrationalisierung.

Eine weitere Form der vertikalen Kooperation zwischen Einzel- und Großhandel stellen freie Handelssysteme dar, wie es z. B. bei kleinen Unternehmen des Lebensmittelhandels der Fall ist. Zwischen der Groß- und Einzelhandelsstufe besteht eine lose Verknüpfung. Unternehmen des Einzelhandels beziehen ihre Waren in diesem Fall vor allem von Großhandelsunternehmen des Fach- und Spezialgroßhandels sowie von Cash & Carry-Märkten.[260]

Findet die Zusammenarbeit zwischen Handelsunternehmen der gleichen Wirtschaftsstufe statt, dann spricht man von horizontaler Kooperation. Unter den zahlreichen Kooperationsformen bleibt im Großhandel die kooperative Beschaffung die bedeutendste und am häufigsten praktizierte Form der Zusammenarbeit zwischen einzelnen Großhandelsunternehmen. Diese Tatsache ist in Anbetracht der großen Bedeutung der Warenkosten für die gesamte Kostenstruktur eines Großhandelsunternehmens nicht verwunderlich. Schon kleinere

---

[258] Quelle: Müller-Hagedorn 1998

[259] Quelle: Barth/Hartmann/Schröder 2002

[260] Quelle: Ahlert 1991

Kostensenkungen, welche durch eine kooperative Beschaffung aufgrund der daraus resultierenden wachsenden Einkaufsvolumina möglich werden, können zu einer Verbesserung der Rentabilität kooperativ agierender Großhandelsunternehmen führen. Daneben findet horizontale Kooperation im Großhandel auch in den Bereichen Gemeinschaftswerbung, Schaffung von Handelsmarken, gemeinschaftliche Absatzförderungsmaßnahmen, gemeinschaftliche Personalschulung, usw. statt.[261]

Eine Form der horizontalen Kooperation bzw. der standortbezogenen Zusammenarbeit sind so genannte Großhandelszentren, ein Zusammenschluss unterschiedlicher Sortimentsgroßhandelsunternehmen. Durch die daraus resultierende branchenübergreifende Kooperation wird eine Beschaffungsrationalisierung ihrer Abnehmer erreicht. Weiters ergeben sich Kostenvorteile durch die Einrichtung gemeinsam nutzbarer Zentraleinrichtungen, wie z. B. im EDV-, Lager- und Transportsektor.[262]

6.6 Konzentration

Die im obigen Kapitel beschriebenen zunehmenden Tendenzen zu Kooperationen des Großhandels führen zu einer System- bzw. Gruppenbildung in der Distribution. D. h. einzelne Unternehmen erfahren erhebliche Konkurrenz durch Gruppenwettbewerb bzw. den Wettbewerb ganzer Kooperationen. Es kommt zu einem Verdrängungswettbewerb am Markt. Die beobachtbare Folge - die zunehmende Konzentration - beruht allerdings auch auf einer Veränderung allgemeiner Rahmenbedingungen (Internationalisierung und Globalisierung) und des Wirtschaftswachstums.[263]

Konzentrationstendenzen lassen sich sowohl auf der Einzelhandelsstufe, der Industriestufe als auch auf der Wirtschaftsstufe Großhandel selbst - wenn auch in einem geringerem Ausmaß - feststellen. Die Konzentration im Großhandel ist eine Folge von Unternehmensaufkäufen, Fusionen auf der Großhandelsstufe selbst sowie einer Angliederung von Unternehmen des Großhandels an die Hersteller oder den Einzelhandel.[264]

---

261 Quelle: Falk/Wolf 1992

262 Quelle: Barth/Hartmann/Schröder 2002

263 Quellen: Sonderhof 2002, Ehrl 1997

264 Quelle: o. V. 1993

Der Unternehmensgröße wird in der Diskussion in Zusammenhang mit Marktmacht und Verdrängungspotenzial eine entscheidende Rolle zugewiesen.[265]

Auf der anderen Seite wird auch die Nachfragemacht des Einzelhandels bedingt durch die steigende Konzentration immer stärker.[266] Kleinunternehmen des Großhandels werden ohne Einbindung in Verbundgruppen oder Kooperationen kaum Chancen für die Zukunft vorausgesagt, da die gegebenen Marktbedingungen zu gewissen Mindestbetriebsgrößen zwingen.[267]

6.7 Internationalisierung

Die zunehmende Liberalisierung und Globalisierung wirtschaftlicher Tätigkeit eröffnet dem Großhandel sowohl die Nutzung neuer Absatz- als auch neuer Beschaffungsmärkte. Der starke Trend zur Internationalisierung ist darauf zurückzuführen, dass global agierende Geschäftssysteme in der Lage sind, einen überlegenen ökonomischen Nutzen zu generieren.[268]

Der Großhandel sollte von dem aus dem freien Warenverkehr resultierenden allgemein steigenden Handelsaufkommen wie jede andere Stufe der Wertschöpfungskette profitieren können. Sowohl günstigere als auch schnellere grenzübergreifende Transportmöglichkeiten und –verbindungen sowie die verstärkte Orientierung nach Spezialisierung fördern den globalisierten Handel und sollten dem Großhandel einen erweiterten Aktionsradius bieten.[269] Einsparungsmöglichkeiten durch den Wareneinkauf auf internationalen Märkten könnten einen weiteren Vorteil für den Großhandel darstellen, indem günstigere Einkaufspreise in der Form günstigerer Preise an die Kunden weitergegeben werden können. Andererseits gilt die Tatsache des erleichterten Zugangs zu internationalen Märkten aber analog für den Einzelhandel bzw. auch für die Endkonsument/innen selbst.[270]

Im österreichischen Großhandel wurden 2006 rd. 50 % der Waren aus dem EU-Raum und rd. 14 % aus dem weiteren Ausland importiert. Absatzseitig erwirt-

---

265 Quelle: Tietz 1993a

266 Quelle: Corstjens/Corstjens 2003

267 Quelle: Tietz 1993a

268 Quelle: Pümpin 1999

269 Quelle: Tietz 1991

270 Quelle: Pümpin 1999

schaftete der österreichische Großhandel rd. 14 % der Umsätze mit Kunden aus dem EU-Raum, weitere rd. 6 % mit internationalen Kunden außerhalb der EU.[271]

Grafik 127 Warenbezug und Warenabsatz in Prozent (wertmäßig), 2006

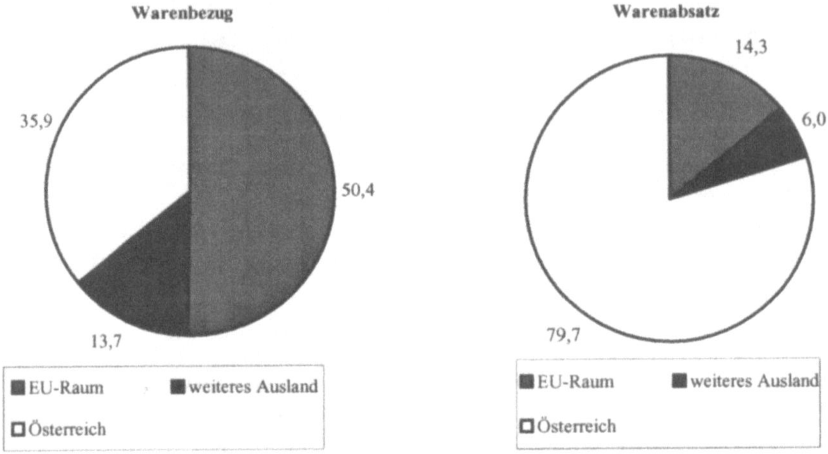

Quelle: KMU FORSCHUNG AUSTRIA

6.8 Ausblick

Aufgrund der Stellung des Großhandels als Intermediär bzw. Absatzmittler zwischen Industrie und nachgelagerten Wirtschaftsstufen, insbesondere dem Einzelhandel, sind Großhandelsunternehmen von den Entwicklungen und Trends auf diesen Stufen der Wertschöpfungskette unmittelbar betroffen. So ist einerseits eine Tendenz der Vorwärtsintegration der Industrie (Lieferanten des Großhandels) erkennbar: Hersteller transferieren ihre Produkte selbst an den Letztverbraucher und bauen so eine direkte Beziehung auf individueller Basis zwischen Marke und Kunden auf.[272] Auf der anderen Seite versteht sich der Einzelhandel, bedingt durch seine gestiegene Marktmacht und zunehmende Souveränität, in vermehrtem Maße als Integrator und nicht mehr als reiner Absatzmittler.

---

[271] Quelle: KMU FORSCHUNG AUSTRIA 2006b

[272] Quelle: Maurer 2002

Im Folgenden werden die zentralen Herausforderungen und charakteristischen Entwicklungen des Großhandels im Überblick dargestellt:

- Der zunehmende Wettbewerb führt zu anhaltender Unternehmenskonzentration und –kooperation. Diese wird mit einer weiter anhaltenden Konsolidierung bzw. selektiven Auslese von Unternehmen einhergehen.[273]
- Vertikale Kooperationen (Zusammenarbeit des Großhandels mit vor- und nachgelagerten Wirtschaftsstufen) gewinnen vor allem unter dem Stichwort ECR (Efficient Consumer Response[274]) an Bedeutung.
- Einen immer bedeutender werdenden Bestandteil zur Sicherung der Wettbewerbsfähigkeit des Großhandels stellen neue Technologien zur Optimierung der Distribution und Logistik, wie Electronic Commerce, intelligente Lagersysteme, Managementinformationssysteme, moderne Warenwirtschaftssysteme sowie zukünftig auch die RFID-Technologie dar.
- Die Bereitstellung und Übermittlung von Informationen (durch neue Informations- und Kommunikationstechnologien) gewinnen im Vergleich zum reinen, physischen Transport von Waren an Bedeutung.
- Der Großhandel verlagert seine Funktionen zunehmend in den Bereich der Dienstleistung. Das Angebot von Serviceleistungen, wie Absatzförderungsmaßnahmen, Marketingberatung, Schulung von Verkaufspersonal, technische Beratung, Übernahme des Rechnungswesens etc. werden immer wichtiger.[275]
- Der Großhandel läuft Gefahr durch den zunehmenden Wettbewerb aufgrund der vorwärts integrierten Vertikalisierungstendenzen der Industrie einen Bedeutungsverlust zu erleiden.
- Potenziale für den Großhandel ergeben sich auch aus einer gezielten Ausrichtung der Sortimentspolitik in Form von Sortimentserweiterung bzw. umgekehrt in Form von Spezialisierung.
- Der Großhandel steht einem potenten, immer mächtiger werdenden Einzelhandel gegenüber, der ganze bzw. weite Teile der Wertschöpfungskette beherrscht.

---

[273] Quelle: Müller-Hagedorn et al. 1999

[274] Die Grundidee von ECR ist eine engere Zusammenarbeit von Herstellern und Händlern mit dem Ziel Kosten zu reduzieren und gleichzeitig den Konsumentenbedürfnissen besser gerecht zu werden (Quelle: Glavanovits/Kotzab 2002).

[275] Quelle: Hudetz 2000

- Entgegen dieser Tendenz der rückwärts gerichteten Vertikalisierung von Einzelhandelsunternehmen dringt der Großhandel jedoch auch verstärkt in die Einzelhandelsstufe ein, indem er z. B. im Rahmen der Betriebsform der Cash & Carry-Märkte auch Endkonsument/innen bedient.
- Der Großhandel wird sich zu einer logistik-orientierten Mischform von Handels- und Dienstleistungsunternehmen entwickeln.[276]

---

276 Quelle: Müller-Hagedorn 1997

7 Resumée

Der Handel stellt innerhalb der österreichischen Wirtschaft einen zentralen Wirtschaftszweig dar. Rd. 77.000 Handelsunternehmen beschäftigen rd. 550.000 Mitarbeiter/innen und erzielen einen Jahresumsatz von rd. € 168 Mrd. In Relation zur gesamten marktorientierten Wirtschaft in Österreich entspricht dies rd. 28 % aller Unternehmen, rd. 24 % der unselbstständig Beschäftigten und rd. 33 % des Umsatzes. Damit stellt der Handel – gemessen am Umsatz – den bedeutendsten Sektor der heimischen Wirtschaft dar und ist nach der Sachgüterproduktion der zweitgrößte Arbeitgeber.

Der österreichische Handel ist kleinbetrieblich strukturiert. Gemessen an der Zahl der Unternehmen dominieren Kleinstunternehmen (1-9 Beschäftigte). Die größte Zahl an unselbstständig Beschäftigten im Handel ist jedoch in Großunternehmen (über 250 unselbstständig Beschäftigte) tätig.

Insgesamt sind rd. 99,8 % der heimischen Handelsunternehmen Klein- und Mittelunternehmen (KMU), die rd. 63 % der unselbstständig Beschäftigten im Handel einen Arbeitsplatz bieten und für rd. 74 % des Handelsumsatzes verantwortlich zeichnen. Hier zeigt sich die hohe Bedeutung der KMU für den österreichischen Handel und in weiterer Folge für die österreichische Wirtschaft. Im Vergleich dazu verfügen rd. 0,2 % der Handelsunternehmen in Österreich über 250 unselbstständig Beschäftigte; erzielen jedoch mit rd. 37 % der Handelsmitarbeiter/innen rd. 26 % des gesamten Handelsumsatzes.

Grafik 128 Anteil der Größenklassen im Handel an der Zahl der Unternehmen, unselbstständig Beschäftigten und Umsatz in Prozent, 2005

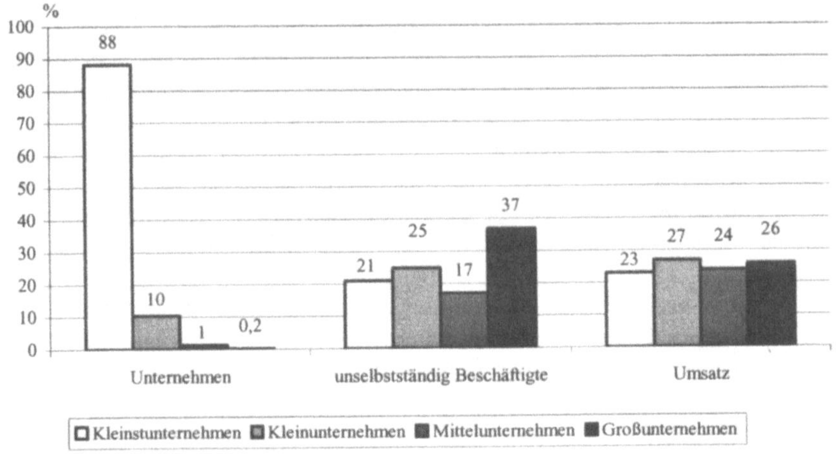

Kleinstunternehmen: 1-9 Beschäftigte
Kleinunternehmen: 10-49 Beschäftigte
Mittelunternehmen: 50-249 Beschäftigte
Großunternehmen: ab 250 Beschäftigte
Quellen: Statistik Austria, Hauptverband der österreichischen Sozialversicherungsträger, KMU FORSCHUNG AUSTRIA

Im Langzeitvergleich 1995 – 2006 stieg die Zahl der Handelsunternehmen um rd. 12.300, jene der unselbstständig Beschäftigten um rd. 75.400 an. Die österreichische Handelslandschaft ist dabei einem tief greifenden Veränderungsprozess unterworfen, der besonders im Einzelhandel „sichtbar“ wird. Während die Gesamtzahl der Einzelhandelsgeschäfte im Vergleich 2001/2005 nahezu konstant geblieben ist, hat sich die Struktur deutlich verändert. Der Strukturwandel verläuft zwar nicht geradlinig, jedoch lassen sich eindeutige Trendlinien feststellen. Die rückläufige Zahl an nicht-filialisierten Geschäften wird durch die Expansion der filialisierten Einzelhandelsunternehmen kompensiert, was zu verstärkten Konzentrationstendenzen führt. Der Filialisierungsgrad stieg in den letzten Jahren konstant an.

Der Strukturwandel bedingt nicht zuletzt ein konstant steigendes Flächenwachstum. Kleine, nicht-filialisierte Geschäfte scheiden aus dem Markt aus, während neue, große Filialen errichtet bzw. bestehende ausgebaut werden. Bei nahezu konstantem bzw. nur leicht ansteigendem Umsatzvolumen im stationären Einzelhandel führt dies im Durchschnitt zu einer konstant rückläufigen Verkaufsflächenproduktivität (Umsatz je Quadratmeter Verkaufsfläche).

Grafik 129 Entwicklung der Geschäfte, der Verkaufsfläche, des Umsatzes und der Verkaufsflächenproduktivität 2002 – 2005 (Index 100 = 2002)

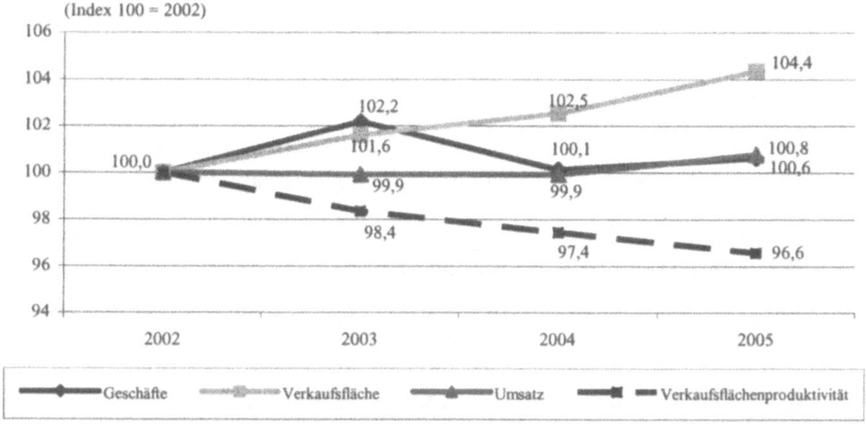

Geschäfte: Anzahl der Geschäfte im stationären Einzelhandel
Verkaufsfläche: Gesamtverkaufsfläche im stationären Einzelhandel
Umsatz: Bruttoumsatz des stationären Einzelhandels (Basis: Statistik Austria, Hochrechnungen: KMU FORSCHUNG AUSTRIA)
Verkaufsflächenproduktivität: Durchschnittlicher Bruttoumsatz je Quadratmeter Verkaufsfläche
Quelle: KMU FORSCHUNG AUSTRIA, Regionaldatenbank

Eine Auswirkung des Strukturwandels ist, dass betriebswirtschaftlich gefährdete Einzelhandelsunternehmen immer schneller aus dem Markt ausscheiden, während der Anteil der Top-Unternehmen im Langzeitvergleich nur geringfügig steigt. Betroffen sind davon insbesondere Kleinstunternehmen, die deutlich häufiger buchmäßig überschuldet und in der Verlustzone sind als Mittel- und Großunternehmen.

Die österreichische Großhandelslandschaft wiederum ist geprägt von einem starken Anstieg des Bereichs Handelsvermittlung und von – im Durchschnitt - sinkenden Unternehmensgrößen, wobei diese Entwicklungen keineswegs getrennt zu betrachten sind. Ein Drittel der Großhandelsunternehmen kann der Handelsvermittlung zugeordnet werden. Der Langzeitvergleich 1995-2005 zeigt ein dynamisches Wachstum (rd. +4.000 Unternehmen). Die stark steigenden Unternehmenszahlen im Bereich Handelsvermittlung wirken sich auch auf die Entwicklung der durchschnittlichen Unternehmensgröße im Großhandel aus, da die Handelsvermittlung mit durchschnittlich rd. 0,9 unselbstständig Beschäftigten pro Unternehmen deutlich kleinbetrieblicher strukturiert ist als andere Großhandelsbranchen. Dem zu Folge sind in der Handelsvermittlung auch lediglich rd. 4 % der unselbstständig Beschäftigten des Großhandels tätig.

Gemessen am Großhandelsumsatz spielt die Handelsvermittlung mit einem Anteil von rd. 1 % eine untergeordnete Rolle.

Die bedeutendste Großhandelsbranche nach Beschäftigungsaspekten stellt der Großhandel mit Gebrauchs- und Verbrauchsgütern dar, hier finden rd. 25% der unselbständig Beschäftigten des Großhandels einen Arbeitsplatz. Der anteilsmäßig höchste Umsatz wird im Großhandel mit Rohstoffen, Halbwaren und Altmaterialien erzielt. Die Großhandelsunternehmen dieser Branche erwirtschaften rd. 36 % des österreichischen Großhandelsumsatzes.

Zusammenfassend kann daher festgehalten werden, dass der Bereich Handelsvermittlung zwar die stärksten Unternehmenszuwächse und somit die höchsten Unternehmenszahlen aufweist, jedoch davon nur geringe Beschäftigungs- und Umsatzeffekte für den österreichischen Großhandel ausgehen.

Der anteilsmäßig höchste Umsatz wird im Großhandel mit den Kundengruppen Einzelhandel, Gewerbe & Handwerk und Industrie erzielt, wobei insbesondere die konjunkturelle Entwicklung im Gewerbe & Handwerk direkten Einfluss auf die Umsatzentwicklung des Großhandels hat. Aufgrund der zunehmenden Konzentration im Einzelhandel und der sich daraus ergebenden Marktmacht „korreliert“ die Entwicklung im Einzelhandel nur sehr „schwach“ mit jener des Großhandels. Hinzu kommt die fortschreitende Rückwärtsintegration der Wertschöpfungskette im Einzelhandel und der damit verbundenen Umgehung des Großhandels.

Studien der KMU FORSCHUNG AUSTRIA belegen jedoch eindeutig, dass Theorien – wie die Exklusionstheorie der vollständigen Ausschaltung des Großhandels – zu falsifizieren sind. Im Gegenteil: sowohl die Anzahl der Unternehmen wie auch der Branchenumsatz im Großhandel steigen kontinuierlich und so wird diesem auch weiterhin eine wichtige Bedeutung in der österreichischen Wirtschaft zukommen.

Kaufbarrieren als Wachstumsbarrieren für Handelsunternehmen

Gastbeitrag von:

Thomas Foscht
California State University, USA und
Karl-Franzens-Universität Graz, A

Thomas Angerer
IRM – Institut für Relationship Marketing,
Forschungs- und Beratungs GmbH

1. Einleitung und Problemstellung

Eine der zentralen Fragestellungen im Handelsmanagement lautet: Wie kann das Unternehmen nachhaltig wachsen und profitabel sein? Je nachdem, welchen Bereich man diskutieren möchte, gibt es zur Beantwortung dieser Frage eine Reihe von unterschiedlichen Möglichkeiten. Diese reichen von strategischen Überlegungen, wie z. B. Internationalisierung, Sortiments-/Serviceerweiterungen oder Einführung von Handelsmarken bis hin zu vielen eher operativen Aspekten, wie z. B. Optimierung der Supply Chain, stärkere Integration der Kommunikation oder Optimierung der Ladengestaltung.

Einer der Bereiche, in denen große Wachstums- und Ertragspotenziale stecken, ist die Beziehung zu den Kunden.[277] Das Schlimmste, was einem Unternehmen in diesem Zusammenhang „passieren" kann, ist wohl Folgendes: Dass ein Kunde mehr oder weniger mit der Absicht, ein bestimmtes Produkt zu kaufen, in das Geschäft kommt und dieses dann – aus welchen Gründen auch immer – verlässt und das Produkt nicht kauft. Aus Sicht des Kunden muss also eine Barriere vorgelegen sein, weshalb er den jeweiligen Artikel schlussendlich nicht gekauft hat, für das Unternehmen stellt dies gleichzeitig eine Barriere dar, mehr Umsatz und Ertrag zu erwirtschaften bzw. zu wachsen.

In diesem Zusammenhang ist es verwunderlich, dass der Frage „Warum kaufen Konsumenten nicht bei XY bzw. warum kaufen sie bestimmte Produkte nicht, obwohl sie sich dafür interessieren?" bislang in der Handelsforschung wenig Beachtung geschenkt wurde. Diese aus der „Theorie des negativen Wissens" abgeleitete Sichtweise eröffnet neue Einsichten zur Steigerung des Erfolgs.

Vor diesem Hintergrund wurden 517 Konsumenten persönlich befragt, um jene Bereiche im Handel identifizieren zu können, die von Konsumenten als Kaufbarrieren gesehen werden. Die Auswahl der Probanden erfolgte auf der Basis der Volkszählung 2001 repräsentativ für die steirische Wohnbevölkerung. Jeder Konsument wurde zu zwei Handelsunternehmen befragt, sodass der Analyse schlussendlich 1.034 Beurteilungen zu Grunde gelegt werden konnten.

---

[277] Quellen: Foscht/Angerer/Swoboda 2005; Foscht/Angerer/Swoboda/Moazedi 2005

Im vorliegenden Beitrag soll nun zunächst kurz der konzeptionelle Analyserahmen der Untersuchung dargestellt und diskutiert werden. Anschließend werden die Ergebnisse der Untersuchung aggregiert und in weiterer Folge betriebstypenspezifisch analysiert und dargestellt. Schließlich werden auf der Basis der Ergebnisse Schlussfolgerungen für das Handelmanagement abgeleitet und ein kurzer Ausblick gegeben.

2. Die Erfolgskette als Analyserahmen für Wachstumsbarrieren

Wenn Konsumenten Interesse an einem Produkt haben, dieses aber trotz dieses Interesses nicht kaufen, stellt dies ein Problem für Handelsunternehmen dar. Derartige Kaufbarrieren[278] können vielfältig sein. Sie sind einerseits Störfaktoren in der Kundenbeziehung und damit andererseits auch Störfaktoren des Unternehmenserfolges. Wie sich dieser Prozess im Detail darstellen kann, ist in Abbildung 1 – im Rahmen der so genannten Erfolgskette[279] – schematisch skizziert.

Zunächst geht man davon aus, dass durch das Vorliegen einer Kaufbarriere die Kundenzufriedenheit beeinflusst wird. Eine hohe Kundenzufriedenheit ist auch ein sehr aussagekräftiger Indikator für die Zukunft des Unternehmens, da sie meist positiv mit der Kundenloyalität korreliert und dem Unternehmen darüber hinaus auch einen kontinuierlichen zukünftigen wirtschaftlichen Erfolg sichert.[280] Wenngleich die Zufriedenheit von Kunden noch keine Garantie für deren Loyalität und Bindung darstellt, so ist sie doch zweifellos die zentrale Voraussetzung dafür, dass Kunden auch in der Zukunft beim selben Unternehmen kaufen oder es weiter empfehlen.[281]

Abbildung 1 Erweitertes Basismodell der Erfolgskette

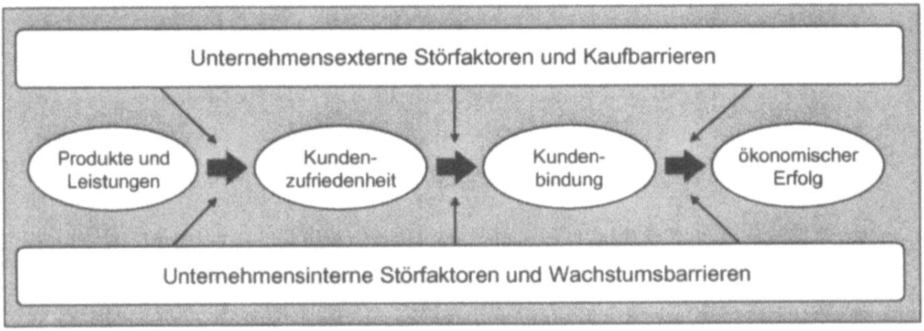

[278] Quellen: Angerer/Moazedi 2005a; Angerer/Moazedi 2005b

[279] Quellen: Heskett/Jones/Loveman/Sasser/Schlesinger 1994; Bruhn 1999; Bruhn 2001

[280] Quelle: Foscht/Swoboda 2007

[281] Quelle: Foscht 2002

Kundenzufriedenheit wird generell als das Ergebnis eines komplexen psychischen Vergleichsprozesses verstanden, bei dem der Kunde seine wahrgenommenen Erfahrungen (Ist-Leistung) – beispielsweise mit einzelnen Produkten oder mit dem gesamten Unternehmen – mit den Erwartungen und Wünschen (Soll-Leistung) vergleicht, die er vor seinem Einkauf hatte.[282] Werden die Erwartungen eines Kunden durch die Leistung deutlich übertroffen, so wird der Kunde überzeugt (hohe Zufriedenheit). Liegt die Leistung deutlich unter seinen Erwartungen, wird er enttäuscht (Unzufriedenheit). Entspricht die Leistung in etwa den Erwartungen, so ist der Kunde zufrieden gestellt. Kundenzufriedenheit kann man damit letztlich auch als Maßstab für die wahrgenommene Qualität bezeichnen.

Der Hauptgrund, warum die Kundenzufriedenheit mittlerweile eine zentrale Rolle im Marketing einnimmt, liegt in ihrem engen Zusammenhang mit wichtigen Erfolgsgrößen. Eine dieser Größen ist das sog. Referenz-Verhalten. Im positiven Sinn kann es dabei zu Weiterempfehlungen kommen, im negativen Sinn zur Weitererzählung des negativen Erlebnisses.[283] Ein häufig besonders starker Zusammenhang besteht mit der Kundenbindung (Kundenloyalität) bzw. dem Wiederkauf-Verhalten. Das loyale Verhalten schließt höhere durchschnittliche Umsätze sowie eine höhere Einkaufsfrequenz mit ein. Häufig ist damit auch eine größere Toleranz gegenüber höheren Preisen verbunden.

---

282 Quellen: Foscht/Swoboda 2007

283 Quellen: Foscht 2002; Angerer/Foscht/Swoboda 2006a

Kaufbarrieren hindern Kunden daran, für ihn interessante Produkte zu kaufen bzw. Leistungen in Anspruch zu nehmen. Diese Barrieren aus Kundensicht sind zugleich auch Wachstumsbarrieren aus Unternehmenssicht. Darüber hinaus können aber auch weitere Störfaktoren existieren, die dazu führen, dass Kunden trotz hoher Zufriedenheit nicht loyal sind (z. B. Variety-Seeking, Bequemlichkeit) oder dass sich Kundenbindung für das Unternehmen nicht rechnet (z. B. niedriges Umsatz-/Ertragspotenzial des Kunden, falsche Ressourcenallokation).

Im Rahmen der Erfolgskette, die in der Literatur auch als Service-Profit-Chain[284] bezeichnet wird, können diese Wechselwirkungen und Zusammenhänge systematisch analysiert werden. Stellt man zudem branchen- bzw. unternehmensspezifische Analysen an, so lässt sich grundsätzlich genau sagen, welche Auswirkung die Änderung einer Größe in der Erfolgskette auf eine andere hat. So kann beispielsweise genau gemessen – und damit auch prognostiziert – werden, um wie viel die Kundenloyalität bei einer einprozentigen Erhöhung der Kundenzufriedenheit ansteigt und welche genauen Auswirkungen das wiederum auf den ökonomischen Erfolg haben würde. Mit der – unternehmensspezifischen – Betrachtung der verschiedenen Einflussgrößen handelt es sich um ein sehr praxisnahes und wirkungsvolles Konzept, auf dessen Basis systematisch Ansatzpunkte abgeleitet werden können, wie das ökonomische Ergebnis von einzelnen Kundenbeziehungen und damit letztlich das ökonomische Ergebnis des gesamten Unternehmens gezielt gesteigert werden kann.

[284] Quellen: Heskett/Jones/Loveman/Sasser/Schlesinger 1994; Heskett/Sasser/Schlesinger 1997

3. Kaufbarrieren im Lebensmitteleinzelhandel

Kaufbarrieren sind – wie bereits erwähnt – Gründe, die Kunden am Kauf eines Produktes hindern, für das sie sich konkret interessieren. Kaufbarrieren können vielfältig sein, wie der Überblick in Tabelle 1 verdeutlicht. Die darin angeführten Prozentwerte geben an, inwiefern es Handelsunternehmen aus Kundensicht gelingt, Kaufbarrieren zu vermeiden. 100 % würden dementsprechend einer sehr guten Beurteilung aus Kundensicht entsprechen, 0 % einer nicht genügenden Beurteilung. Entsprechend der immer beliebteren „Ampellogik“ zur Ergebnis-Visualisierung kann der Handlungsbedarf für Handelsunternehmen in drei Bereiche unterteilt werden.

Tabelle 1 Kaufbarrieren im Überblick

Barrieren im LEH	Mittelwert	% von Max.
Mittelwert über alle Kaufbarrieren	2,22	69,5%
Tiefenanalyse 1 (nach Bereichen)		
Erlebnisbarriere	2,58	60,5%
Orientierungsbarriere	2,35	66,3%
Informationsbarriere	2,34	66,5%
Anreizbarriere	2,32	67,0%
Kundenorientierungsbarriere	2,29	67,8%
Verfügbarkeitsbarriere	2,27	68,3%
Preis-Leistungs-Barriere	2,19	70,3%
Vertrauensbarriere	2,15	71,3%
Erreichbarkeitsbarriere	1,87	78,3%
Öffnungszeitenbarriere	1,84	79,0%

Anmerkungen: Zugrunde liegende Skala: 1 … sehr gut, 2 … gut, 3 … befriedigend, 4 … genügend, 5 … nicht genügend; Farbmarkierungen entsprechen der „Ampellogik“: ■ … „roter Bereich“, starker Handlungsbedarf, ■ … „gelber Bereich“, punktueller Handlungsbedarf, □ … „grüner Bereich“, geringer Handlungsbedarf

Betrachtet man den Mittelwert über alle Kaufbarrieren als „Top-Kennzahl“, erkennt man starken Handlungsbedarf. Dieser wird konkreter, wenn man in der Analyse eine Ebene tiefer geht, d. h. eine Tiefenanalyse nach Bereichen anstellt. Demzufolge beurteilen Kunden die Erlebnisbarriere als größte Kaufbarriere. Damit besteht in diesem „roten Bereich“ starker Handlungsbedarf. Etwas dahinter – aber ebenfalls mit starkem Handlungsbedarf – liegen die Orientierungsbarriere, die Informationsbarriere, die Anreizbarriere, die Kundenorientierungsbarriere sowie die Verfügbarkeitsbarriere. Punktueller Handlungsbedarf besteht bei der Preis-Leistungs-Barriere, der Vertrauensbarriere, der Erreichbarkeitsbarriere sowie der Öffnungszeitenbarriere. In der Betrachtung der Branche liegt keine der analysierten Barrieren im „grünen Bereich" mit nur geringem Handlungsbedarf.

Tabelle 2 Kaufbarrieren – Darstellung der Schlüsselkriterien

Tiefenanalyse 2 (nach Schlüsselkriterien)	Mittelwert	% von Max.
Erlebnisbarriere		
- Möglichkeit zu einem angenehmen Einkaufserlebnis	2,72	57,0%
- Möglichkeit zu einem entspanntem Einkauf	2,58	60,5%
- Atmosphäre im Geschäft	2,43	64,3%
Orientierungsbarriere		
- Waren- und Leistungspräsentation, Platzierung	2,38	65,5%
- Übersichtlichkeit im Geschäft	2,34	66,5%
- Übersichtlichkeit und Auffindbarkeit von Produkten	2,34	66,5%
Informationsbarriere		
- Berücksichtigung meiner Wünsche in der Werbung	2,72	57,0%
- Kennzeichnung von Produktvorteilen	2,41	64,8%
- Preisauszeichnung im Geschäft	2,15	71,3%
- Verständlichkeit von Informationen (im Geschäft und in der Werbung)	2,07	73,3%
Anreizbarriere		
- Ausrichtung des Angebots speziell auf meine Wünsche	2,59	60,3%
- Vergleichbarkeit von Produkten	2,50	62,5%
- Auswahl	2,22	69,5%
- Produkte und Leistungen, die meinen Wünschen entsprechen	2,32	67,0%
- Qualität der Produkte	2,00	75,0%
Kundenorientierungsbarriere		
- Angebotene Service- und Dienstleistungen zusätzlich zu den Produkten	2,86	53,5%
- Fachliche Beratung durch die Mitarbeiter	2,58	60,5%
- Kundenorientierung des Unternehmens und der Mitarbeiter	2,32	67,0%
- Erfahrungen von Bekannten	2,15	71,3%
- Bisherige Erfahrungen mit dem Unternehmen und seinen Mitarbeitern	2,13	71,8%
- Hilfsbereitschaft und Bemühen der Mitarbeiter	2,03	74,3%
- Freundlichkeit der Mitarbeiter	1,95	76,3%
Verfügbarkeitsbarriere		
- Verfügbarkeit von Produkten	2,27	68,3%

Tiefenanalyse 2 (nach Schlüsselkriterien)	Mittelwert	% von Max.
Preis-Leistungs-Barriere		
- Preis der Produkte und Leistungen	2,22	69,5%
- Preis-Leistungs-Verhältnis	2,16	71,0%
Vertrauensbarriere		
- Glaubwürdigkeit der Werbung des Unternehmens	2,37	65,8%
- Vertrauenswürdigkeit des Unternehmens und der Mitarbeiter	2,19	70,3%
- Umgang mit Beschwerden und Reklamationen	2,19	70,3%
- Glaubwürdigkeit des Unternehmens und der Mitarbeiter	2,11	72,3%
- Verlässlichkeit von Informationen (im Geschäft und in der Werbung)	2,09	72,8%
- Sauberkeit im Geschäft	1,96	76,0%
Erreichbarkeitsbarriere		
- Parkplätze	1,97	75,8%
- Standort des Geschäfts	1,82	79,5%
- Erreichbarkeit des Geschäfts	1,82	79,5%
Öffnungszeitenbarriere		
- Öffnungszeiten	1,84	79,0%

Anmerkungen: Zugrunde liegende Skala: 1 … sehr gut, 2 … gut, 3 … befriedigend, 4 … genügend, 5 … nicht genügend; Farbmarkierungen entsprechen der „Ampellogik“: ■ … „roter Bereich“, starker Handlungsbedarf, ■ … „gelber Bereich“, punktueller Handlungsbedarf, □ … „grüner Bereich“, geringer Handlungsbedarf

Der auf Basis der Tiefenanalyse nach Bereichen identifizierte Handlungsbedarf kann weiter konkretisiert werden (Tabelle 2). Starker Handlungsbedarf besteht im Rahmen der Erlebnisbarriere in der Möglichkeit zu einem angenehmen und entspannten Einkaufserlebnis mit einer entsprechenden Atmosphäre, bei der Orientierungsbarriere in Hinblick auf Warenpräsentation/Platzierung, Auffindbarkeit von Produkten und Übersichtlichkeit. Eine stärkere Berücksichtigung kundenindividueller Wünsche in der Werbung sowie eine bessere Kennzeichnung von Produktvorteilen bilden die dringendsten Ansatzpunkte im Rahmen der Informationsbarriere. Zum Abbau der Anreizbarriere sollte das Angebot stärker auf kundenindividuelle Wünsche ausgerichtet werden, wobei die Vergleichbarkeit, die Auswahl und die einzelnen Produkte selbst starke Bedeutung haben. Handlungsbedarf besteht ebenso bei Serviceleistungen, fachlicher Beratung, Kundenorientierung, Verfügbarkeit, Preis sowie Glaubwürdigkeit der Werbung.

Abbildung 2 „Worüber sich Kunden in Handelsunternehmen ärgern…“

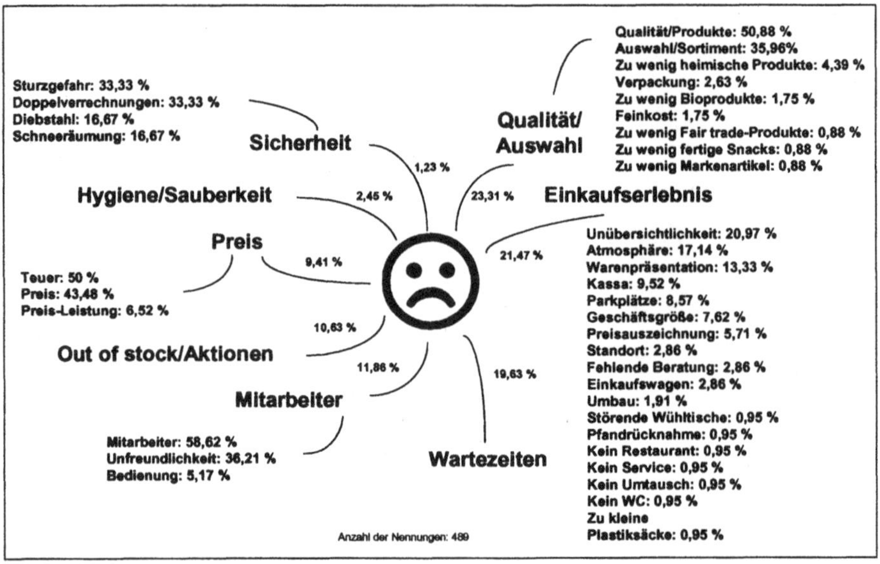

In der neueren Marktforschung erlangt zusätzlich zur quantitativen Analyse die qualitative Analyse eine zunehmende Bedeutung. Diese systematische Kombination der verschiedenen Untersuchungsansätze wird auch als „Mixed Methods“ bezeichnet.[285] Für die vorliegende Untersuchung ergibt diese Betrachtungsweise Zusatzinformationen zum Abbau von bestehenden Kaufbarrieren (Abbildung 2).

---

[285] Quelle: Angerer/Foscht/Swoboda 2006b

4. Betriebstypenspezifische Analyse von Kauf- und Wachstumsbarrieren

Die aggregierte Sichtweise für den gesamten Handel in Kapitel 3 lässt zwar interessante Rückschlüsse zu, wie die Konsumenten die Handelsunternehmen generell beurteilen. Wie allerdings schon in Kapitel 2 dargestellt wurde, hängt die Urteilsbildung der Konsumenten in Bezug auf Kaufbarrieren und Zufriedenheit sehr stark von deren Erwartungen ab. Insofern ist es im vorliegenden Kontext auch nahe liegend, dass Konsumenten an unterschiedliche Betriebstypen auch unterschiedliche Erwartungen haben werden. Vor diesem Hintergrund wurden in der vorliegenden Untersuchung, die Probanden zu unterschiedlichen Unternehmen bzw. Betriebstypen, die entsprechend ihren Marktanteilen vorgegeben wurden, befragt.

Tabelle 3 Kaufbarrieren im Überblick – im Betriebstypenvergleich

Barrieren im LEH	Alle Geschäfte	Supermärkte	Verbrauchermärkte	Diskonter
Mittelwert über alle Kaufbarrieren	2,22	2,19	2,11	2,30
Tiefenanalyse 1 (nach Bereichen)				
Erlebnisbarriere	2,58	2,35	2,43	2,87
Orientierungsbarriere	2,35	2,30	2,29	2,43
Informationsbarriere	2,34	2,29	2,24	2,43
Anreizbarriere	2,32	2,29	2,04	2,50
Kundenorientierungsbarriere	2,29	2,13	2,29	2,44
Verfügbarkeitsbarriere	2,27	2,31	1,82	2,46
Preis-Leistungs-Barriere	2,19	2,46	2,23	1,90
Vertrauensbarriere	2,15	2,04	2,13	2,27
Erreichbarkeitsbarriere	1,87	1,83	1,91	1,89
Öffnungszeitenbarriere	1,84	1,92	1,69	1,84

Anmerkungen: Zugrunde liegende Skala: 1 ... sehr gut, 2 ... gut, 3 ... befriedigend, 4 ... genügend, 5 ... nicht genügend; Farbmarkierungen: ■ ... schlechtester Wert im Betriebstypenvergleich, ■ ... bester Wert im Betriebstypenvergleich

Die Studie bringt ein interessantes, wenngleich knappes Ergebnis, das im Überblick in Tabelle 3 und dann detailliert in Tabelle 4 dargestellt ist. Betrachtet man alle Kaufbarrieren gemeinsam, so liegen Verbrauchermärkte und Supermärkte beinahe gleichauf vor Diskontern. Dieses Ergebnis ergibt sich durch die kundenseitige Bewertung einer Reihe von Kaufbarrieren, die letztlich Stärken und Schwächen nach Betriebstypen widerspiegeln. Supermärkte und Verbrauchermärkte weisen dabei eine Reihe von Stärken auf. Bei Supermärkten liegen diese im Bereich der Erlebnis-, Kundenorientierungs-, Vertrauens- und Erreichbarkeitsbarriere; bei Verbrauchermärkten ist die Liste der positiv bewerteten Barrieren länger. Anders ist dies bei Diskontern: Aus Kundensicht werden dort eine Reihe von Schwächen ersichtlich, denen aber die Preis-Leistungs-Barriere als deutliche Stärke gegenüber steht.

Tabelle 4 Kaufbarrieren – im Betriebstypenvergleich

Tiefenanalyse 2 (nach Schlüsselkriterien)	Alle Geschäfte	Supermärkte	Verbrauchermärkte	Diskonter
Erlebnisbarriere				
- Möglichkeit zu einem angenehmen Einkaufserlebnis	2,72	2,52	2,50	3,02
- Möglichkeit zu einem entspanntem Einkauf	2,58	2,40	2,43	2,83
- Atmosphäre im Geschäft	2,43	2,12	2,37	2,77
Orientierungsbarriere				
- Waren- und Leistungspräsentation, Platzierung	2,38	2,39	2,10	2,51
- Übersichtlichkeit im Geschäft	2,34	2,27	2,40	2,38
- Übersichtlichkeit und Auffindbarkeit von Produkten	2,34	2,25	2,37	2,41
Informationsbarriere				
- Berücksichtigung meiner Wünsche in der Werbung	2,72	2,61	2,73	2,82
- Kennzeichnung von Produktvorteilen	2,41	2,35	2,19	2,58
- Preisauszeichnung im Geschäft	2,15	2,17	2,03	2,18
- Verständlichkeit von Informationen	2,07	2,04	2,02	2,13
Anreizbarriere				
- Ausrichtung des Angebots speziell auf meine Wünsche	2,59	2,50	2,52	2,73
- Vergleichbarkeit von Produkten	2,50	2,45	2,18	2,70
- Produkte und Leistungen, die Wünschen entsprechen	2,32	2,26	2,15	2,46
- Auswahl	2,22	2,35	1,51	2,44
- Qualität der Produkte	2,00	1,89	1,83	2,19

Tiefenanalyse 2 (nach Schlüsselkriterien)	Alle Geschäfte	Supermärkte	Verbrauchermärkte	Diskonter
Kundenorientierungsbarriere				
- Zusätzliche Service- und Dienstleistungen	2,86	2,71	2,86	3,00
- Fachliche Beratung durch die Mitarbeiter	2,58	2,26	2,55	2,91
- Kundenorientierung des Unternehmens/der Mitarbeiter	2,32	2,16	2,26	2,51
- Erfahrungen von Bekannten	2,15	2,12	2,06	2,23
- Bisherige Erfahrungen mit Unternehmen/Mitarbeitern	2,13	2,00	2,14	2,24
- Hilfsbereitschaft und Bemühen der Mitarbeiter	2,03	1,87	2,12	2,16
- Freundlichkeit der Mitarbeiter	1,95	1,81	2,02	2,06
Verfügbarkeitsbarriere				
- Verfügbarkeit von Produkten	2,27	2,31	1,82	2,46
Preis-Leistungs-Barriere				
- Preis der Produkte und Leistungen	2,22	2,52	2,28	1,88
- Preis-Leistungs-Verhältnis	2,16	2,40	2,17	1,91
Vertrauensbarriere				
- Glaubwürdigkeit der Werbung des Unternehmens	2,37	2,32	2,42	2,38
- Vertrauenswürdigkeit Unternehmen/Mitarbeiter	2,19	2,06	2,24	2,31
- Umgang mit Beschwerden und Reklamationen	2,19	2,10	2,17	2,28
- Glaubwürdigkeit des Unternehmens und der Mitarbeiter	2,11	2,01	2,15	2,20
- Verlässlichkeit von Informationen	2,09	1,97	2,06	2,22
- Sauberkeit im Geschäft	1,96	1,80	1,73	2,22
Erreichbarkeitsbarriere				
- Parkplätze	1,97	2,16	1,79	1,86
- Standort des Geschäfts	1,82	1,70	1,92	1,90
- Erreichbarkeit des Geschäfts	1,82	1,62	2,03	1,91
Öffnungszeitenbarriere				
- Öffnungszeiten	1,84	1,92	1,69	1,84

Anmerkungen: Zugrunde liegende Skala: 1 … sehr gut, 2 … gut, 3 … befriedigend, 4 … genügend, 5 … nicht genügend; Farbmarkierungen: ■ … schlechtester Wert im Betriebstypenvergleich, ■ … bester Wert im Betriebstypenvergleich

Aus betriebswirtschaftlicher Sicht kann der Abbau von Kaufbarrieren kein Selbstzweck sein. Daher ist es von Interesse, welchen Einfluss Kaufbarrieren auf die Kundenzufriedenheit, die Kundenbindung (Weiterempfehlungsabsicht, Wiederkauf-, Zusatzkaufabsicht sowie Preiserhöhungstoleranz) sowie den ökonomischen Erfolg des Handelsunternehmens ausüben. Trotz zahlreicher Stärken erreichen Supermärkte in Hinblick auf Zufriedenheit, Weiterempfehlungsabsicht, Wiederkaufabsicht und Zusatzkaufabsicht die schlechtesten Beurteilungen aus Kundensicht. Verbrauchermärkte können bei allen genannten weichen Erfolgsfaktoren sowie zusätzlich bei der Preiserhöhungstoleranz punkten und Stärken verbuchen. Bei den Diskontern erhält man aus Kundensicht die schlechtesten Bewertungen bei Zufriedenheit sowie Zusatzkaufabsicht und Preiserhöhungstoleranz (vgl. Tabelle 5).

Tabelle 5 Weiche Erfolgsfaktoren – im Betriebstypenvergleich

Weiche Erfolgsfaktoren	Alle Geschäfte	Supermärkte	Verbrauchermärkte	Diskonter
Zufriedenheit	2,22	2,23	2,17	2,23
Weiterempfehlungsabsicht	1,75	1,76	1,73	1,75
Wiederkaufabsicht	1,56	1,57	1,54	1,56
Zusatzkaufabsicht	2,10	2,11	2,06	2,11
Preiserhöhungstoleranz	3,28	3,27	3,25	3,30

Anmerkungen: Zugrunde liegende Skala: Zufriedenheit: 1 ... sehr zufrieden, 2 ... zufrieden, 3 ... mittel, 4 ... eher nicht zufrieden, 5 ... überhaupt nicht zufrieden; Kundenbindung (Weiterempfehlungsabsicht, Wiederkaufabsicht, Zusatzkaufabsicht, Preiserhöhungstoleranz): 1 ... auf jeden Fall, 2 ... eher schon, 3 ... eher nicht, 4 ... auf keinen Fall; Farbmarkierungen: ■ ... schlechtester Wert im Betriebstypenvergleich, ■ ... bester Wert im Betriebstypenvergleich

Geht man einen Schritt weiter und betrachtet neben Kaufbarrieren und weichen Erfolgsfaktoren auch den harten Erfolgsfaktor ökonomischer Erfolg verstanden als „Share of wallet" (geschätzt aus Kundensicht), so erhält man eine Reihung, bei der die Verbrauchermärkte vor den Supermärkten und vor den Diskontern liegen (vgl. Tabelle 6).

Tabelle 6 Harte Erfolgsfaktoren – im Betriebstypenvergleich

Harte Erfolgsfaktoren	Alle Geschäfte	Supermärkte	Verbrauchermärkte	Diskonter
Share of wallet	0,36	0,38	0,40	0,32
Share of wallet – Ranking		2	1	3

Anmerkungen: Zugrunde liegende Skala: Food, Near- und Non-Food-Sortiment, Prozentskala; Farbmarkierungen: ■ ... schlechtester Wert im Betriebstypenvergleich, ■ ... bester Wert im Betriebstypenvergleich

Die gemeinsame Betrachtung von Kaufbarrieren, weichen und harten Erfolgsfaktoren im Rahmen der Erfolgskette zeigt, dass zwischen den einzelnen Größen ein deutlicher Zusammenhang besteht. Niedrige Kaufbarrieren bedeuten höhere Zufriedenheit, höhere Kundenbindung und einen größeren „Anteil an der Geldbörse" des Kunden.

5. Zusammenfassung und Schlussfolgerungen

Kaufbarrieren stellen typische Gründe dafür dar, dass Konsumenten weniger zufrieden sowie in geringerem Maße gebunden und Handelsunternehmen weniger erfolgreich sind. Die Ergebnisse der Untersuchung zeigen dies deutlich.

Im Betriebstypenvergleich aus Kundensicht erreichen die Verbrauchermärkte die beste Gesamtbewertung, allerdings so gut wie gleichauf mit den Supermärkten. Schwächen bestehen bei Verbrauchermärkten in Hinblick auf Erreichbarkeit und Standort der Geschäfte sowie bei der Übersichtlichkeit im Geschäft und der Glaubwürdigkeit der Werbung. Supermärkte unterliegen bei den Öffnungszeiten, bei den Parkplätzen, beim Preis-Leistungs-Verhältnis sowie beim Preis den Verbrauchermärkten und Diskontern. Diskonter wiederum weisen eine ganze Reihe von Schwächen auf, Stärken bestehen allerdings beim Preis-Leistungs-Verhältnis sowie dem Preis.

Die zahlreichen Stärken der Verbrauchermärkte schlagen auf die weichen und harten Erfolgsfaktoren durch: Sowohl bei der Zufriedenheit als auch bei der Weiterempfehlungsabsicht, der Wiederkaufabsicht, der Zusatzkaufabsicht sowie der Preiserhöhungstoleranz haben sie die Nase vor ihren betriebstypenspezifischen Mitbewerbern. Auch der harte Erfolgsfaktor „Share of wallet" weist bei Kunden von Verbrauchermärkten den höchsten Wert auf.

Supermärkte weisen zwar eine Reihe von Stärken im Bereich der Kaufbarrieren auf. Dennoch gelingt es aber nur begrenzt, diese Stärken zufriedenheits- und damit in weiterer Folge erfolgswirksam zu nutzen.

Diskontern gelingt es sehr gut, die Preis-Leistungs-Barriere für sich als Stärke zu nutzen. Der „Share of wallet" mag zwar der niedrigste sein, im Betriebstypen-Vergleich liegt er mit rd. 32 % allerdings auf einem beachtlichen Niveau.

Die systematische Analyse von Kaufbarrieren im Rahmen der Erfolgskette stellt eine fundierte Entscheidungsbasis zur gezielten Steigerung des Unternehmenserfolges dar. Im konkreten Anwendungsfall würde man aber naheliegenderweise über die betriebstypenspezifische Betrachtungsweise hinausgehen und eine unternehmensspezifische Perspektive einnehmen.

Im Rahmen eines „Kaufbarrieren-Managements“ gilt es, Schwächen abzubauen, Stärken auszubauen sowie in Summe einen stimmigen Mix zwischen Stärken und Bereichen, wo man im Mittelfeld liegt (wo also keine Schwäche vorliegt), zu haben. Das Managementkonzept der Kaufbarrieren kann damit als Weg gesehen werden, Beziehungen zwischen Handelsunternehmen und seinen Kunden spürbar zu verbessern, sodass sowohl Kunden als auch Unternehmen davon profitieren.

Literaturverzeichnis

Ahlert, D. (1991): Distributionspolitik. Das Management des Absatzkanals. 2. Auflage, Stuttgart/Jena.

Ahlert, D./Siebenrock, H. (1987): Der Großhandelsbegriff im Spannungsfeld marketing-wissenschaftlicher, wettbewerbspolitischer und wettbewerbsrechtlicher Betrachtungen. In: Betriebsberater, Zeitschrift für Recht und Wirtschaft, Beilage 15/1987 zu Heft 23/1987.

Algermissen, J. (1981): Das Marketing der Handelsbetriebe. In: Geret, E. (Hrsg.): Modernes Marketing. Würzburg/Wien.

Arbeitsmarktservice Österreich (2005): Ausblick auf Beschäftigung und Arbeitslosigkeit in Österreich bis zum Jahr 2009. Online im Internet: http://3stest.acw.at/downloadpub/Synthesis_Prognose_2009.pdf

Barth, K./Hartmann, M./Schröder, H. (2002): Betriebswirtschaftslehre des Handels. 5. Auflage, Wiesbaden.

Berekoven, L. (1995): Erfolgreiches Einzelhandelsmarketing. Grundlagen und Entscheidungshilfen. 2. Auflage, München.

Burger, E. (2004): Die demografische Entwicklung und ihr Einfluss auf Familie und Gesellschaft. Online im Internet: http://www.verwaltung.steiermark.at/cms/dokumente/10003178_97617/2a10c244/Br%C3%BCnn%20Langversion.pdf.

Corstjens, J./Corstjens, M. (2003): Store Wars. The battle of mindspace and shelfspace. Chichester et al.

Eggert, U. (1999): Konsumenten-Trends. Worauf Sie sich einstellen müssen, um Erfolg zu haben. Regensburg/Düsseldorf.

Ehrl, A. (1997): Efficient Consumer Response. Auswirkungen auf die Beziehungen zwischen Hersteller und Handel. München.

Falk, B. R./Wolf, J. (1992): Handelsbetriebslehre. 11. Auflage, Landsberg/Lech.

FfH Berlin (2000): Generation 50 Plus – Chancen für den Einzelhandel. In: FfH Mitteilungen 15, (2).

Fiala, R. (2001): Funktionen und Aufgaben des Großhandels dargestellt am Beispiel des Elektro- und Elektronikgroßhandels in Österreich. Wien.

Gittenberger, E. (2006): Strukturwandel im österreichischen Einzelhandel-Status quo und Ausblick. In: Schnedlitz, P./Buber, R./Reutterer, T./Schuh, A./Teller, Ch. (Hrsg.): Innovationen in Marketing und Handel. Wien.

Glavanovits, H./Kotzab, H. (2002): ECR Kompakt. Efficient Consumer Response. Von der Theorie zur Praxis in Österreich. Wien.

Griepentrog, W. (2005): Metro-Handelslexikon Daten, Fakten und Adressen zum Handel in Deutschland, Europa und Weltweit. Düsseldorf.

Hehenberger Ch. (1997): Die Zukunft fest im Griff. Trends, die unser Leben und die Wirtschaft verändern. 3. Auflage, Institut für Marketing und Trendanalyse. Pregarten.

Hofmann, H. et. al (2004): Auswirkungen der Rationalisierung auf die Beschäftigungssituation im Handel. München.

Hudetz, K. (2000): Prozessinnovation im Großhandel. Stuttgart.

Institut für Handelsforschung an der Universität zu Köln (1995): Katalog E. Begriffsdefinitionen aus der Handels- und Absatzwirtschaft. 4. Ausgabe. Köln.

Jauschowetz, D. (1995): Marketing im Lebensmitteleinzelhandel. Wien.

Kapell, E. (1997): Aufbruch oder Aussterben. Großhandel – der Strukturwandel setzt die Branche unter Druck. In: Lebensmittel Zeitung, 28.02.1997 (9).

Kaapke A./Schäfer A. R. (2002): Zur Entwicklung soziodemografischer Rahmenbedingungen. Handel im Fokus-Mitteilungen des IfH III/02.

KMU FORSCHUNG AUSTRIA (2006a): Beschäftigungsaspekte im Einzelhandel – Zusammenfassung. Wien.

KMU FORSCHUNG AUSTRIA (2006b): Der österreichische Großhandel, unveröffentlichte Ergebnisse einer Primärerhebung. Wien.

KMU Forschung Austria/Wirtschaftsuniversität Wien/Wirtschaftskammer Österreich/Institut für Höhere Studien (2003): Handelsstudie. Perspektiven für den österreichischen Handel. Analysen, Fallstudien, wirtschaftspolitische Implikationen. Wien.

Kotler, P. (1997): Marketing-Management. Analysis, Planning, Implementation, Controlling. 9. Auflage, New Jersey.

Kotler, Ph./Bliemel, F. (2001): Marketing-Management. Analyse, Planung, Umsetzung und Steuerung. 10. Auflage, Stuttgart.

Kotzab, H. (1997): Neue Konzepte der Distributionslogistik von Handelsunternehmen. Wiesbaden.

Kuhn, J. (1998): Die Ressource Zeit im Spannungsfeld der Logistik. In: Zeitschrift für Betriebswirtschaft, 68 (2).

Laga, G. (1998): Internet im rechtsfreien Raum?. Wien

Lerchenmüller, M. (2003): Handelsbetriebslehre. 4. Auflage, Ludwigshafen.

Liebmann, H. P./Zentes, J. (2001): Handelsmanagement. München.

Linz, S. (2002): Strukturwandel im Einzelhandel: Herausforderungen für die Raumordnungspolitik. Frankfurt.

Maurer, R. (2002): Die Zukunft des Handels – Teil 1. In: Horx, M. (Hrsg.): Die Zukunft des Handels. Frankfurt.

Meffert, H. (1998): Marketing. Grundlagen marktorientierter Unternehmensführung. 8. Auflage, Wiesbaden.

Müller-Hagedorn, L. (1997): Stellenwert und Relevanz der Trendforschung. In: Müller-Hagedorn, L. (Hrsg.): Trends im Handel. Analysen und Fakten zur aktuellen Situation im Handel. Frankfurt am Main.

Müller-Hagedorn, L. (1998): Der Handel. Stuttgart.

Müller-Hagedorn, L. (2005): Handelsmarketing. 4. Auflage, Stuttgart.

Müller-Hagedorn, L./Spork, S. (2000): Handel ohne Großhandel? In: Foscht, T./Jungwirth, G./Schnedlitz, P. (Hrsg.): Zukunftsperspektiven für das Handelsmanagement. Frankfurt am Main.

Müller-Hagedorn, L. et al. (1999): Vertikales Marketing. Trends in der Praxis und Schwerpunkte der theoretischen Diskussion. In: Marketing ZFP, 21 (1).

Nieschlag, R. (1954): Die Dynamik der Betriebsformen im Handel. Essen.

Nieschlag, R./Dichtl, E./Hörschgen, H. (2002) : Marketing. 19. Auflage, Berlin.

Nolden, R. G./Bizer, E. (1992): Groß- und Außenhandelsbetriebslehre. Köln, München.

o. V. (1993): Marktpartner Großhandel. Starke Stellung mit breitem Leistungszentrum. In: Handel heute, Juni 1993.

o. V. (2003): Optimierung der Wertschöpfungskette zum Markt gewinnt an Gewicht. In: Lebensmittel Zeitung, 15.8.2003 (33).

Pfohl, H. Ch. (1996): Logistiksysteme. Betriebswirtschaftliche Grundlagen. 5. Auflage, Berlin et al.

Pümpin, C. (1999): Der Handel im globalen Wettbewerb. In: Beisheim, O. (Hrsg.): Distribution im Aufbruch. Bestandsaufnahme und Perspektiven. München.

Rößl, D. (1995): Die Gestaltung von Beziehungen als zentrale Marketingaufgabe im Klein- und Mittelbetrieb. Wien.

Russi, D. P. (1993): Elemente einer strategischen Planung im Grosshandel. Eine kritische Untersuchung strategischer Planungsansätze. Bergisch Gladbach Trier.

Schuckel, M. (1997): Die Arbeitslosigkeit und ihre Folgen für den Handel. In: Müller-Hagedorn, L. (Hrsg.): Trends im Handel. Frankfurt am Main.

Siemes, J./Gerling, M. (2004): Status quo und Perspektiven im deutschen Lebensmitteleinzelhandel 2004. Eine Marktanalyse von KPMG und EHI. Online im Internet: http://www.kpmg.de/library/pdf/ 040123_Status_quo_und_Perspektiven_im_deutschen_Lebensmitteleinzelhandel_2004_de.pdf.

Sonderhof, C. (2002): Die Positionierung des Großhandels in der österreichischen Marktwirtschaft unter besonderer Berücksichtigung der Sanitär und Heizungsbranche. In: Schnedlitz, P. (2002): Schriftenreihe Handel & Marketing, Band 44, Wien.

Spannagel, R. (2003): Der Großhandel in Berlin und im Brandenburger Umland. Eine Untersuchung der FfH Institut für Markt- und Wirtschaftsforschung GmbH im Auftrag der Senatsverwaltung für Wirtschaft, Arbeit und Frauen und der Industrie- und Handelskammer zu Berlin. Berlin.

Thieme, J. (2006): Versandhandelsmanagement. 2. Auflage, Wiesbaden.

Tietz, B. (1991): Die Dynamik des Euromarktes. Konsequenzen für die Neupositionierung der Unternehmen. Landsberg am Lech.

Tietz, B. (1993a): Der Handelsbetrieb. Grundlagen der Unternehmenspolitik. 2. Auflage, München.

Tietz, B. (1993b): Großhandelsperspektiven für die Bundesrepublik Deutschland bis zum Jahre 2010. Saarbrücken.

Tietz, B./Greipl, E. (1994): Das Leistungsprofil des Großhandels in Bayern. Eine Strukur- und Funktionsanalyse unter besonderer Berücksichtigung der Dienstleistungsbereiche. Struktur- und Funktionswandel im Großhandel. Frankfurt am Main.

Tietz, W. (2002): Kundenbindung im Großhandel. Theoretische Diskussion und empirische Analysen dargestellt am Beispiel des Handwerks als Großhandelskunde. In: Diller, H. (Hrsg.): Schriften zum innovativen Marketing. Band 7, Nürnberg.

Toporowski, W. (1996): Logistik im Handel. Optimale Lagerstruktur und Bestellpolitik einer Filialunternehmung. Heidelberg.

Toporowski, W. (1997): Die Bedeutung neuer Informationstechnologien für die Entwicklung im Handel. In: Müller-Hagedorn, L. (Hrsg.): Trends im Handel. Analysen und Fakten zur aktuellen Situation im Handel. Frankfurt am Main.

Toth, A. (2000): Entwicklungsperspektiven des österreichischen Großhandels. Wien.

Traxler, K. (2003): Die Messung der Konzentration im Einzelhandel. Unveröffentlichte Diplomarbeit. Wien.

Voithofer, P./Gittenberger, E. (2006): Der österreichische Handel 2005 - Daten-Fakten-Analysen. Wien/Frankfurt.

Wallace, P. (2005): Das Altersbeben. In: GDI_ IMPULS, 2005 (1).

Wortmann, M. (2003): Strukturwandel und Globalisierung des deutschen Einzelhandels. Berlin.

Zentes, J. (2006a): Handbuch Handel – Strategien-Perspektiven-Internationaler Wettbewerb. 1. Auflage, Wiesbaden.

Zentes, J. (2006b): Großhandel – Ein traditioneller Sektor im Aufbruch und Umbruch. In: Bundesverband des Deutschen Groß- und Außenhandels (Hrsg.): Trends & Analysen Großhandel, 01/2006. Online im Internet: http://www.bga.de/article/archive/4/.

Zentes, J./Schramm-Klein, H./Neidhart, M. (2005): Expansion, Konsoldierung, Rückzug. Trends, Perspektiven und Optionen im Handel. In: Zentes, J./Liebmann, H. P. (Hrsg.): HandelsMonitor 2005/06. Frankfurt am Main.

Gastbeitrag:

Angerer, T. / Foscht, T. / Swoboda, B. (2006a): Das Alter des Kunden als Einflussfaktor auf den Erfolg von Kundenbeziehungen. Analyse direkter und moderierender Effekte im Textileinzelhandel, in: Jahrbuch der Absatz- und Verbrauchsforschung, 4/2006, in Druck.

Angerer, T. / Foscht, T. / Swoboda, B. (2006b): Mixed Methods – Ein neuerer Zugang in der empirischen Marketingforschung, in: der markt, 45. Jg., Nr. 178, S. 115-127.

Angerer, T. / Moazedi, M. L. (2005a): Kaufbarrieren der Generationen 50plus, in: IRM – Institut für Relationship Marketing (Hrsg.): Studienreihe „50plus-Marketing", Graz.

Angerer, T. / Moazedi, M. L. (2005b): Kundenbindung der Generationen 50plus, in: IRM – Institut für Relationship Marketing (Hrsg.): Studienreihe „50plus-Marketing", Graz.

Bruhn, M. (1999): Relationship Marketing – Neustrukturierung der klassischen Marketinginstrumente durch eine Orientierung an Kundenbeziehungen, in: Grünig, R. / Pasquier, M. (Hrsg.): Strategisches Management und Marketing, Bern/Stuttgart/Wien, S. 189-218.

Bruhn, M. (2001): Relationship Marketing, München.

Foscht, T. (2002): Kundenloyalität, Wiesbaden.

Foscht, T. / Angerer, T. / Swoboda, B. (2005): Customer Relationship Marketing (CRM) in Retailing, in: Kotzab, H. / Bjerre, M. (Hrsg.): Retailing in a SCM-Perspective, Copenhagen, S. 247-263.

Foscht, T. / Angerer, T. / Swoboda, B. / Moazedi, M. L. (2005): Loyalty Marketing for 50+ Consumers – Findings for a better understanding of loyalty behaviour, in: Oxford Institute of Retail Management (Hrsg.): European Retail Digest, Issue 45, Spring 2005, S. 14-17.

Foscht, T. / Swoboda, B. (2007): Käuferverhalten: Grundlagen – Perspektiven – Anwendungen, 3. Aufl. Wiesbaden.

Heskett, J. L. / Jones, T. O. / Loveman, G. W. / Sasser, W. E. / Schlesinger, L. A. (1994): Putting the Service-Profit Chain to Work, in: Harvard Business Review, March/April, S. 164-174.

Heskett, J. L. / Sasser, W. E. / Schlesinger, L. A. (1997): The Service Profit Chain, New York.

Datenquellenverzeichnis

Datenquelle	Daten	Jahr[1]
Arbeitsmarktservice Österreich	Arbeitslosenquote	2006
	Anteil der Arbeitslosen, die zuvor im Handel beschäftigt waren	2006
	Lehrlingsprognose	2005
Eurostat	Anteil der Bevölkerung nach Altersgruppen	2006
	Anteil der unselbstständig Beschäftigten (an der marktorientierten Wirtschaft)	2006
	Anteil der Handelsunternehmen (an der marktorientierten Wirtschaft)	2006
	Anteil des Umsatzes (an der marktorientierten Wirtschaft)	2006
	Arbeitslosenquote	2006
	Beschäftigtenquote	2006
	Bevölkerungsentwicklung	2006
	Durchschnittliche Unternehmensgröße	2006
	Europäischer Verbraucherpreisindex	2006
	Nettogeldvermögen	2006
Fessel-GfK	Kaufkraftindex ausgewählter europäischer Länder	2006
Hauptverband der österreichischen Sozialversicherungsträger	Sonderauswertung der Beschäftigtenstatistik	2006
	Anteil der geringfügig Beschäftigten	2006
	Monatliches Bruttoeinkommen der Österreicher/innen	2006
KMU FORSCHUNG AUSTRIA - Bilanzdatenbank	Betriebswirtschaftliche Kennzahlen für den Handel	2006
KMU FORSCHUNG AUSTRIA – Konjunkturdatenbank	Konjunkturelle Entwicklung im Einzelhandel	2006
	Konjunkturelle Entwicklung im Gewerbe & Handwerk	2006
KMU FORSCHUNG AUSTRIA – Arbeitnehmer/innenbefragung	Wichtigster Beweggrund der Arbeitnehmer/innen, im Einzelhandel zu arbeiten	2006
	Verteilung der Mitarbeiter/innen im Einzelhandel nach Tätigkeitsbereichen und Branchengruppen	2006
	Zufriedenheit der Mitarbeiter/innen im Einzelhandel mit den Arbeitsinhalten und -abläufen	2006

[1] Erscheinungsjahr

Datenquelle	Daten	Jahr[1]
KMU FORSCHUNG AUSTRIA – Regionaldatenbank	Kaufkraftkennzahlen	2006
	Anzahl der Geschäfte im Einzelhandel	2006
	Konzentration im Einzelhandel: Filialisierungsgrad	2006
	Verkaufsfläche im Einzelhandel	2006
	Konzentration im Einzelhandel: Filialflächenanteil	2006
	Verkaufsflächenproduktivität im Einzelhandel	2006
Kreditschutzverband von 1870	Insolvenzstatistik I. - III. Quartal 2006	2006
	Zahl der Privatkonkurse	2006
Österreichisches Institut für Wirtschaftsforschung	Prognose der Arbeitslosenrate	2006
	Sparquote der privaten Haushalte	2006
	Veränderung der privaten Konsumausgaben	2006
Österreichische Nationalbank	Geldvermögen	2006
Standort & Markt	Anzahl der Einzelhandelsgeschäfte in Einkaufszentren	2006
Statistik Austria	Anteil der Teilzeitbeschäftigten	2006
	Anzahl der Privathaushalte	2006
	Anzahl der Unternehmen im Handel	2006
	Altersstruktur	2006
	Bildungsniveau	2006
	Bruttowertschöpfung	2006
	Durchschnittliche Unternehmensgröße	2006
	Großhandelspreise	2006
	Harmonisierte Verbraucherpreise	2006
	Konjunkturelle Entwicklung im Großhandel, Einzelhandel, Gewerbe & Handwerk, Tourismus	2006
	Umsatz im Handel	2006
	Unselbstständig Beschäftigte	2006
	Verbrauchsausgaben der privaten Haushalte	2006
	Wohnbevölkerung	2006
Wirtschaftskammer Österreich	Beschäftigtenstatistik	2006
	Lehrlingsstatistik	2006
	Neugründungen	2006

[1] Erscheinungsjahr

FSC
www.fsc.org
MIX
Papier | Fördert gute Waldnutzung
FSC® C083411

Kolibri 360 GmbH
Ferdinand-Jühlke-Straße 7
99095 Erfurt, Deutschland
produktsicherheit@kolibri360.de

Druck:
CPI Druckdienstleistungen GmbH
im Auftrag der
Kolibri 360 GmbH
Ferdinand-Jühlke-Str. 7
99095 Erfurt